JN085541

SMALL BUSINESS MANAGEMENT

# 中小企業の経営

許 伸江 **編著**

関 智宏

藤川 健

海上泰生

田代智治

浜田敦也

長谷川英伸

弘中史子

中原寛子

額田春華

木下和紗

大貝健二

八千代出版
八千代出版

# 執筆者一覧

| 許　伸江 | 跡見学園女子大学マネジメント学部教授 | 8章 |
| 関　智宏 | 同志社大学商学部教授 | 1章 |
| 藤川　健 | 兵庫県立大学国際商経学部准教授 | 2章 |
| 海上　泰生 | 横浜市立大学国際商学部・立教大学経済学部兼任講師 | 3・4・13章 |
| 田代　智治 | 長崎県立大学経営学部准教授 | 5章 |
| 浜田　敦也 | 中京大学経営学部講師 | 6章 |
| 長谷川英伸 | 日本大学商学部准教授 | 7章 |
| 弘中　史子 | 中京大学総合政策学部教授 | 9章 |
| 中原　寛子 | 神戸大学大学院農学研究科博士課程後期課程 | 10章 |
| 額田　春華 | 日本女子大学家政学部准教授 | 11章 |
| 木下　和紗 | 摂南大学経営学部准教授 | 12章 |
| 大貝　健二 | 北海学園大学経済学部教授 | 14章 |

# は し が き

　中小企業は日本の企業の約 99 ％を占め、日本経済の基盤といってもよい。しかし本来は身近であるはずの中小企業は、学生にとってはイメージが湧きにくい存在であることを、日頃の講義で感じている。そこで本書は、将来の働く場としての中小企業、普段から私たちの生活を支えている中小企業、地域に根づいた中小企業、規模は小さいけれど世界市場にはばたく中小企業など、多様で多元的な中小企業の特徴をわかりやすく紹介する。そして最新の動向も踏まえて、雇用の多様性（ダイバーシティ）の取組や CSR（社会貢献活動）、ウェルビーイングへの取組、起業や事業承継を取り巻く環境変化など、多様な面から中小企業の経営を理解するテキストを目指している。

　第 1 部「中小企業を知る」では、"中小企業とは何か"を定義やその存在意義から学ぶ（1 章）。次に、身近な業種として製造業（2 章）、商業（3 章）、サービス業（4 章）を取り上げ、そこに属する中小企業の経営について検討している。

　第 2 部「中小企業のライフサイクル」では、起業・ベンチャー・アントレプレナーシップについて、中小企業との関連性から検討している（5 章）。そして昨今、大きな課題として取り上げられている中小企業の事業承継について、その現状や支援策、承継パターンなどについて考察しているのが 6 章である。

　第 3 部「地域からはばたく中小企業」では、日本各地に存在する地場産業について、分業構造の変化や中小企業の製品差別化の取組等について検討している（7 章）。8 章では、資源制約のある中小企業にとって、地域ネットワークを活用し、経済的・社会的価値を生み出す重要性について取り上げている。また、自動車産業などの日本のリーディング産業を支えるサプライヤーとしての中小企業について、国際化という視点で考察しているのが 9 章である。

　第 4 部「社会のなかの中小企業」では、学生にとって"働く場"として中小企業をみるための多様な検討がなされている（10 章）。そして昨今、その重

要性が指摘されるダイバーシティとインクルージョンについて、特に中小企業の女性労働のダイバーシティ経営について考察している (11章)。また中小企業にとって、地域との共生という点でも、CSR (社会貢献活動) は重要である。この点について検討しているのが12章である。

　第5部「中小企業の資金調達と施策活用」では、まず中小企業の経営にとって重要な資金調達について検討し (13章)、最後に、中小企業政策の歴史と現状、展望について詳細に考察し、本書を締め括っている (14章)。

　本書の刊行のきっかけは、2021年に八千代出版社長の森口恵美子氏に、現代の社会経済環境のもとで、新しい中小企業論の教科書をつくれないかとお声かけいただいたことにある。それまで私が研究テーマとしていた中小企業とまちづくり、中小企業のダイバーシティ経営、中小企業の社会的責任などを盛り込み、さらに女性の視点を取り入れた中小企業論の教科書をつくってはどうか、というありがたいご提案であった。ただし私1人の力では手に余ると考え、日頃から日本中小企業学会で親交のあった先生方に声をかけさせていただいた。特に、同志社大学の関智宏先生には、企画や執筆者の依頼に至るまで、相談に乗っていただいた。結果として、北は北海道から南は九州まで、全国各地の先生方に執筆していただけることになり、Zoomやメールを駆使して打合せを行い、完成にこぎつけることとなった。関先生はじめ、執筆者の方々にここで改めて感謝申し上げたい。

　本書は、中小企業論の教科書ないしは副読本として、主に3年生以上に利用されることを想定している。練習問題は、ゼミやレポート提出などに活用して欲しい。推薦文献は、各章をよく理解するためにお勧めの文献を2冊紹介している。さらに勉強したい人は、手にとってみて欲しい。

　最後に、八千代出版の森口様にも心から感謝申し上げたい。2021年にお声かけをいただいた際、私は他のテキスト出版企画も進行中であったため、スタートまでに2年近く待っていただいた (結局そちらも執筆が遅れ、ほぼ同時期の出版となったが)。その後、2023年秋に全章の原稿が出揃ってからも、遅々として進まないとりまとめ作業を辛抱強く見守りつつ、アドバイスをくださり、本書の完成へと導いてくださった。そして全14章にわたる本書の編集を丁

寧に担当してくださった八千代出版の井上貴文氏にも心より謝意を表したい。

　本書が、中小企業をより身近に感じる第一歩となり、中小企業の奥深さや逞しさに触れるきっかけとなることを期待したい。また学生のみなさんにとっては、将来の職場としての中小企業の魅力を発見する手助けとなれれば、望外の喜びである。

2024 年 3 月　　許　伸江

# 第 1 部

中小企業を知る

# ┃ 1 章 ┃

## 中小企業とその経営を考える

関　智　宏

> ●キーワード
> 中小企業基本法　中小企業憲章　社会の主役　SDGs　持続可能な経営

## 1　「中小企業とは何か」について考える

　中小企業という用語は、多くの人々に認知されているように思われる。しかしながら、中小企業というのは、どういう企業のことを指し、またなぜ企業をあえて「中小企業」と呼ぶのであろうか。

　中小企業という用語のなかの「中小」は、まさに規模を表している。一般的に規模を表す用語は、「大中小」であろうが、「中小」は、「中」と「小」という異なる規模を指す用語が結合している。「大企業」と一般的にいうことを考えれば、規模の違いを前提とすれば、大企業という用語にならって、中企業、小企業と呼ぶことが普通であろう。しかし、その「中」と「小」とが結合し、「中小企業」と呼んでいるわけである。これが意味することは、「中小企業」は、大企業とは異なる企業であるということであるが、大企業と比べて単に規模が相対的に小さいというだけではない。大企業と比べて中小企業がどのように異なった特質を有しているかが、問われなければならない。そうでなければ、一般企業のなかで大企業と区分して、あえて「中小企業」と呼ぶ必要がないからである。

　それでは「中小企業」とは何であり、どのような特質を有しているのであろうか。これは中小企業の本質をめぐる問いである (瀧澤 1995)。本章では、「中小企業」という企業はどのような企業であるのかを考えていくが、具体的に、なぜ中小企業は中小企業として存在しているか、そこにどのような意味があるか、といった諸点について、本書のタイトルにもある経営という観

点から考えていきたい。


## 2　中小企業基本法にみる「中小企業とは何か」

### １）中小企業基本法の変遷と中小企業

　日本において、中小企業がどのような企業かを規定している法律がある。その代表的なものが中小企業基本法である。中小企業基本法は、1963年にはじめて制定され、そのあとでマイナーチェンジをしたのち、1999年に抜本的に改定された。その後2013年に再度改定され、今日に至っている。以下では、日本で中小企業を法的に規定している中小企業基本法の歴史的変遷、特に1963年の制定時と1999年の抜本的改定時の内容を説明し、日本における中小企業がどのような企業であるかを紐解いていく。

　中小企業基本法は、中小企業政策の基本路線を定めた法律である。1963年に制定された中小企業基本法では、中小企業は、大企業と比べて賃金や労働生産性が相対的に低いといった格差の担い手として問題を抱えた存在として描かれた。産業構造を高度化し、国際競争力を強化していくことを通じて、日本の経済成長を実現させていくうえで、賃金および労働生産性がともに乏しい中小企業が広範にかつ多数存在することを問題視した。大企業と中小企業との間の賃金および労働生産性の諸格差は日本経済の二重構造と呼ばれ、二重構造の解消こそが経済成長の実現にとって必要であるとされた。中小企業は、賃金や労働生産性が低いという問題を抱えた存在であるために、そうした中小企業が多く存在することが、日本の経済発展にとって隘路になるとされたのである。そして中小企業に近代化と不利是正を施すことが、中小企業基本法の基本的な柱とされた。日本における中小企業の存在は、その問題性との関連で議論されてきた[1]。

　しかしながら、日本が経済成長を実現していった過程のなかで、問題とさ

---

1　中小企業は、中小企業基本法が制定される以前の1930年代から、政策を施さなければならない問題を抱えた存在として、その実態を把握するための調査研究の対象となってきた。その調査研究が、中小企業研究の始まりである。

れた二重構造たる諸格差は、解消することなく残り続けた。そうしたなかでも、中小企業はその後においてもその数を減らすことなく、むしろ少なくとも 1980 年代末まではその数を伸ばした（植田 2014 p.27）。大企業と中小企業との間に諸格差が存在していても、日本が経済成長を実現したのであれば、その諸格差たる二重構造、すなわち相対的に低い中小企業の賃金や労働生産性は必ずしも問題ではなかったかもしれない。そう考えれば、中小企業が問題を抱えた存在としてのみ画一的また固定的にみられたことは、果たして適切であったかどうかを改めて問わなければならないだろう。

　1990 年代に入ると、日本経済を取り巻く情勢が大きく変化した。すなわち、バブル経済が崩壊し、日本経済が低迷していくなかで、企業数、とりわけ中小企業の数は減少していくことになった。日本経済を再興あるいは維持していくうえでは、日本国内の企業数を増加させるか、あるいは既存の中小企業を存続させていくことが必要となった。これらのうち、特に前者は、中小企業をめぐる情勢の変化、すなわち企業数が増加していた時代から企業数が減少した時代への「パラダイム転換」（佐藤 1996）であった。こうした状況から、1990 年代には、中小企業の存続を実現させていく諸施策に加え、中小企業の数を増加させていくための諸施策も新たに展開された。そして制定から 36 年を経た 1999 年に中小企業基本法は抜本的に改定され、中小企業政策の体系は、近代化および不利是正といった 2 本の柱から、経営革新および創業の促進に加えて、経営基盤の強化、経済的社会的環境の変化への適応の円滑化（セーフティ・ネット）の 3 本の柱へと変化し、なかでもとりわけ経営革新や創業のための支援策に重点が置かれるようになった[2]。また中小企業に対する認識も、問題を抱えた存在ではなく、日本の経済社会にとって貢献する存在として描かれた。ここでの「貢献」とは、1 つは新規事業の創出、2 つは就業機会の増大、3 つは市場競争の促進、4 つは地域経済の活性化、の 4 つを指

---

2　2000 年代に入ってからは、新たに経営革新・創業支援関連の法律が制定されるのではなく、むしろ従来の法律が整理・統合されたが（山田 2013）、開業の伸びは依然低迷したままでいた。こうしたなかで事業承継が正面から論じられるようになり、廃業をいかに食い止めるかが政策上のテーマとなってきた（安田 2019）。

図表 1-1　中小企業基本法における中小企業認識および政策体系の対比
（1963 年版と1999 年版の中小企業基本法）

| | 中小企業認識 | 政策体系 |
|---|---|---|
| 1963 年版 | 問題型中小企業認識 | 近代化<br>不利是正 |
| 1999 年版 | 貢献型中小企業認識 | 経営革新および創業の促進<br>経営基盤の強化<br>経済的社会的環境の変化への適応の円滑化<br>（セーフティ・ネット） |

出所：筆者作成。

す[3]。これらに対して中小企業がより貢献しうることが、中小企業が政策対象となる根拠とされた。

　このように、中小企業基本法の歴史的経緯からみると、中小企業は問題を抱えた存在から、いまや貢献していく存在としてその姿を大きく変えていくことになった。中小企業は重要であるという政府の姿勢はその後も継続し、2010 年には、EU の小企業憲章にならって中小企業憲章が制定され、そこでは「中小企業は、経済を牽引する力であり、社会の主役である」と明記された。2013 年には中小企業基本法が改定され、また 2014 年には小規模企業振興を目的とした小規模企業振興基本法が制定されるなど、中小企業ならびに小規模企業は重要であるという認識に基づいた政策が整備されてきた。

　このように中小企業基本法の変遷をみる限りにおいて、今日の日本における中小企業は、日本の経済社会において重要である存在として位置づけられていることがわかる。以下では、まず、中小企業が日本経済社会のなかでどのような企業として存在しているのかを知るうえで、中小企業とする企業の規定とそれに基づく中小企業の存在の実態について説明する。そして、中小企業基本法に「貢献」する存在として描かれた中小企業が、中小企業として

---

3　1999 年改定中小企業基本法における第 3 条の基本理念のなかでは、正しくは「新たな産業を創出し、就業の機会を増大させ、市場における競争を促進し、地域における経済の活性化を促進する等」と記されている。

存在することの重要性について考えていく。

## ２）中小企業基本法に基づく中小企業の範囲規定と存在の実態

　中小企業がどういう企業であるかを説明するための規定には、中小企業とはどのくらいの規模であるかという量的規定（量的定義）と、中小企業とはどのような企業であるかという質的規定（質的定義）の２つがある。世界を見回せば、これら２つの規定を組み合わせて中小企業を説明している場合が多い。しかし、日本で中小企業を規定している中小企業基本法では、中小企業の量的規定だけが採用されており、その範囲が法的に規定されている。さらに量を示す具体的な指標には、資本金と従業員数の２つが採用されており、それらのうちどちらか一方を満たせばよいということになっている。

　業種によって必要な事業規模が異なることから、日本では製造業（建設業などを含む）、卸売業、小売業、サービス業といった４つの業種ごとに、資本金と従業員数のそれぞれが規定されている。また中小企業基本法では、中小企業とは別に小規模企業が規定されており、その量的指標は従業員数のみである。中小企業および小規模企業の範囲規定を示したものが、図表1-2である。

　このように中小企業の量的規定に基づけば、日本の中小企業が、全企業数

図表1-2　中小企業および小規模企業の範囲規定

| | 業種区分 | 範囲 |
|---|---|---|
| 中小企業 | 製造業その他 | 資本金の額または出資の総額が3億円以下の会社または常時使用する従業員の数が300人以下の会社および個人 |
| | 卸売業 | 資本金の額または出資の総額が1億円以下の会社または常時使用する従業員の数が100人以下の会社および個人 |
| | 小売業 | 資本金の額または出資の総額が5000万円以下の会社または常時使用する従業員の数が50人以下の会社および個人 |
| | サービス業 | 資本金の額または出資の総額が5000万円以下の会社または常時使用する従業員の数が100人以下の会社および個人 |
| 小規模企業 | 製造業その他 | 従業員の数が20人以下 |
| | その他 | 従業員の数が5人以下 |

出所：中小企業庁ならびに中小企業基本法による。

のうちどのくらいの割合を占めているかを知ることができる。2016年の経済センサスのデータによれば、民営でかつ非1次産業に属する企業は約359万ほど存在するが、このうち99.7％の約358万が中小企業であり、さらにそのうち約85％が小規模企業となっている。これらの比重は、中小企業に関する統計をとりだした1963年時点から今日に至るまで、変わっていない。

中小企業基本法における中小企業の範囲規定は、中小企業の存在の実態を知るうえで重要であるが、量的指標に基づく範囲規定だけでは規模が相対的に小さい企業が中小企業であることはわかったとしても、それがどのような企業であるのかについては説明することはできない。さらに日本における中小企業の範囲規定には、いくつかの問題が指摘されている。一つは、他国のような質的指標が日本で採用されていないことに起因する問題である。例えば、中小企業といっても、大企業の子会社、関連会社といったような外部から一定の出資を受けている非独立の中小企業[4]や、大企業のなかで従業員数は多いままであるが減資によって資本金の範囲を満たす企業、さらには節税対策として設立された経営実態のない中小企業、といった諸企業が中小企業として含まれている。中小企業基本法が定めるような、政策対象とすべき「独立した」中小企業の数は実際にどのくらいであるかを統計上把握することは必ずしも容易ではない[5]。またもう一つは、非1次産業、すなわち農林水産業が中小企業の範囲に含まれていないという問題である[6]。このことは、中小企業庁が経済産業省の外局に位置していることに主に起因している。農林水産業に属する企業のなかに、中小企業というべき企業は一定数存在していると考えられるが、統計にはその数は含まれていない。

このように、中小企業基本法における中小企業の範囲規定は、中小企業が

---

4　公的機関などによる出資は、大企業のそれと異なった意味を持つ。例えば、中小企業投資育成株式会社の場合、中小企業の代表など特定の個人が所有する自社株の持株比率を、投資育成会社が出資することで下げ、株式の相対的な分散という点で中小企業の社会的な性質を強くする。

5　現行の中小企業基本法（2013年）の第3条第1項で「独立した中小企業者」、また中小企業庁設置法（1948年）でも、第1条で「健全な独立の中小企業」という表現があるように、政策対象となるべき中小企業は独立した存在となっている。

実際にどのくらい、またどのような形で存在しているか、その存在の実態を知るという点では必ずしも万能ではない。まして中小企業は、大企業と比べて相対的に規模の小さい企業をすべて含めるからこそ、どのように存在しているかはきわめて多様であり、中小企業は「異質多元的」(山中 1948) であるといわれるゆえんでもある。中小企業が多様であるがゆえに、どういう企業がどのように存在しているのかを説明することは必ずしも容易ではない[7]。

## 3　なぜ中小企業を考えなければならないのか
### ──中小企業の持続可能な経営

　多様な中小企業の存在の実態を的確に把握することは容易ではないとしても、中小企業が経済社会にこれまで果たしてきた役割を否定することにはならない。中小企業憲章で描かれたように、中小企業が日本の経済社会において果たしてきた歴史的な役割があり、その存在こそが日本の経済社会において重要であることに変わりはない。

　それでは、なぜ中小企業は中小企業として存在し続けていることができているのであろうか。その企業が中小企業であるということだけをもってして、その存在が高く評価されるわけではない。中小企業が中小企業として長期にわたって存在し続けていくことができたその要諦は何であろうか。この点を考えてみなければならないであろう。

　その答えを導き出すための糸口が、中小企業が存在し続けることを可能と

---

6　現行の中小企業の範囲のなかには商工業以外に建設業やサービス業など1次産業以外の産業が含まれているが、あくまで経済産業省は商工業を所管する省である、ということを理解するに至る事件がかつてあった。それは姉歯事件である。姉歯事件とは、建築基準法改正の根拠となった、ある一級建築士による耐震偽装事件のことである。この事件が起こったことで建築基準法の改正、すなわち建築基準の厳格化（審査の長期化）がなされたが、これによって多くの中小設計事務所、中小建築企業が経営難に陥った（その後、審査要件は緩和された）。建築業は国土交通省の所管であるが、仮に建築基準法の法改正が関連する中小企業へ及ぼす影響を事前に考慮していれば、そこまでの中小企業の経営難は引き起こされなかったかもしれない。

7　中小企業の多様な存在の実態をより適切に把握していくための統計や調査方法などの諸整備が別途必要であろう。

する経営、すなわち中小企業の持続可能な経営である。中小企業の持続可能な経営を実現可能とするものは何かを考えていくうえで、まずは中小企業の成長との関連について考えておかねばならないであろう。というのも、中小企業が成長をしていけば、中小企業の範囲を超え、大企業になる可能性があるからである。中小企業が成長し、大企業となった時点で、その企業はもはや中小企業ではない。

　中小企業の成長をめぐっては諸議論があるが、ここではそれらのなかでも齊藤（2016）を取り上げる[8]。齊藤（2016）は、中小企業のなかでその一部は大企業になるものの、小規模のままで推移している企業が圧倒的に多いことを指摘している。そして、中小企業が成長していくには、顧客を獲得する可能性のある第1段階、利益創出ができる第2段階、利益創出を継続できる第3段階、という3つの段階があるとする。中小企業は、これらの諸段階を超えて成長していくことも難しく、また存続自体も課題になるために、中小企業には経営者個人が持つ「経営力」が必要になるという[9]。そして中小企業が存続していくためには、「経営力」と経営成果がともに高い「継続型」であることが肝要であり、「経営力」の高い中小企業こそ成長可能性があると強調する。齊藤が指摘するように、中小企業にとっては、「経営力をつけることが、存続および成長にきわめて大切になる」（齊藤 2016 p.11）。しかしながら、齊藤は同時に「経営力の低い場合は、成長どころか、存続もむずかしく、多くは大きくならない」とも指摘する（齊藤 2016 p.11）。

　齊藤（2016）は、中小企業の存続には、「経営力」が高く、また同時に経営成果もまた高い「継続型」であることが肝要であるとしている。しかしながら、高い「経営力」を求めることは同意するにしても、中小企業が経営成果

---

[8]　齊藤（2016）では、その冒頭に中小企業とスモール・ビジネスが併記され、それ以降は主にスモール・ビジネスという表現を使っているが、本章では中小企業に統一する。

[9]　齊藤のいう「経営力」は経営姿勢と経営能力の2つが「複合（ミックス）したもの」であるという。経営姿勢とは「経営者の経営に対する前向きな意欲、ほとばしる熱意、旺盛なチャレンジ精神、エネルギッシュな活動力などを総合したもの」であり、また経営能力とは「経営者個人がもっている各種の経営能力や経営上の経験、状況把握力、判断力、人間関係能力、交渉力など、多様な能力要素の複合したもの」であるという（齊藤 2016 p.9）。

をどの程度まで追求するかは、当該中小企業の経営姿勢や成長志向性によって影響を受けると考える。中小企業は異質多元的であるがゆえ、その存在は多様であり、経営のあり方も多様であろう。その経営のあり方の一つに、中小企業には、生業的経営であるか企業的経営であるか、その経営目的の違いがあることが知られている。生業的経営の場合には、経営者のみならず従業員は主に家族で構成されており[10]、主に家族の生計のために経営が行われる。なしえた経営成果の多くは、家族の給与として分配される。また生業的経営は、法人格を持たない個人企業の形態がほとんどであり、事業には安定性が志向される。

　これに対して、企業的経営の場合には、従業員には一部に家族も含まれることもあるが、従業員のなかには第三者で雇用契約に基づき雇用されている者も少なくない。なしえた経営成果の一部は、家族以外にも、当該契約する従業員の給与として支払われる。企業的経営の多くは、生業的経営と異なり、法人格を有するだけでなく、事業の成長志向性が相対的に高いがゆえに、経営成果は、従業員の給与だけでなく、事業のための再投資にも分配される。企業的経営は、生業的経営と比べて事業の志向性が相対的に高いが、そこにも安定志向であるか拡大志向であるか、その成長志向性には違いがある。事業の安定をより志向する場合には、資本構成は主に家族の誰かとなるが、資本金はある一定額にとどまることが多い。これに対して、事業の拡大を志向する場合には、資本構成は家族の誰か以外にも、外部からの出資などによって増資されることがある。またここでいう拡大にも、漸進的拡大と急進的拡大の２つがある（図表1-3）。漸進的拡大は、事業を拡大する志向性があるが、徐々に拡大させていくという点で漸進的である。これに対して、急進的拡大は、事業を拡大するも、その拡大が急

図表 1-3　中小企業の経営の類型

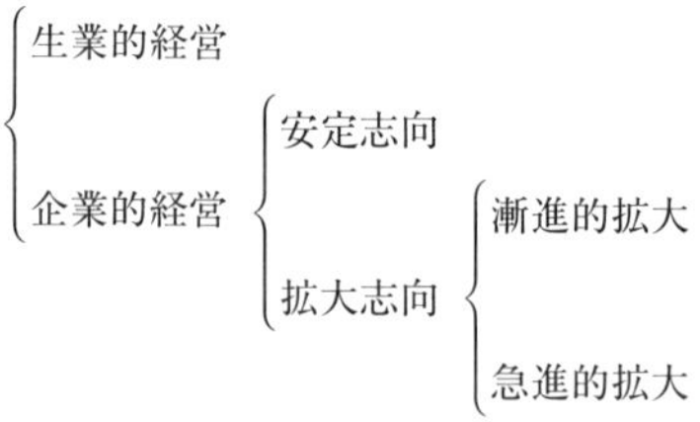

生業的経営

企業的経営 ┬ 安定志向
　　　　　　└ 拡大志向 ┬ 漸進的拡大
　　　　　　　　　　　　└ 急進的拡大

---

10　主に家族によって経営される企業（ないしその事業）を「ファミリービジネス」と呼ぶ。家族の範囲は企業ごとに様々である。

激なものであり、外部から多額の出資を受け入れるなど、外部資金の拡大による資本構成がその特徴の一つとなる。ベンチャー企業（ないし「ベンチャービジネス」）は、この急進的拡大のタイプに合致する。また、近年スタートアップと呼ばれる企業は、急進の拡大を目指し、最終的にはベンチャー企業と同様に株式市場での株式の公開を目指しながら、創業当初は赤字を垂れ流していたとしても、多額の外部資金を得ながら経営をし続けている。当該「独立した」中小企業が外部資金を得た場合に、それは「独立した」中小企業から外れることになる（と同時に、政策対象とすべき中小企業ではなくなる）[11]。

　松田（2001）は、「ベンチャー」企業と「一般」中小企業との質的な差異あるいはその要素の違いを指摘している。急成長するタイプの企業をベンチャー企業と呼ぶとすると、一般中小企業というのは成長志向の乏しい存在ということになりかねない。単純な二分法は、中小企業の多様性を説明することを困難にする場合がある。先にみた生業的経営と企業的経営も同様である。中小企業には多様な存在の形があるし、また成長や発展にも多様な展開が考えられる。だからこそ、齊藤（2016）のように、自社を存続させるためには、「経営力」だけでなく、経営成果もともに高くなければならないとすることは、中小企業の多様な存在を認める観点からすれば、異論を唱えざるを得ない。例えば企業的経営で事業の志向が安定的である場合に、経営成果を追求しなくとも、生産性が相対的に高く、収益の確保や適正な賃金の分配が適切になされているのであれば、それはそれでよいと考えてはどうであろうか。中小企業の経営は、必ずしも経営成果を高めていくといった量的な成長を志向するだけでなく、存在し続けていくことを可能とする質的な発展を伴う経営こそが志向されるべきである[12]。

---

11　この中小企業をめぐる質的な類型が、中小企業の質的規定である。
12　中小企業の持続可能な経営を考えていくうえで、経営がどのように持続可能となるか、すなわち、企業をどのような形で後世に残していくか、を検討することが必要である。これは、いわゆる事業承継ということだけでは上手く説明することができない。経営が家族を中心になされる場合には、経営（権）の承継とともに資産の承継が課題となる。経営（権）と資産をどのように継承させるかが、中小企業の持続的な経営の実現において、実践的かつ政策的な課題となっている。

# 4　社会的な存在としての中小企業

　中小企業は、確かに企業であるがゆえに、経済的成果たる経営成果を追求していかなければならない。しかし、経営成果ばかりを追求してはならないことは、大企業と同様であるし、まして中小企業は経営成果ばかりを追求した経営をしているわけではない。中小企業憲章にも描かれているように、中小企業は経済だけでなく、人々の生活や地域社会の繁栄などに貢献してきた[13]。社会にとって必要とされていない企業は淘汰されることを考えれば、中小企業の比重がこれまで歴史的に不変であり続けてきているという事実は、中小企業は社会から必要とされ、そして社会のために貢献している存在であることを意味しているのではないだろうか。

　そもそも企業は、社会のなかで存在している。社会の存続なくして、企業の存続はありえない。それゆえ、社会の存続に対して、企業が直接的ないし間接的にいかに貢献しているか（していくか）、またそうすることによって企業を発展させていくことが、企業の存続にとって必要不可欠となる。一部の大企業の事業の地理的範囲がよりグローバル化し、またその規模も大規模化、かつ内容も複雑化しているなかで、事業のあり様による影響はいまや国境を越え、社会の範囲が地球規模となっている。それゆえに、一部の大企業には、自然環境や貧困など地球規模の社会に悪影響を及ぼさない経営が求められている。この考え方の一つが、企業の社会的責任、すなわち CSR（Corporate Social Responsibility）である。ここでは企業を指す言葉が法人（Corporate）となっている。法人には、株主や従業員といったステイクホルダー（利害関係者）へ配慮した経営が求められており、CSR もその考え方の延長にある。

　一方で中小企業は、一部の大企業とは異なり、事業の地理的範囲は一定の地域にとどまっている。いわば自社が存在してきた当該地域により密着した形で事業を展開している。そのため中小企業において、事業のあり様による

---

13　中小企業憲章の基本理念には、「中小企業は、社会の主役として地域社会と住民生活に貢献し、伝統技能や文化の継承に重要な機能を果たす。小規模企業の多くは家族経営形態を採り、地域社会の安定をもたらす」とある。

社会への影響は、一部の大企業ほど大きくない。また先にみたように、中小企業のすべてが法人であるというわけでなく、個人も多く含まれる。さらに、中小企業のなかには、株式会社形態をとる企業も多いが、いわゆる厳格な意味での株式会社とは異なる。一般的に、株式会社という制度が成立するためには、株式があまねく広く分散し、その会社の株式を所有する株主が多く存在し、かつ1人当たりの株主の持株比率もきわめて低くなる、いわゆる所有と経営とが分離していなければならず、それを達成するための株式公開市場が整備されていなければならない。しかし中小株式会社は、そもそも株式を公開していないがために、その所有者の多くは経営者である。すなわち日本における中小株式会社では、所有と支配は未分離である。

　このように中小企業は、その事業が地域に密着しており、またステイクホルダーも株主が経営者であることが多いことから、大企業と比べるとCSRは無縁であるかのようにもみえる。しかし、だからといって中小企業が社会の存続のために貢献しなくてよいということにはならない。むしろ中小企業は、その社会の範囲こそ大企業とは異なるが、地域の社会のために貢献していかなければならない。いやむしろ中小企業が中小企業として存続してきたという歴史的事実を鑑みれば、中小企業が中小企業として存続できたという事実は、当該企業が立地する地域の社会が存続してきたことに対して大きく貢献してきたといっても過言ではない。それは今後も変わることはなかろう。

　この点を別の角度から説明してみよう。それはSDGs（持続可能な開発目標）[14]の視点である。近年、日本では、SDGsに関する関心がなおいっそう高まってきている。国際目標は、17のゴール、また169のターゲットから構成されており、17のゴールは、図表1-4に記載されているとおりである。

　SDGsに関する取組は、政府や大企業を中心に進められている。企業にとってはこのSDGsに関する取組が自社の社会への貢献を明示するものであ

---

14　SDGsとは、Sustainable Development Goals の略称であり、日本語では持続可能な開発目標といわれる。2015年9月の国連サミットで加盟国により全会一致で可決された、持続可能でよりよい世界を目指す国際目標を意味する。2030年までに達成することを目指しており、日本も加盟国として積極的に取り組んできている。

図表 1-4　SDGs の 17 のゴール

出所：外務省ホームページに掲載されたパンフレットより
（https://www.mofa.go.jp/mofaj/gaiko/oda/sdgs/about/index.html）。

るかのごとく、対外へ PR しているように見受けられる。一方で中小企業の
多くは、この SDGs を大企業のように対外的に PR することはほとんどなく、
全く取り組んでいないかのようにもみえる。しかし、それは間違いであろう。
中小企業の多くは、この SDGs の 17 のゴールで示された諸点について、これ
まで当たり前のごとく、直接的ないし間接的に取り組んできた。

　繰り返し指摘するが、中小企業が中小企業として存続してきたのは、当該
企業が立地する地域の社会の存続に対して大きく貢献してきたからである。
コラムで取り上げる炭屋は、いわば日常の事業を手掛けることで地域の社会
の存続に大きく貢献しているのである。この炭屋の事例のように、日本の中
小企業の日常の取組を、SDGs の 17 のゴールに即して当てはめてみれば、そ
の取組は、自ずと 17 のゴールのいずれかに該当するであろう。中小企業は、
日常の事業にただ取り組んでいるのであり、そのようなことをあえて SDGs
といわなくともよい。そのような日常の事業が地域の社会の存続につながり、
その結果として当該中小企業は、存続することができているのである。これ
こそが、中小企業による持続可能な経営の実践なのである。

## SDGs といわずにそれを実践する小規模企業の炭屋のケース

　兵庫県のある中山間地域に、注目すべき小規模企業の炭屋が立地している。この炭屋は、従業員はかつて家族だけで構成され、自社の近隣の山々の間伐材を伐採し、麓にある自社のオリジナルの窯で炭にし販売してきた。現在の代表に代が継承されて以降、様々な商品を開発したり、新規事業も立ち上げ、さらに、近年では家族以外の従業員を数名ほど雇用したりするなど、経営成果を達成している。

　山々の間伐材の伐採は、炭など関連商品としての原材料を得るためでもあるが、同時に、木々の根に日光が当たることになり、根が強固に生え、そして雨水を吸うことにつながる。近年、気候変動の影響もあり、ゲリラ豪雨から土砂崩れによる被災が深刻な課題となっているが、それは間伐材の伐採を定期的に行わず、日光が適切に当たらないことで木々の根が十分に育っていないことが原因の一つである。炭屋は、炭ビジネスを手掛けることで、単に炭の関連商品を販売し経営成果を達成している（経済的成果の達成）だけでなく、山の木々の根を十分に発育させ（17 のゴールのうち 15「陸の豊かさも守ろう」）ることで、土砂崩れによる被災を事前に防止する（同 13「気候変動に具体的な対策を」）ことにも大きく貢献している（社会的成果の達成）。

# 5　改めて「中小企業とは何か」について考える

　最後に、本章の冒頭で述べた問いを振り返ることにしたい。それは、「中小企業」という企業はどのような企業であるのか、という問いである。これまでみてきたことを整理すれば、中小企業というのは、経営という観点からすれば、その経営のあり方は多様であるが、日常の事業を通じて地域の社会の存続に寄与する、持続可能な経営を実践する「社会の主役」たる企業である、ということになろう。中小企業憲章においても、中小企業は、その存在が重要であるということに加えて、「社会の主役」であることが明記されている。しかしながら、中小企業が「社会の主役」であると社会から真に認識されているかというと、必ずしもそうではなかろう。しかし、いまや世界でSDGs を勧奨していることを鑑みれば、持続可能な経営たる中小企業の日常の取組を、SDGs に照らし合わせて対外的に PR することで、中小企業が経営

## 中小企業の経営を学問として追求する

　中小企業は、企業のなかで圧倒的大多数として存在しているにもかかわらず、その存在のあり様は別にせよ、学術的に正面から取り上げられてきたわけではなかった。中小企業の経営を学問として体系化していく、いわゆる中小企業の経営学の構築は、これまでにも何度かその試みがなされてきた。例えば、川上（2016）は、経営・管理を軸とした中小企業の経営的アプローチによる特殊経営（中小企業経営論）の理論ないし理論的アプローチの開発に取り組んでいる。

　中小企業の経営学ないし中小企業経営論としての理論構築は、中小企業の現象を解明しようとする中小企業研究それ自体の拡散から難しいという見解もあるが、既存の経営学が大企業を想定した学問であることを鑑みれば、中小企業の経営を学術的に捉えることで、経営学のさらなる発展が期待できる（関 2022）。例えば、上でみた所有と経営の分離についてである。これは、経営学の古典的な理論の一つであり、バーリ（A. A. Berle）とミーンズ（G. C. Means）による現代株式会社の成立に関する議論である。これは、現代株式会社が成立する過程で、株式が広く分散することで、株主の株式所有の割合が下がると、実質的な会社の支配者は経営者になることを意味しており、大恐慌時代のアメリカ政府が、企業規制をする根拠として使われた。今日のコーポレート・ガバナンスなどは、この議論の延長線上にあるが、日本における中小株式会社のほとんど、つまり日本の株式会社のマジョリティは、所有と経営は未分離である。そうなると、所有と経営が未分離の株式会社におけるガバナンスを議論の対象とする方が、より実践的かつ政策的な意味を持つであろうし、この議論を通じて関連する経営学の考え方にも修正を要求することで、理論的な貢献が期待される。

　この所有と経営の分離やコーポレート・ガバナンスという考え方は、企業経営や経営学の一つの側面にすぎない。本章で取り上げられている CSR や企業成長、組織、人的資源など、経営（学）の様々なトピックスにおいて、中小企業と大企業との間に質的な差異があり、その差異こそ大企業を想定した既存の経営学に修正を要求し、理論の発展が促されることになる（関 2022）。中小企業経営をめぐる理論の構築や体系化は途上であるが、本書を通じて、読者の多くが、中小企業の経営にかかる実践と学問により関心を抱き、そして諸側面から中小企業経営の研究を進展させていくことを期待する。

を通じて果たしてきた役割やその存在の重要性が、改めて再認識されることが期待される。こうして中小企業は、真に「社会の主役」としての地位を確固たるものにしていくであろう。

---

## 練習問題

1　中小企業の定義は国や地域によって異なるが、自身が関心のある国・地域を一つ取り上げ、その国・地域における中小企業の定義をまとめてみよう。
2　中小企業の経営と大企業の経営とで何がどのような点で異なるのか、その相違点について、本章で取り上げたこと以外の内容をまとめてみよう。
3　SDGs の 17 のゴールのなかで自身が関心のある内容を一つ取り上げ、中小企業が日常として取り組んでいることととどのような点で関連しているかをまとめてみよう。

---

## ●推 薦 文 献

**関智宏編著（2020）『よくわかる中小企業』ミネルヴァ書房**
　　中小企業の存在だけでなく、経営ならびに政策に関連した諸項目を、これまでの主要なテキストから網羅的に抽出し、それらを体系的に解説したテキストである。

**佐竹隆幸（2021）『中小企業政策論─持続可能な経営と新しい公共─』関西学院大学出版会**
　　中小企業の持続可能な経営の実現という観点から、1999 年の中小企業基本法改定以後の中小企業政策のあるべき姿を提示した専門書である。

## ●引 用 文 献

植田浩史（2014）「日本経済と中小企業」植田浩史・桑原武志・本多哲夫・義永忠一・関智宏・田中幹大・林幸治『中小企業・ベンチャー企業論（新版）─グローバルと地域のはざまで─』有斐閣、pp.21-42

川上義明（2016）『中小企業経営研究のフロンティア』梓書院

齊藤毅憲（2016）「スモール・ビジネスの成長をめぐって─存続モデルの提案─」横浜市立大学学術研究会編『横浜市立大学論叢社会科学系列』第 67 巻第 3 号、pp.1-14

佐藤芳雄（1996）「プロローグいま、なぜ中小企業論を学ぶのか」巽信晴・佐藤芳雄編『新中小企業論を学ぶ（新版）』有斐閣、pp.1-11

関智宏（2022）「日本の『中小企業研究』と『日本の中小企業』研究─経営学領

域からみた日本における中小企業研究のアイデンティティとその展望─」同
志社大学商学会『同志社商学』第 74 巻第 2 号、pp.297-315

瀧澤菊太郎（1995）「『中小企業とは何か』に関する一考察」商工総合研究所『商
工金融』第 45 巻第 10 号、pp.3-22

松田修一（2001）『ベンチャー企業（2 版）』日本経済新聞社

安田武彦（2019）「平成年間の中小企業政策に関する考察─企業の新陳代謝に係
る政策を中心に─」東洋大学経済研究会『経済論集』第 44 巻第 2 号、pp.195-
209

山田宏（2013）「中小企業政策は何を目的とするのか─中小企業政策とその思想
の変遷─」参議院事務局企画調整室編『経済のプリズム』第 109 号、pp.1-26

山中篤太郎（1948）『中小工業の本質と展開─國民經濟構造矛盾の一研究─』有
斐閣

# ┃ 2 章 ┃

# 中小製造業の姿

藤 川  健

●キーワード
製造業 基盤産業 下請制 中小企業の自立・自律 中小企業ネットワーク

　中小企業は異質多元[1]であり、様々な産業の多様な規模の企業から構成されている。それぞれの産業ではどのような経営上の違いがあるのか。また、そのような違いはいかなる産業固有の課題を導いているのであろうか。本章では製造業を検討する。

## 1　中小製造業の統計的概観

### 1）中小製造業の企業数と従業員数

　まず、データから中小製造業の位置づけを確認することから始めてみよう。図表 2-1 は、産業別に中小企業の企業数と従業員数を提示したものである。企業数から確認すれば、製造業は中小企業のなかで、「卸売業」「宿泊業、飲食サービス業」「建設業」に次いで多く、その 1 割を占めている。それに対し、従業員数では、製造業が「卸売業」に続いて 2 番目に多く、中小企業で働く 2 割弱の人が製造業に携わっている。このように、中小企業における製造業は、他の産業に比べて働く場を提供することから日本経済と密接に関わっていることがわかる（3 章、4 章）。なお、大企業と対比すれば、製造業のうちの企業数で 99.5 ％、従業員数で 65.3 ％を中小企業が占めている。したがって、CM などでよく目にする自動車や家電製品をつくる大企業は、製造業のなか

---

1　異質多元とは、山中篤太郎が『中小工業の本質と展開』のなかで「同質的一體であると云ふよりは、異質的な群であり、一元的であるよりは多元的なのである」（山中 1948 p.30）と表現したことを受け、中小企業の多面性を表す際に用いられる用語である。

図表 2-1　産業別の中小企業の企業数・従業員数（2016 年）

| 大産業分類産業名 | 企業数 | | 従業員数 | |
|---|---|---|---|---|
| | 実数 | % | 実数 | % |
| 鉱業、採石業、砂利採取業 | 1,310 | 0.0 | 17,024 | 0.1 |
| 建設業 | 430,727 | 12.0 | 3,244,169 | 10.1 |
| 製造業 | 380,517 | 10.6 | 6,202,447 | 19.3 |
| 電気・ガス・熱供給・水道業 | 975 | 0.0 | 38,689 | 0.1 |
| 情報通信業 | 42,454 | 1.2 | 969,660 | 3.0 |
| 運輸業、郵便業 | 67,220 | 1.9 | 2,216,062 | 6.9 |
| 卸売業 | 831,058 | 23.2 | 6,952,779 | 21.6 |
| 小売業 | 207,986 | 5.8 | 2,462,540 | 7.6 |
| 金融業、保険業 | 27,338 | 0.8 | 213,887 | 0.7 |
| 不動産業、物品賃貸業 | 299,961 | 8.4 | 1,164,919 | 3.6 |
| 学術研究、専門・技術サービス業 | 181,763 | 5.1 | 1,008,309 | 3.1 |
| 宿泊業、飲食サービス業 | 509,698 | 14.2 | 3,603,582 | 11.2 |
| 生活関連サービス業、娯楽業 | 363,009 | 10.1 | 1,772,497 | 5.5 |
| 教育、学習支援業 | 101,663 | 2.8 | 565,763 | 1.8 |
| 医療、福祉 | 207,043 | 5.8 | 1,666,393 | 5.2 |
| 複合サービス事業 | 3,375 | 0.1 | 9,478 | 0.0 |
| サービス業（他に分類されないもの） | 130,065 | 3.6 | 2,555,374 | 7.9 |
| 非 1 次産業計 | 3,578,176 | 100.0 | 32,201,032 | 100.0 |

出所：中小企業庁編『中小企業白書　2023 年版』の付属統計資料から筆者作成。

でもほんの一握りにしかすぎないことが理解できる。また、中小製造業者の
なかでも、企業数で 85.7 %、従業員数で 19.4 %は 20 人以下の小規模企業か
ら構成されている。これらのことから、日本の製造業のなかでの中小企業の
比率を無視することはできないといえよう。

## ２）中小製造業の推移

　続けて、中小製造業の推移も数字から捕捉しよう。バブル経済崩壊直前の
1990 年を基準として 2013 年までの従業員規模別の中小製造業の事業所の推
移をみたものが図表 2-2 である。事業所数総体では、43 万事業所数から 20
万事業所数へと半減していた。より詳しくみれば、最も大きい従業員数の

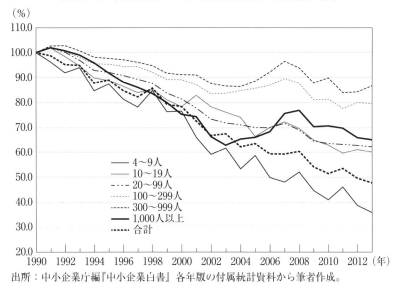

図表 2-2　中小製造業における従業員規模別の事業所数の推移

出所：中小企業庁編『中小企業白書』各年版の付属統計資料から筆者作成。

「1000 人以上」の層を除き、100 人以上の従業員数を誇る事業所では 8 割近く
が残存している。しかしながら、最も小さい従業員の層である「4～9 人」の
事業所では、24 万事業所数から 8 万事業所数まで激減しており、6 割以上の
事業所が失われたことになる。さらに、この層は 1990 年時点で中小製造業の
56.0 ％を占めており、そこの減退が中小製造業の事業所数全体の大幅な減少
につながったといえる。以上を踏まえ、中小製造業は雇用の場やものづくり
の根幹としての重要な役目を果たしている。しかしながら、バブル経済崩壊
以降、その操業環境や経営環境が大幅に悪化し、中核を成していた小規模企
業を中心に著しく縮小している状態にある。


## 2　ものづくりにおける大企業と中小企業の役割

### 1）大企業と中小企業の関係

　ところで、中小企業はものづくりのなかでどのような役割を担っているの
であろうか。大企業との関わりのなかから考えてみよう。一般的に多くの中

図表 2-3　ものづくりにおける大企業と中小企業の関わり

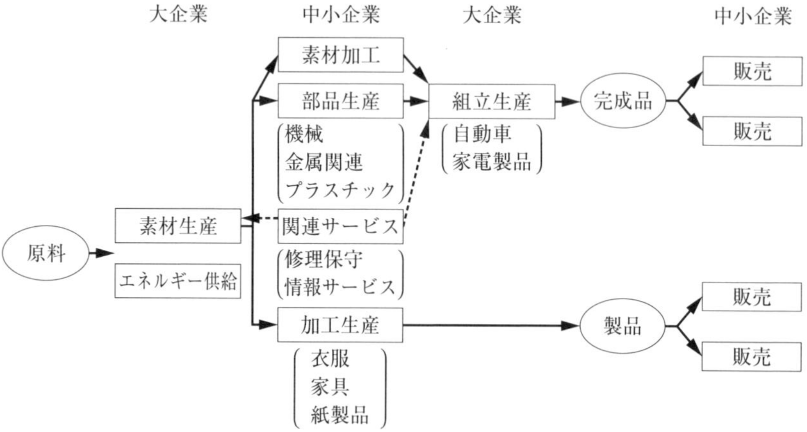

出所：三井（1991 p.33）。

小企業は、織物、食料品、家具、陶磁器、紙製品などの生活関連の身の回り品を製造している。それに対し、大企業は、鉄鋼、非鉄金属、石油化学、化学製品、合成繊維、紡績、紙パルプ、セメントなどの重化学工業を支える基礎素材の製造や、電機、自動車、造船、重機械、産業機械、プラントの組立など大規模・大量生産が必要なものを担当することが多い。

　さらに、中小企業は大企業が担う素材産業や加工組立型産業の生産の前段階や後段階で直接・間接につながりを持っている。これを図示したものが図表 2-3 である。例えば、自動車の場合であれば、鉄やプラスチックなどの素材の生産や電気などのエネルギーの供給を担うのが大企業、そこから供給してもらった素材やエネルギーを用いて部品を加工・生産するのが中小企業、その部品を集めて自動車を組み立てるのが大企業というようになる。したがって、多くの工業製品は、私たち消費者の手元に届くまでに大企業と中小企業が複雑に絡み合いながら生産が行われている。

　上記を踏まえ、中小製造業者は私たちの生活に関わるものを生産して直接関与する。また、中小製造業者は自動車や家電製品などの大企業が提供するものの部品を加工・製造することで間接的に私たちの生活に関わっていると表現できる。

## 2）ものづくりのなかでの中小企業の機能

　もう少し詳しく中小製造業が果たす役割を機能的な側面からみておこう。図表2-4は、ものづくりにおける機能的な側面からみた取引構造を示したものである。それをみれば、大企業が担う川上に位置する素材産業と川下に位置する加工組立型産業の間に挟まれているのが、中小企業が多く存在する川中にある基盤産業である。このような基盤産業に属する中小企業は、プレスの加工・部品生産のみに特化しているプレス製品製造業、プラスチックの加工・部品生産のみに集中しているプラスチック製品製造業など特定の基盤的な技術に特化して存立している場合が多い。さらに、そのような中小企業は、住宅関連機器、携帯電話機、パーソナルコンピュータ、自動車などの複数の産業にまたがって部品を納入している。つまり、それらの完成品は、中小企業が保持する基盤的技術を用いながらモノとして形づくられている。

　特定の産業に絞ってこのような機能を検討してみよう。自動車を例に挙げれば、シャーシ、フレーム、ボンネット、トランク、ドア、ボディなどの大物部品は、主にプレスの技術が用いられた部品が利用されている。エンジン内部のクランクシャフト、ギアなどの金属の組織を損なわずに強度を必要とする部品には、鍛造の技術を使用した部品が最適である。そして、ハンドル、インパネなどの内装部品や計器関連部品、バンパー、テールランプ、サイド

図表2-4　ものづくりにおける機能的な側面からみた取引構造

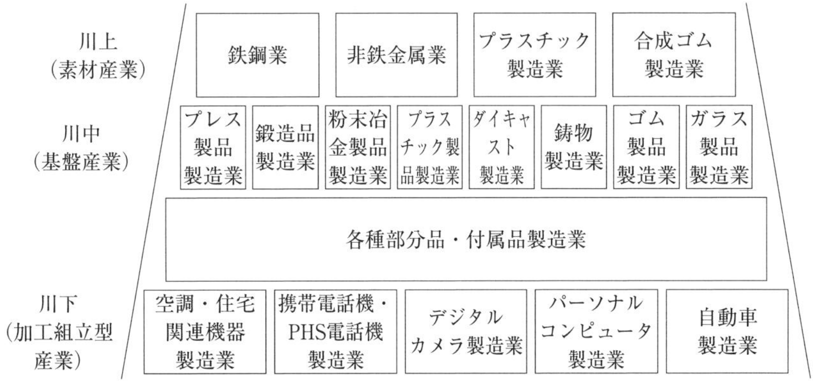

出所：藤川（2019 p.68）を加筆・修正。

プロテクションモールなどの外装部品は、プラスチックの技術を援用した部品が使われている。また、エンジンフレームやピストンなどのエンジン周辺部品、ミッション関係の部品、ブレーキ、各種モーター、アルミホイールなどの仕上精度が要求される部品には、ダイキャストの技術を活かした部品が用いられている。さらに、シリンダーブロック、シリンダーヘッド、ウォータージャケットなどの部品には鋳造の技術が部品に援用されている。あるいは、フロントガラス、サイドガラス、リアガラス、ライト、ミラーでは、ガラスの技術が部品を生産するときに活躍している。タイヤ、ワイパー、泥除け、各種シール部品、振動・騒音吸収用部品などには、ゴムの技術が使用されて部品ができている。

　したがって、完成品メーカーが製品をつくるためには、複合的な基盤技術が求められており、それをすべて自社でまかなうことは負担が大きい。完成品メーカーは、そのような技術を持つ中小企業を利用して、買いやすい価格帯で高度な品質を持つ、携帯電話機、パーソナルコンピュータ、自動車などの製品を提供することが可能になるといえよう。


## 3　中小企業と下請制

### 1）下請とは

　ものづくりにおける中小企業の役割を踏まえ、今度は歴史的な視点から中小製造業の技術水準や課題がどのように変化してきたのかを考察する。それらを説明する際によく用いられるのが、大企業と中小企業の取引関係を表現する下請という言葉である。下請の歴史は古く、その定義は論者によって様々である（河崎 1993 p.48）。例えば、下請制という言葉は、「優位な資本による劣位な工業企業の商業資本的支配」（藤田敬三）、「外注のうち受注工場が相当程度に依存または従属関係にある場合」（田杉競）、「対等ならざる外注」（北原勇）、「対等ならざる縦の支配・従属の関係」（伊東岱吉）、「対等ならざる外注関係」（中村秀一郎）などと定義されている。いずれにせよ、下請とは取引関係を説明する際に使われる言葉であり、仕事を発注する企業（大企業）と受注

する企業（中小企業）という受発注関係を示すことと、支配する企業（大企業）と従属する企業（中小企業）という対等ではない関係を示すことの両方の意味を含んで使われている。

　このような下請は、情報通信業や建設業などの他の産業でも多くみられるが、製造業に属する中小企業の2割近くがこのような取引関係を有するといわれている（中小企業庁編〔2020〕『中小企業白書　2020年版』日経印刷、p.214）。図表2-5は製造業の業種別（日本標準産業分類[2]の中分類レベル）と従業員規模別に下請企業の割合をみたものである。左側の業種別をみれば、「情報通信機械器具製造業」「電気機械器具製造業」「化学工業」「電子部品・デバイス・電子回路製造業」「輸送用機械器具製造業」などの先ほどみてきた大企業が担当する素材産業や加工組立型産業と関連する業種に下請企業が多いことがわかる。また、従業員規模別で示した右側を確認すれば、いずれの従業員規模においても1割以上の下請企業が存在しており、従業員数が増加するにつれてその割合が増している。したがって、下請は企業規模を問わず、広域な業種に及んで中小企業の重要な取引関係を示していることが理解できる。

## 2）日本の資本主義の後進性を象徴する下請制

　このような下請は、経済情勢によって日本の資本主義の後進性を示すものから日本の機械工業の国際競争力を下支えするものまで180度異なる評価が下されてきた。そのため、日本経済と下請の関係も簡潔に振り返ってみよう。まず、戦前・戦時中の日本は、軍事経済化が進展するなかでの大工業と中小工業の経済的・技術的な格差を踏まえ、専属的下請化によって中小企業の低技術・低い経営水準の改善を模索している段階であった。もう少し詳しくみていけば、戦前や戦時中の日本は、世界水準の技術力を持った国営軍需工場と世界水準よりも遥かに劣っていた民間重工業（大企業）との技術水準と生産性に関する甚だしい隔絶性と、そのような劣った民間重工業とさらに劣弱

---

2　日本標準産業分類は、総務省によって公示された日本の公的統計において用いられる産業の分類方法のことである。この分類では、大分類、中分類、小分類、細分類に区分されており、1949年に設定されてから改定が重ねられて現在に至っている。

図表 2-5　業種別・従業員規模別にみた下請企業の割合（2017 年度）

| 業種 | ％ |
|---|---|
| 情報通信機器具製造業 | 35.9 |
| 電気機械器具製造業 | 32.7 |
| 化学工業 | 26.9 |
| 生産用機械器具製造業 | 26.4 |
| 業務用機械器具製造業 | 25.0 |
| 電子部品・デバイス・電子回路製造業 | 25.0 |
| 金属製品製造業 | 22.4 |
| 非鉄金属製造業 | 21.7 |
| はん用機械器具製造業 | 21.2 |
| 輸送用機械器具製造業 | 21.2 |
| プラスチック製品製造業 | 19.9 |
| なめし革・同製品・毛皮製造業 | 18.1 |
| 製造業全体 | 17.4 |
| 繊維工業 | 15.3 |
| 印刷・同関連業 | 15.0 |
| 鉄鋼業 | 14.9 |
| 石油製品・石炭製品製造業 | 14.8 |
| その他の製造業 | 12.8 |
| ゴム製品製造業 | 12.6 |
| パルプ・紙・紙加工品製造業 | 12.5 |
| 家具・装備品製造業 | 11.0 |
| 飲料・たばこ・飼料製造業 | 10.0 |
| 窯業・土石製品製造業 | 9.1 |
| 食料品製造業 | 8.2 |
| 木材・木製品製造業（家具を除く） | 7.1 |

| 従業員規模 | 下請企業（％） | それ以外の企業（％） | 合計（％） |
|---|---|---|---|
| 個人企業 | 12.6 | 87.3 | 99.9 |
| 5 人以下 | 16.8 | 83.2 | 100.0 |
| 6～20 人 | 19.6 | 80.5 | 100.1 |
| 21～50 人 | 23.5 | 76.5 | 100.0 |
| 51～100 人 | 30.4 | 69.6 | 100.0 |
| 101～300 人 | 24.9 | 75.0 | 99.9 |
| 301 人以上 | 35.4 | 64.6 | 100.0 |

注：小数点以下の扱いによって合計が 100 ％にならないものもある。

注：1　法人・個人の合計値より算出している。
　　2　業種別の受託事業者割合は「各業種の受託事業者数／各業種の母集団事業者数×100」で算出している。
資料：中小企業庁「平成 30 年中小企業実態基本調査」。
出所：中小企業庁編（2020）『中小企業白書　2020 年版』日経印刷、p.215。従業員規模別については筆者再計算。

な中小工業との間の技術水準と生産性の格差が深刻であることを表現する二重の隔絶性[3]という問題が生じていた。したがって、当時は大企業が中小企業を下請企業として利用することすらできないぐらい中小企業の技術水準が低かったと考えられる。

　高度成長期である1950年代から1960年代までの日本では、大企業が生産上で直接関係を持つ中小企業の上層部を選別して専属として育成していくようになった。外国の最新の技術を取り入れながら先進国へのキャッチアップを図ろうとする大企業は、経営資源の制約から自社単独で生産を完結することが困難であり、技術水準の低い中小企業を利用しなければならなかった。そのため、大企業は中小企業の上層部のみを選別して系列[4]の企業として積極的に育成し、技術移転や経営力を強化する行動をとるようになった。そして、選ばれた系列企業の経営が安定して、一部の中小企業において技術の進歩や企業規模の拡大がみられるようになった。

## ３）日本の機械工業の国際競争力の源泉としての下請制

　低経済成長期に突入した1970年代の日本では、多くの工業部門の巨大企業が国際競争力を持つようになり、それを支える中小企業の技術水準も先進諸国と比べて遜色ない程度にまで成長するようになった。日本は1971年のドルショックや、1973年と1978年の2度の石油ショックなどの世界同時不況という経済危機を迎えることになる。このような深刻な経済危機を受け、日本経済は1973年に戦後初のマイナス成長を経験し、主要な先進国と同様に厳しい局面を迎えるようになった。しかしながら、日本はCAD[5]やNC工

---

3　二重の隔絶性は、先進工業国と比較した場合の技術的に遅れた日本の大工業、それからも遥かに技術的に劣る中小工業を指摘した小宮山琢二の言葉である。当時の時代背景を含め、この概念や下請制をめぐる諸議論をより深く理解するためには、小宮山琢二の『日本中小工業研究』と藤田敬三の『日本産業構造と中小企業』を併せて読むことが望ましい。

4　系列は、企業集団や企業グループなどと密接に関係する企業結合形態の一種であり、生産や販売をめぐって大企業と中小企業が深く結びついている場合に使われる用語である。1950年代には、新しく現れた系列と下請制がどのような点で異なるのかをめぐって論争が行われた。

作機械[6] などの ME[7] 化によって生産効率を大幅に改善した専門部品メーカーや専門加工企業などの効率的な下請企業を利用できたこともあり、自動車、家電、工作機械などの主要な国内の機械工業が輸出競争力を高めていくようになった。そして、1980 年代の日本も、依然として機械工業が高い国際競争力を維持しており、そのような国際競争力を生み出す要因の一つとして下請制が世界的に注目されるようになった。

　その後の日本は、1991 年にバブル経済が崩壊し、国際的な競争優位を持つ国内の完成品製造企業の海外事業展開が本格化した。さらに、2008 年に起こったリーマンショックは、完成品メーカーの海外事業展開の速度をさらに早めただけでなく、その企業と取引する有力な下請企業の国際化も著しく加速させた。そして、日本のなかだけで分業しながらものづくりを完結してきた取引関係は一変し、下請制も大きな変貌を遂げようとしている。


## 4　中小製造業が生き残るための方策

### 1）下請企業の自立化と自律化

　歴史的に下請制を確認することから、今日の中小製造業は高度経済成長期以降に ME 機器を駆使して大企業にも負けない独自の製品や技術を持った中小企業が登場したことや、バブル経済崩壊後に国内で完結していた安定的な取引関係に頼ることが困難になってきたことなどが明らかになった。さらに、図表 2-2 で確認した中小製造業にまつわる統計から、近年では下請の末端を

---

5　CAD（Computer Aided Design）は、コンピュータを用いて機械や部品の設計や製図を行う設計支援ツールのことを指す。近年では 3D プリンターにも CAD の技術が援用されており、ものづくりの仕組みを大きく変革する可能性を秘めていると評されることもある。

6　NC 工作機械（Numerical Control Machine Tools）とは、入力した数値をデジタル信号に変換して自動的に制御する工作機械のことをいう。

7　ME とは、マイクロ・エレクトロニクス（Micro Electronics）の技術を用い、これまで人間が担っていた作業を機械が行う作業へと置き換える自動化を目的とした技術体系を指すことが多い。そのため、ME 化は雇用や労働に多大な影響を及ぼすものとして考えられていた。

図表 2-6　「自立化」と「自律化」の議論による中小企業の分類

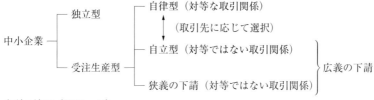

出所：池田（2012 p.44）。

担ってきた小規模企業を中心に中小製造業が激減していることも把握できた。それでは、以前のように日本国内の需要に依存した経済成長が望めないなかで、中小製造業はどのように生き残りを図ればよいのであろうか。その手掛かりを得るためには、下請企業の自立化・自律化の議論が参考になる。

　中小企業の自立化・自律化では、中小企業を図表 2-6 のように分類することがある（池田 2012 p.44）。すなわち、中小企業は、まず自社ブランドの製品を持つ「独立型」中小企業と、「受注生産型」中小企業にわけて考えることができる。さらに、「受注生産型」中小企業は、対等な取引関係を実現して価格決定権を持つ「自律型」下請企業、対等ではない取引関係を持ちつつもそこからの退出能力を持つ「自立型」下請企業、対等ではない取引関係で退出する能力も持たない「狭義の下請」企業の 3 つに類型化される。そして、「受注生産型」中小企業の「自立型」下請企業と「狭義の下請」企業は、対等ではないという意味で「広義の下請」企業に該当する。

　「独立型」中小企業と「受注生産型」中小企業の違いは明確であり、自社製品を持っているかどうかである。それに対し、「自立型」下請企業と「自律型」下請企業の差については、もう少し詳しい説明が必要である。一方の「自立型」下請企業は、それまで「狭義の下請」であった企業が技術力を高め、その取引から退出する能力と価格交渉力を獲得した状態にある。ただし、その取引においてどの程度の価格交渉力を有するのかは、当該企業が保有する技術がオンリーワンかなどの希少性の有無や、模倣されにくさなどの技術レベルの程度による。他方の「自律型」下請企業は、「自立型」下請企業よりも高次なものとして位置づけられる。すなわち、「自律型」下請企業は、高い技

術力を有しているものの、「独立型」中小企業の道をあえて選択せず、親企業に対して価格決定権を有しながら対等な取引を行っている。対等な取引の一例を挙げれば、下請企業が親企業に対するコストダウンや品質改善の提案を積極的に行って良好な関係を構築することである。したがって、「自律型」下請企業かどうかは、経営者が自主的に判断している面が強いといえよう。さらに、現実の「受注生産型」中小企業の取引をみれば、取引先に応じて「自立型」と「自律型」とを使い分けており、一つの企業のなかで両方の取引関係が混在していることにも注意が必要である。

　上記を踏まえ、中小製造業者がとるべき道は大きく2つある。第1は、中小製造業が下請であり続けることを極めるために技術力や価格交渉力を磨き、「狭義の下請」企業から「自立型」下請企業、さらにその先の「自律型」下請企業へと発展することを目指すことである。第2は、中小製造業が脱下請を目指して自社ブランドの製品を持ち、「独立型」中小企業になることを志向することとまとめることができる。以下では、紙幅の都合から、多くの中小製造業者が選択する下請を続けながら生き残る道を模索する戦略に議論を絞って詳細に検討していくことにしよう。

## 2）自律化を実現するための条件

　それでは、「自律化」が持つ特徴である価格決定権を持つことや対等な取引関係を実現するためには、どのような点がポイントになるのであろうか。大きくは2点挙げられる。第1は、特定の取引先に対する依存を脱却するため、取引関係を分散化して価格交渉力を向上することである。言い換えれば、下請企業が複数の取引先を持ち、特定の取引先に対する売上依存度を低めることである。このためには、下請企業側が取引先を開拓するための営業力を持たなければならない。多数の下請企業は、これまでの得意先との安定した取引に慣れてしまい、営業に関するノウハウを持ち合わせていない。しかしながら、今後の下請企業は、自社で蓄積した技術に基づき、国内外に存在する取引先企業と同業種の企業や、異業種の企業に対して売り込む努力をしなければならない。下請企業は限られた人員のなかで経営を行っているため、

営業担当者を確保することが困難な場合も考えられる。そのような際には、情報通信技術（ICT）を営業に活用するなどの工夫を行うことも検討する必要がある。

　第2は新規に開拓した取引先企業と確固たる対等な取引関係を構築するため、その企業に合わせた自社独自の優位性を確立することである。すなわち、下請企業は取引先企業と切っても切れない関係、いなければ困る関係を構築することが要となる。つまり、下請企業が新しい取引先を開拓したとしても、同じ部品を製作することができる以前から付き合いのある下請企業が存在している可能性は高い。そのため、その新規開拓した取引が一時的な取引として終わる恐れもあり、下請企業はまた特定の取引先に依存する状態に戻ってしまう。これを回避するためには、取引先との関係を強化するように技術を磨かなければならない。場合によっては、これまでの自社が蓄積してきたものと全く異なる技術が求められるかもしれない。例えば、今までとは大きく違う、技術特性、精度、生産数量、納期などである。このような顧客が要求する基準を見定め、下請企業は既存のつくり方を抜本的に変えるなどの技術的な変更が求められることもある。したがって、下請企業は自社が対応可能な技術の幅を新たに広げなければならない。他方、新しい取引先との関係を強化するためには、他のライバルにできないようなその企業独自の技術を用いて取引先企業の課題を解決することも必要になる。コストを低減するためのVA・VE提案[8]のように技術的な課題は、顧客自身も気づいていない潜在的なものもある。このような取引先企業の問題を解決するためには、相手の生産技術を理解することに努め、それに相応しい技術を深めることも不可欠である。したがって、下請企業は技術の幅を拡張して、それを深化していくことが自律化への近道であるといえる。

---

8　VA・VE提案とは、日本語で価値分析や価値工学と訳され、製品の品質や機能を落とさずにコスト低減を実現するための方法のことである。VE（Value Engineering）は取引先企業の設計段階、VA（Value Analysis）が生産段階で提案する活動をいう。

### ３）自律化を実現するための中小企業ネットワーク

　しかしながら、中小企業は経営資源の制約から、必要なノウハウをすべて
自社でまかなうことが難しい。そこで必要な資源を外部から補うためのネッ
トワークが重要になる。このようなネットワークの定義や中小企業における
効果は、８章で詳しく述べられているので、併せて参照されたい。とりわけ、
中小製造業にとってのネットワークは、不利の是正を目的とした同業種の組
織化である協同組合、異なる業種の情報や技術の相互利用を図るための異業
種交流、異業種で共同して新たな事業分野の開拓までを目指す新連携、中小
企業者と農林漁業者の経営の改善を意図する農商工ネットワークなどいくつ
かの形態をとりながら政策的にも推進されてきた。

　特に 2000 年代以降の中小企業ネットワークである新連携では、共同受注
や共同製品開発などのある一定の成果を生み出すことを目的として、中小企
業が、企業、大学、研究機関などと中長期的に協同するものである。このよ
うな中小企業ネットワークは、取引関係の分散化にも役立つ。具体的に述べ
れば、中小企業が共同受注や共同製品開発を行うためには、ともに先端的な
地域を視察することや、各々の工場を見学し合うなどの研究会や勉強会を通
じた交流からメンバー間の信頼関係を醸成することが求められる（8章）。こ
のような信頼関係は、人間的な信頼関係や技術的な信頼関係を含み、ネット
ワーク内の企業間での新規の取引の発生や既存の取引の強化を生むことにな
る。さらに、中小企業ネットワークを通じた共同受注や共同製品開発の活動
が周囲に認知された場合、そのネットワーク自体がブランドを獲得する。そ
して、そこに参加できることが個々の中小企業のステータスとなり、自身の
取引上の信用力をも向上させて新規の取引先の開拓につながることもある。
また、中小企業ネットワークでは何社かが合同で新製品を開発し、既存の得
意先とは全く異なる取引先を開拓する機会も得る。さらに、そのような他社
との協同作業を通じて、中小企業は多くのことを学び、新しい技術を身につ
ける。そして、このような技術的な学習を契機として、自社単独での製品開
発活動を行うようになり、自社ブランドを持って脱下請を図る「独立型」中
小企業になるものも現れている。

## ICTを活用した中小企業ネットワークがもたらす自律化——京都試作ネット

　ICTを用いた中小企業ネットワークが、下請企業の自律化を目指すことに役立つ例として京都試作ネットが挙げられる（平野 2017）。京都試作ネットは、2001年に設立されたインターネットを介した試作業務の共同受注を行う中小企業ネットワークである。京都試作ネットは、大企業から図面をもらって下請・加工するだけでは価値を生み出せないという危機意識や自立の必要性から設立された。現在では理事となる企業35社を含む京都に立地する50社を超える企業が参加している。参加企業が保有する技術は、切削、プレス加工、プラスチック成形、ワイヤー放電加工、研削などの多岐にわたり、プロジェクトごとに最適なメンバーを構成して試作案件に対応している。

　京都試作ネットの特徴は、ICTを駆使した試作体制や2時間以内に問い合わせに対して返答する2時間レスポンスなどが挙げられる。京都試作ネットでは、見積の依頼が速やかにWeb上のクラウドにアップされ、主要メンバーがそれを閲覧することができる仕組みを構築している。そして、この案件は必ずアップしてから2時間以内に返答しなければならない。したがって、コアメンバーは、LINEなどを用いながら迅速に最適なメンバーを選定し、時間内に見積に回答している。また、京都試作ネットは、テレビやFacebookなどの複数のメディアでアピールすることや、英語版のホームページを開設することにより、国内外からの新規受注を獲得するための営業活動にもICTを活用している。

　このような京都試作ネットでは、参加したメンバー自身の発展もみられる。例えば、半導体装置の微細加工を手掛ける株式会社衣川製作所は、2002年に京都試作ネットの共同受注によって手術器具の製品開発を1年半かけて取り組んだ。そして、この共同受注をきっかけにして、同社は医療分野に参入するようになり、世界最小のマイクロ鉗子を開発した。したがって、衣川製作所は、中小企業ネットワークでの活動を通じ、「受注生産型」中小企業から自社製品を持つ「独立型」中小企業へと転換できた例といえよう。あるいは、精密部品の量産に特化していた名高精工所は、京都試作ネットの活動を通じ、開発試作までを業務範囲に加えることができるようになった。同社は、京都試作ネットに参加してから試行錯誤を繰り返し、これまでの量産中心であった事業から少しずつ開発試作をも手掛けるようになっていった。つまり、名高精工所は、無理やりとった試作の仕事を何とかこなしているうちに、社内の技術的な対応力を向上させた。この結果、京都試作ネットに参加する前の同社の取引先数は、40～50社程度であったが、現在は120社以上にまで増加している。同社のような技術の幅を拡張して特定の取引先に依存しない経営体質を構築することも、「自律型」下請企業に向かう好例であろう。

ただし、このような中小企業ネットワークは長い時間をかけて各地で行われているにもかかわらず、参加するすべての中小企業が「自律化」を達成できているわけではない。そこにはいくつかの解決しなければならない課題もある。例えば、中小企業ネットワークを通じて活動を遂行するためには、構成員間の事業内容をすべて明るみにし、技術やノウハウなどの中核的な情報を構成員間で共有することが必要になる。ただし、このような情報共有は、深い信頼関係を醸成する場の存在が必須であり、一朝一夕で獲得できるものではない。そのため、各社は危機意識や目的意識を共有する場を創造して日常的かつ長期的に活動を継続しなければならない。また、中小企業ネットワークの共同受注や共同製品開発が失敗に終わることもあり、各社の売上などの経営成果に直結しない場合も想定される。しかしながら、共同作業を通じて得た経験は、個々の企業の経営を改善するためのヒントに満ちている。すなわち、取組に参加する中小企業は、短期的な利益ばかりを追い求めるのではなく、自社の経営基盤の強化につながる学習する機会として中小企業ネットワークを捉えなければならない（関 2011 pp.104-106）。これらのネットワークの素地を整える企業行動も重要であり、自律化を実現するための一歩になるであろう。

---

### 練 習 問 題

1　下請企業が生き残るための戦略である「独立型」中小企業と「自律型」下請企業を目指して活動する企業の事例を報告してみよう。
2　京都試作ネット以外で上手く機能している中小企業ネットワークを探し出してその概要をまとめてみよう。
3　下請制の評価とそれをめぐる理論がどのように変遷してきたのかを整理してみよう。

---

●推 薦 文 献
　渡辺幸男（1997）『日本機械工業の社会的分業構造—階層構造・産業集積からの下請制把握—』有斐閣

1980 年代の日本の下請制を機械工業の社会的分業構造として位置づけ、収奪と技術レベルの向上が同時に発生していることを説明した良書である。

中山健（2001）『中小企業のネットワーク戦略』同友館

中小企業ネットワークを活用した経営戦略が有効であることを主張し、事例研究とアンケート調査の両面から検証を試みた先駆的な著作である。

●引用文献

池田潔（2012）『現代中小企業の自律化と競争戦略』ミネルヴァ書房

河崎亜州夫（1993）「日本の下請制に関する諸論議の推移」四日市大学編『四日市大学論集』第 6 巻第 1 号、pp.47-58

小宮山琢二（1941）『日本中小工業研究』中央公論社

関智宏（2011）『現代中小企業の発展プロセス―サプライヤー関係・下請制・企業連携―』ミネルヴァ書房

中小企業庁編『中小企業白書』各年版

平野哲也（2017）「中小企業のネットワーク組織における企業発展と学びのシステム―京都試作ネットのケース―」関智宏・中山健編著『21 世紀中小企業のネットワーク組織』同友館、pp.52-65

藤川健（2019）「基盤産業における存立条件の変化」髙田亮爾・前田啓一・池田潔編著『中小企業研究序説』同友館、pp.59-76

藤田敬三（1965）『日本産業構造と中小企業』岩波書店

三井逸友（1991）『現代経済と中小企業―理論・構造・実態・政策―』青木教養選書

山中篤太郎（1948）『中小工業の本質と展開―國民經濟構造矛盾の一研究―』有斐閣

# 3 章

## 中小商業の姿

海上　泰生

●キーワード
商店街　チェーン・ストア　バイイング・パワー　電子商取引（EC）

　現代社会では流通に頼らずに1日も暮らせない。店に行けば商品があり、代金を支払えば買えるのが当然と思ってしまうほど、安定した流通システムの恩恵を受けている。しかし、その裏側には、商品をつくる生産者と私たち消費者の間の隔たりを埋め、両者をつなぐ商業者の働きがある。その働きのおかげで、私たちは商品をスムーズに入手できる。

　商業は、小売業と卸売業で構成される。商業者とは、自ら商品をつくらず仕入れて販売する業者であり、そのうち消費者に商品を販売する業者を小売業者という。この小売業者以外の商業者を卸売業者といい、卸売業者の販売先は、小売業者・生産者・他の卸売業者・他の事業者などになる。

　商業の分野でも、ほとんどの小売業者と卸売業者は中小企業であり、我が国の流通を支えている。特に、全国の地域の至る所にまで商品が行き渡るのは、中小企業の重要な働きによるところが大きい。本章では、そうした流通や商業の分野に注目し、そこで活躍する中小企業の姿をみていこう。


## 1　商業の働き

### 1）分業化社会と流通

　まず、とても重要であるにもかかわらず、現代人がほとんど意識することもなく依存している商業の働きについて、触れておこう。

　かつて古代社会では、財を生産して自家消費する自給自足の生活だった。このときは、当然、流通も商業もない。やがて、得意な財の生産に専門特化

することの合理性に気づく人が現れる。例えば、糸だけをつくる人、布だけをつくる人、服だけをつくる人に分かれた方が効率がよく、その財のための生産技術や経験が蓄積される。その結果、生産性が向上し、社会全体が豊かになる。こうして社会的分業が進展し、自給自足の時代には一体だった「生産」と「消費」が大きく分離した。

そして、両者は、それぞれ異なる方向を目指すことになる。生産効率を上げたい生産者は、短期間に大量に生産かつ販売したい（集中的）。一方、生活の満足を目指す消費者は、欲しいときに使う分だけ少量購入したい（分散的）。こうしてさらに離れていこうとする「生産」と「消費」の間には、大きなギャップが生まれる。これを橋渡しする活動が「流通」である。

## ２）間接流通と商業

流通には、直接流通と間接流通がある。商品が生産者から消費者に直接流れるのが前者であり、商業者を介して消費者に流れるのが後者である。一見すると、間接流通の方が余分なコストを生む印象があるが、実は、間接流通の方が全体的なコストは低く、むしろ効率的である。なぜ、そうなるのか？

消費者が手に入れようとする財（商品）は、それぞれ単体でも一応の価値を持つが、他の財と組み合わされてこそ真価を発揮する。消費の目的に沿った有意義な集合が必要だ。例えば、ガスコンロという一つの商品だけでは機能しない。コンロ＋鍋・フライパン＋食材（野菜、肉、魚、穀物）＋食器＋調味料などを揃えたい。消費活動のためには、いろいろな商品を組み合わせる必要がある。しかし、上述のコンロから調味料まですべての商品を単独で製造している生産者はいない。これを直接流通でやろうとすると、消費者は、各地にいる多くの生産者から、コンロ・食器・野菜・肉など多くの商品を、独力で集めなければならないため、膨大な手間・時間・費用がかかる。

生産者側も、膨大な数の消費者が訪問して来て、日々彼らの相手をするのは、とても無理だ。生産にも集中できない。商業者が介在して各商品を収集し、価値ある品揃えを形成する。同時に、全体的なコストを大幅に削減する。これが「取引数量最小化の原理[1]」の示すところであり、商業者の重要な働き

を説明している。

## 2　産業としての商業

### １）商業のプレゼンスの大きさ

　我が国経済における商業の存在感は大きい。業種別の企業数ランキングを
みると、小売業は約 63 万企業を数え、全業種のうち最多 (17.3 %) である (図
表 3-1)。加えて、卸売業は約 20 万企業で、全体の 7 位 (5.8 %)。合計した商
業としては 23.1 %にのぼり、全企業の 4 分の 1 弱が商業を営んでいることが
わかる。また、従業者数は、小売業が全体の 15.5 %で、製造業に次いで 2 位。
卸売業が 6 位で 7.3 %を占める。企業数と同様、全従業者の 4 人に 1 人弱が
商業で働いていることになる。

　さらに、パフォーマンスを測るため、業種別の付加価値の創出額をみると、
小売業が全体の 10.3 %、卸売業が 10.4 %を占める。この面では、合計しても
製造業の 26.8 %には及ばないものの、全業種合計[2] の 2 割を超える付加価値
を商業が生み出している。

### ２）中小企業の重要な位置づけ

　このように、我が国経済において大きな存在感を示す商業であるが、その
なかで中小企業の位置づけはどうか。企業規模別の割合をみてみると、小売
業の企業数の 99.6 %、卸売業の 99.3 %が中小企業になる (図表 3-2)。つまり、
商業者のほとんどが中小企業であり、中小企業抜きでは商業について語るこ
とはできない。ただし、全業種では 99.7 %なので、相対的にはわずかに低い。
また、従業者数をみると、小売業の働き手の 61.6 %が中小企業に属している

---

1　取引数量最小化の原理（Principle of Minimum Total Transactions）とは、例えば、生
　産者 5 者と消費者 5 者とが直接取引すると、取引数は 5×5＝25 となるが、中間に商業者
　1 者が介在すれば、取引数は 5＋5＝10 となる。すなわち、間接流通により取引総数は最
　小化するというもの（Hall 1948）。
2　図表 3-1 と同じ資料に基づくが、付加価値については、全業種合計に農林漁業を含めて
　いない。

図表 3-1　業種別の企業数ランキング（上）・従業者数ランキング（下）（1〜10位）

| 順位 | 業種分類 | 企業数 | 構成比（%） |
|---|---|---|---|
| (1) | 小売業 | 625,604 | 17.3 |
| (2) | 宿泊業、飲食サービス業 | 510,434 | 14.1 |
| (3) | 建設業 | 430,999 | 11.9 |
| (4) | 製造業 | 382,478 | 10.6 |
| (5) | 生活関連サービス業、娯楽業 | 363,581 | 10.1 |
| (6) | 不動産業、物品賃貸業 | 300,283 | 8.3 |
| (7) | 卸売業 | 209,530 | 5.8 |
| (8) | 医療、福祉 | 207,318 | 5.7 |
| (9) | 学術研究、専門・技術サービス業 | 182,446 | 5.1 |
| (10) | サービス業（他に分類されない） | 131,094 | 3.6 |
| 全業種（20業種）計 | | 3,608,305 | 100.0 |

| 順位 | 業種分類 | 従業者数 | 構成比（%） |
|---|---|---|---|
| (1) | 製造業 | 9,496,692 | 20.2 |
| (2) | 小売業 | 7,289,512 | 15.5 |
| (3) | 宿泊業、飲食サービス業 | 4,927,785 | 10.5 |
| (4) | サービス業（他に分類されない） | 3,917,946 | 8.3 |
| (5) | 建設業 | 3,663,454 | 7.8 |
| (6) | 卸売業 | 3,410,704 | 7.3 |
| (7) | 運輸業、郵便業 | 2,997,026 | 6.4 |
| (8) | 生活関連サービス業、娯楽業 | 2,208,285 | 4.7 |
| (9) | 医療、福祉 | 1,878,464 | 4.0 |
| (10) | 情報通信業 | 1,575,414 | 3.3 |
| 全業種（20業種）計 | | 47,032,275 | 100.0 |

資料：中小企業庁編『中小企業白書　2021年版』付属統計資料産業別規模別事業所・企業数（民営、非1次産業、2016年データ）。全業種計に含まれる農林漁業のみ平成28年経済センサス活動調査「企業等に関する集計―産業横断的集計（企業等数、従業者数）」から換算。計算に用いた経済センサスの従業者数は、国内に限る。農林漁業の個人経営体従業者は除く。

が、全業種では 68.8 ％なので、従業者数でも大企業の比重がやや大きい。それでも売上高をみると、小売業では 46.7 ％、卸売業では 46.9 ％を中小企業が挙げている。全業種では 44.1 ％にとどまることに比べると、中小商業は、平均的な業種よりも高めのパフォーマンスを挙げていることがわかる。

　こうした総体的に捉える見方とは、また違う切り口でみてみると、中小商業の別の特徴も浮き彫りになる。例えば、各市区町村を人口規模別にグループ分けし、そこでの小売業売上高に占める中小小売店の割合をみると、人口

図表3-2　企業数・就業者数・売上高における企業規模別の割合

| | | 小規模企業 | 中規模企業 | 大企業 |
|---|---|---|---|---|
| 企業数 | 小売業 | 小規模企業 81.9 | 中規模企業 17.6 | 0.4 |
| | 卸売業 | 小規模企業 69.9 | 中規模企業 29.4 | 0.7 |
| | 全業種（非1次産業計） | 小規模企業 84.9 | 中規模企業 14.8 | 0.3 |
| 従業者数 | 小売業 | 小規模企業 18.4 | 中規模企業 43.2 | 大企業 38.4 |
| | 卸売業 | 小規模企業 14.2 | 中規模企業 58.0 | 大企業 27.8 |
| | 全業種（非1次産業計） | 小規模企業 22.3 | 中規模企業 46.5 | 大企業 31.2 |
| 売上高 | 小売業 | 小規模企業 9.3 | 中規模企業 37.4 | 大企業 53.3 |
| | 卸売業 | 小規模企業 5.9 | 中規模企業 41.0 | 大企業 53.1 |
| | 全業種（非1次産業計） | 小規模企業 9.5 | 中規模企業 34.5 | 大企業 55.9 |

0　10　20　30　40　50　60　70　80　90　100（%）

注：企業数＝会社数＋個人事業者数とする。
資料：中小企業庁編『中小企業白書　2023年版』付属統計資料（総務省・経済産業省「平成28年経済センサス-活動調査」をもとに、中小企業庁が再編加工した数値）。

図表3-3　人口規模別にみた市区町村における中小小売店の割合

（単位：%）

| 市区町村人口規模／小売店規模 | 1万人以下 | 1万人超5万人以下 | 5万人超10万人以下 | 10万人超50万人以下 | 50万人超 | 総計 |
|---|---|---|---|---|---|---|
| 中小小売店 | 96.1 | 83.6 | 77.8 | 71.5 | 70.3 | 71.0 |
| 大型小売店 | 3.9 | 16.4 | 22.2 | 28.5 | 29.7 | 29.0 |

注：本表では、従業者数50人以下の事業所を中小小売店としている。一方、図表3-2は企業を単位として計算しているため、両表の数値は一致しない。
資料：中小企業庁編『中小企業白書　2011年版』、原典：経済産業省「平成19年商業統計表」、総務省「住民基本台帳に基づく人口、人口動態及び世帯数」（2007年3月現在）。

規模が小さい市区町村ほど、中小小売店の割合が高く、人口1万人以下の地域では96％以上になる。大型小売店の手が届かない地域の消費を中小企業が支えていることがわかる。すなわち、全国の地域の至る所にまで商品が行き渡るのは、中小商業が重要な役割を果たしているからにほかならない。

## 3　商業の動向と現状

### 1）小売業にみる長期的な推移

　ここで、今日の商業に何が起きているかを知るために、小売業について約30年間にわたる長期データの推移をみてみよう（図表3-4）。まず、小売業全体の市場規模、すなわち年間商品販売額（①）の変化を追ってみる。1985年を100とすると、1997年にピークをつけた以降、減少傾向をみせていたが、2012年から反発し、2016年には約142.7となった。多少の増減はあったものの、30年間を経て1.5倍近い拡大をみせた。業界全体でみると、バブル崩壊後の成長鈍化、リーマンショック後の急減などがあったが、総じて拡大基調にあることがわかる。雇用創出規模（従業者数）（②）をみても、ほぼ横這いが続いているものの、30年をかけて約1.2倍に拡大した。

　一方で、特に注目しなければならないのは、事業所数（③）の動きである。上述したように市場や雇用の規模は拡大している。それにもかかわらず、事

図表 3-4　小売業の各種指標の長期的推移

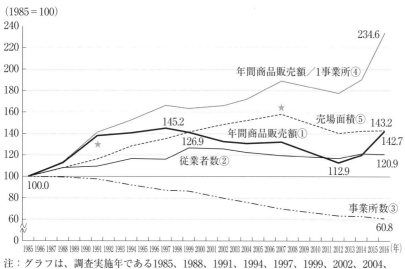

注：グラフは、調査実施年である1985、1988、1991、1994、1997、1999、2002、2004、
　　2007、2012、2014、2016年のデータを線で結んだもの。
資料：経済産業省「商業統計調査」、総務省・経済産業省「経済センサス-活動調査」。

業所数は、ほぼ一貫して減少が続き、30 年間で 4 割が姿を消している。小売業をめぐる競争事情は厳しく、業界全体が拡大基調にあっても、個々の企業でみた経営環境は必ずしも良好ではなかったことがうかがえる。いわば、勝者と敗者の二極化、優勝劣敗のまだら模様が明らかになっている。

　事業所数が大幅に減少したにもかかわらず、年間商品販売額が拡大基調にあったことからわかるように、1 事業所当たり年間商品販売額（④）は、大きく拡大する結果となった。2015 年には当初の 2 倍を超え、2016 年には約 234.6 となった。市場全体の成長は小幅だったものの、競争を勝ち抜き生き残った企業では、大幅な伸長がみられたことになる。同時に、小規模零細企業が退出してしまったことで、小売企業の平均的な売上規模が拡大したと考えられる。

　1 事業所当たり年間商品販売額（④）の拡大基調と並行して、売場面積（⑤）も拡大傾向にあり、店舗の大型化現象がみられる。ただし、2012 年からは、④と⑤の間に乖離が出始めた。インターネット通信販売を含む無店舗販売の拡大が、売場面積の増減に影響している可能性がある。

## ２）中小商業の動向

　以上、近年の人口減少により、総じて他の産業では市場縮小が進む動きもあるなか、小売業界では、大手企業が市場を牽引し、市場全体としては売上げを伸ばしている。ただし、事業所数ないし企業数が大幅に減少している点が懸念される。そこで、大・中・小規模企業にわけて、より詳しく企業数の推移をみると、小売業では、大企業も中企業もほとんど横這いで推移しているなか、小規模小売業だけひとり大幅に減少していることがわかる（図表 3-5）。

　つまり、図表 3-4 でみた事業所数（③）の大幅減少は、ほぼそのまま小規模小売業の減少に置き換えられるのだ。同じく卸売業においても、大企業と中企業が小幅の減少でとどまっているところ、小規模企業だけが大きく減少している。これは、業界全体の動きが堅調であっても、小規模企業の経営環境は厳しいことの表れであり、経営資源が豊かでない小規模企業が激しい競争のなかで生き残るのは難しくなっている。特に、注目したいのは、図表 3-

図表 3-5　企業規模別にみた企業数の動き

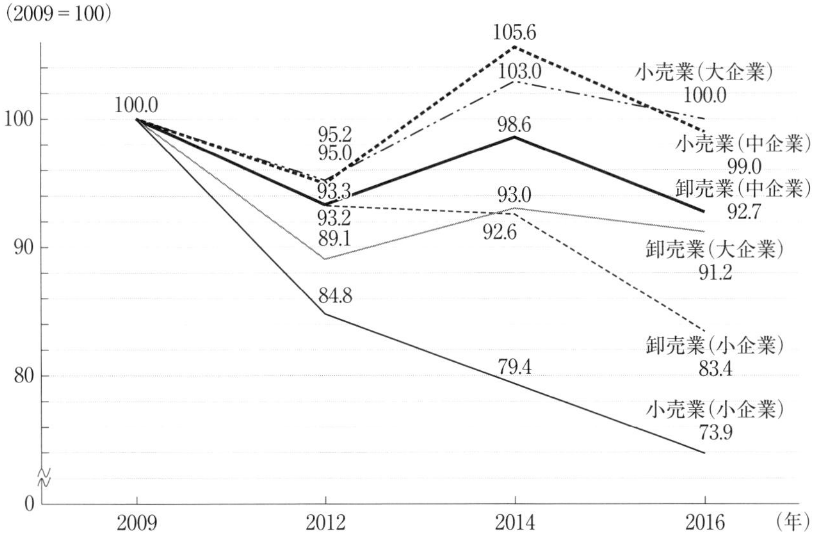

(2009 = 100)

100.0

105.6
103.0
小売業（大企業）
100.0

95.2
95.0

98.6

小売業（中企業）
99.0
卸売業（中企業）
92.7

93.3
93.2
89.1

93.0
92.6

卸売業（大企業）
91.2

84.8

卸売業（小企業）
83.4

79.4

小売業（小企業）
73.9

0

2009　　　　2012　　　　2014　　　　2016　　（年）

資料：図表3-2と同じ。

4 でみた事業所数 (③) の減少ペースである。他の指標が景気変動などを背景
に上下動を繰り返しながら推移しているのに対し、事業所数 (③) だけは波
打つことなく一本調子で淡々と減少しているのだ。

　経済情勢の変化とは無関係に毎年確実に進行していくもの、それは経営者
の高齢化であり、個人事業者を含む小規模企業が廃業していく大きな要因で
ある。業績が芳しくないなか、事業を承継する動機も機会も乏しくなり、店
を畳む商業者が続出しているものと考えられる。

## 3）商店街の動向

　中小商業の集積であり、かつては、町の賑わいの主役、地域コミュニティ
の中心の一つであった商店街は、近年、衰退の危機に瀕している。消費スタ
イルの多様化やモータリゼーションの進展、郊外立地型大型店との競争など
厳しい事情があるなか、最大の問題は、2）で述べた経営者の高齢化による
後継問題であり、今日の商業の問題をそのまま反映している (図表3-6)。

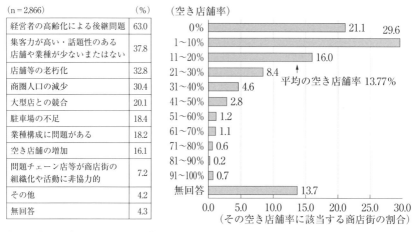

図表3-6　商店街の抱える課題（複数回答）（左）、各商店街の空き店舗率（右）

（n＝2,866）

| | (%) |
|---|---|
| 経営者の高齢化による後継問題 | 63.0 |
| 集客力が高い・話題性のある店舗や業種が少ないまたはない | 37.8 |
| 店舗等の老朽化 | 32.8 |
| 商圏人口の減少 | 30.4 |
| 大型店との競合 | 20.1 |
| 駐車場の不足 | 18.4 |
| 業種構成に問題がある | 18.2 |
| 空き店舗の増加 | 16.1 |
| 問題チェーン店等が商店街の組織化や活動に非協力的 | 7.2 |
| その他 | 4.2 |
| 無回答 | 4.3 |

資料：（左図表）中小企業庁編『中小企業白書　2014年版』、（右図表）中小企業庁委託調査事業「商店街実態調査報告書」（2018）。

　特に、商店街の苦境を如実に表すのが空き店舗問題（商店街の空洞化問題）だ。廃業や撤退により閉店した店舗が商店街内に多く残存し、商店街全体の機能低下や雰囲気の沈滞を招いている。おおむね4割近くの商店街が10％以上の空き店舗率に悩んでおり（図表3-6）、なかには、軒並み営業していない店舗が続き、その風景から「シャッター通り商店街」と揶揄される例も多い。

　廃業後店舗の新陳代謝が進まないことが問題であるが、これには、小規模企業・個人事業者ならではの事情がある。商店街の店舗は住居併用型で、廃業後も元経営者が住み続けているケースが少なくない。年金や貯蓄で細々と暮らすなら、費用をかけて転居したり、リニューアルして賃貸用店舗とする動機は生まれない。仮に賃借人を募集したとしても、すでに客足の少なくなった商店街で成功する見込みは少なく、容易には埋まらない。その結果、店舗のシャッターは閉まったままになり、新たな店が入らない状態が続く。そして、また商店街の客足は遠のくという悪循環に陥るのである。

　こうした空き店舗の状況を改善するべく、各地の商店街では様々な取り組みが行われており、7割近い商店街では「イベント等による集客」を、6割近くが「入居者への家賃・改装費補助」を、5割近くが「魅力ある個店づくり」

や「新規出店の支援」などを実施している[3]。なかには、空き店舗のスペースを有効活用し、子育て支援や観光客誘致、高齢者の憩いのための施設として活用する例なども増えている。空き店舗問題以外のテーマの実現を同時に図る、一挙両得型の社会的課題解決に向けた取り組みといえよう。

## 4 小売業態の発展と中小企業

前節までで、主に企業数や販売額などの量的な動きから、中小企業を含む商業の動向について理解してきた。続く本節・次節では、小売業の業態の発展や、卸売業を巻き込む流通チャネル再編成などの質的な変動を捉えて、中小企業への影響をみていこう。

### 1）チェーン・ストアの伸長と小売業の大規模化

小売業は、元来、一般的な産業にとっては有効な「規模の経済（Economy of Scale）」を活かしにくい性質を持っている。仮に、販売や仕入れの規模を大きくできれば、一単位当たりの固定費が小さくなる、設備・人員・時間が効率的に使える、交渉力が高まり仕入価格を引き下げられる、などのスケールメリットが望める。しかし、小売業が大量販売を実現するためには、大きな商圏が必要だ。その商圏の大きさは、立地条件・取扱商品などによって自ずと決まる。本来の商圏が小さいのに、客の需要を超えて無理に大規模化しても、商品が売れ残るだけである。特に"最寄品[4]"の場合、基本的に遠くの客は買いに来ない。そのため、規模の経済を活かせるのは、大都市や交通の要所に立地している百貨店のみだと思われていた。

そこに、誕生したのがチェーン・ストアである。チェーン・ストアとは、一つの企業や組織が多数の店舗を経営するもの。百貨店のような店舗の大きさではなく、店舗の多さで規模の経済を実現した。多数の店舗で売る商品・使う備品・設備材料をまとめて大量に仕入れることで、売り手に対する交渉

---

3 中小企業庁委託調査事業「商店街実態調査報告書」（2018）。
4 最寄品とは、日常的に高頻度で使うもの。（例）食料品・石鹸・歯ブラシなど。

力を高めた。低価格な仕入れやカスタマイズが可能になり、店舗デザイン、設備、宣伝広告、ノウハウ・ソフトを共通化して、開発の手間・コストを大幅に軽減するとともに、優れたアイデアを全店舗に適用した。業務内容も標準化・共通化したことで、従業員の誰もがどの店舗ででも稼働でき、従業員の経験蓄積や習熟度を高め、生産性を向上させた。さらに、チェーン本部が多数の店舗を中央集権的に管理し、売れ筋商品の発掘・獲得を容易にした。この画期的なモデルは、次の(1)〜(3)に分類できる。

(1) 「コーポレート・チェーン」または「レギュラー・チェーン」 一つの企業（資本）が多数の店舗を経営するチェーン。企業の本部が一括仕入れ、各店舗の人事・設備・業務内容まで支配する。

(2) 「フランチャイズ・チェーン」 多数の独立資本の店舗（Franchisee）が、本部企業（Franchiser）と個別に加盟契約を結ぶチェーン。本部企業が決めるフォーマットに従って、加盟店は、ロイヤリティーを納入する代わりに、

---

### 事例 「店舗全体が一つの商品」

規模の経済を活かした薄利多売が根幹であるスーパーマーケット。当然、大規模店舗・大量出店であるほど優位になるが、そうした戦法をとらずに成功している中小スーパーもある。そんな事例を簡単に紹介しよう。

京都市に8店舗を展開するM社は、資本金5000万円弱の中小スーパーである。店舗規模は他社に比べ特段大きくはなく、店舗数も多いというほどではない。客単価はどうかというと、1800円程度であり、これも業界平均とほぼ同じだ。ところが、1店舗当たり売上高は業界平均の1.8倍にのぼり、かなり高い水準になる。それはなぜか。1店舗当たりの客数が多いのである。

その理由は、同じ顧客のリピート率が高いこと。当社を気に入った顧客が週に何度も来店してくれるのだ。当社は、「店舗全体が一つの商品」と考えており、特に品揃えにはこだわりを持っている。別に珍しい商品はないが、家族構成や料理用途に配慮した多様な品揃えを心掛け、大パックから高齢者用食べ切りサイズまで用意している。さらに、品切れは機会損失と顧客の迷惑になるので、天気・気温など多様な条件を考慮し防止している。店員の身だしなみ、清潔感、笑顔の接客にも力を入れるなど、何か一つではない総体的な努力が評価されている。

共同商標の使用・本部企業からの一括仕入れ・経営ノウハウ指導などの便益を受けられる。

⑶ 「**ボランタリー・チェーン**」 多数の独立資本の店舗が、自発的に集まって共同組織化したチェーン。主宰企業（小売業や卸売業、製造業など）がリード役になり、各店舗が自由意思で組織化し、加盟料を納入する。共同商標・共同仕入れ・共同設備の利用のほか、経営ノウハウ指導を受けられるものもある。

以上の⑴～⑶のうち、⑴は、大企業に適しているが、中小企業によるチェーンも少なくない。当初は家族で始めた小売店が成長軌道に乗り、店舗が増えていくにつれて企業体として成熟していく。その結果、地域で競争力ある店舗網を築き、全国展開の大企業にも負けていないという事例もある。

⑵では、中小企業が本部企業を務める例も少なくないが、著名なコンビニエンスストア・チェーンをはじめ、大企業である本部企業が完成度の高いフォーマットを整備し、中小企業である加盟店と契約を結ぶ例が目立つ。加盟店にとっては、自前のノウハウを持たずとも先進的な小売業経営が可能となり、本部企業にとっては、自ら資本を投入せずに店舗網を急速に拡大できるという利点がある。ただし、あまりに完成されたシステムだと、加盟中小企業にとっては、経営の自主性や独自性を発揮しにくいという側面もある。

⑶は、⑴や⑵を含む大規模組織小売店に対抗するため、独立資本の企業（多くは、やはり中小企業）が集まって組織化するケースが多い。様々なスタイルがあるが、概して⑴や⑵よりも制約が緩く、各店舗の自由意思が活かされる。その分、組織体としての競争力では、⑴や⑵の方に強みがある。

このように、チェーン・ストアという強力な仕組みが登場したことで、小売業にも規模の経済を追求する道が開いた。チェーン・ストアの仕組みを共通の基盤にして、スーパーマーケット、コンビニエンスストア、ドラッグストア、ホームセンター、専門量販店（カテゴリーキラー）、ディスカウントストア、SPA[5]（製造小売業：Specialty Store Retailer of Private Label Apparel）など、新業態が続々と誕生し、小売業の大規模化が一挙に進んだ。紙幅の制約により、これら新業態の一つ一つについては語れないため、そのなかで、特に中小企

業と関係の深いコンビニエンスストアを取り上げてみよう。

## ２）コンビニエンスストアと中小企業

　我が国では、1970 年代前半まで続いた高度経済成長を背景に、国民所得が増加した。自家用車が普及し、道路網も整備され、いわゆるモータリゼーションが進展した。消費者の行動範囲が拡大し、商圏が拡張。郊外の街道沿いに商業用地の開発が進み、大型店が増加する条件が整った。都市部の百貨店以外にも、ロードサイドショップなど大型店舗の出店が相次ぎ、スーパーマーケットも大型化。買い物は、週 1、2 回自動車で行く大掛かりな作業になった。しかし、ロードサイドの大型店は、時間的余裕がないときの小口の買い物には不向きであり、手軽さに欠ける。消費者のニーズを補う新たな業態が必要になってきた。折しも 1973 年には、大規模小売店舗法が施行され、スーパー業界に対しては、出店規制や近隣商店の反対運動などの逆風が吹いた。同業界は、新たな展開として、住宅地・通勤・通学経路上に立地し、狭い商圏を対象にする小型店舗、すなわちコンビニエンスストアの業態開発を進めることになった。元食料品店や元酒販店など多くの中小小売業がチェーンに加盟するなど、以降、同業態は急速に普及し、誕生から半世紀足らずで、国内 5 万 6500 店（2020 年）に及んでいる。

　コンビニエンスストアの業態構造は、どこでも立地できる小型店舗、売れ筋商品だけの品揃え、深夜を含む長時間営業である。それを実現するため、狭い売場面積の制約下で、売上高を最大にする工夫がなされている。最適な品揃えと陳列方法、在庫スペースを持たず売れたらすぐ補充、先端的情報システムを活用し、時間単位で小刻みに変わる商品需要に対応している。リアルタイムで店舗・本部・納品業者が商品データを共有し、配送に反映する。タイムリーな多頻度小口配送・商品混載・共同配送を可能にするため、高効率物流システムが構築されている。そして、日々の蓄積した商品動向と顧客

---

5　SPA とは、自ら商品の企画・製造・物流・宣伝・販売までを一貫して行うアパレル店。仕入商品に依存する既存業態と異なり、独自ブランドで差別化を図る業態。製造については、新興国の提携メーカーに生産委託してコストを軽減する例も多い。

図表 3-7　特徴的な 2 業態（スーパー VS コンビニ）のデータ比較

スーパーマーケット

| | 2007 年 | 2016 年 | 伸び率 |
|---|---|---|---|
| 事業所数 | 4,125 | 4,841 | 117.4 |
| 従業者数（人） | 506,468 | 508,676 | 100.4 |
| 年間商品販売額（十億円） | 12,734 | 13,000 | 102.1 |
| 従業者数／1 事業所（人） | 122.8 | 105.1 | 85.6 |
| 年間商品販売額／1 事業所（百万円） | 3,087 | 2,685 | 87.0 |
| 売場面積／1 事業所（m²） | 5,554 | 4,696 | 84.5 |
| 年間商品販売額／1 従業者（百万円） | 25.1 | 25.6 | 101.7 |
| 売場面積／1 従業者（m²） | 45.2 | 44.7 | 98.8 |
| 年間商品販売額／売場面積（千円） | 556 | 572 | 102.9 |

コンビニエンスストア（飲食料品を中心とするものに限る）

| | 2007 年 | 2016 年 | 伸び率 |
|---|---|---|---|
| 事業所数 | 42,644 | 49,463 | 116.0 |
| 従業者数（人） | 622,377 | 749,484 | 120.4 |
| 年間商品販売額（十億円） | 6,856 | 8,722 | 127.2 |
| 従業者数／1 事業所（人） | 14.6 | 15.2 | 103.8 |
| 年間商品販売額／1 事業所（百万円） | 161 | 176 | 109.7 |
| 売場面積／1 事業所（m²） | 115 | 63 | 54.8 |
| 年間商品販売額／1 従業者（百万円） | 11.0 | 11.6 | 105.6 |
| 売場面積／1 従業者（m²） | 7.9 | 4.2 | 52.8 |
| 年間商品販売額／売場面積（千円） | 1,396 | 2,793 | 200.0 |

注：スーパーマーケットのデータは、商業動態統計年報。コンビニエンスストアは、経済センサスによる。
資料：経済産業省「商業動態統計調査」、経済産業省「商業統計調査」、総務省・経済産業省「経済センサス-活動調査」。

動向のデータは、良質な PB（プライベートブランド）商品の開発にも活かされている。いわば、小売業態開発の粋を集めたモデルといえる。
　そのコンビニエンスストアの実態を数値で把握しよう。同じく小売市場で大きな地位を占めるスーパーマーケットのデータを比較すると、コンビニエンスストアの特徴が浮かび上がってくる（図表3-7）。コンビニエンスストアの総事業所数は、スーパーの 10 倍以上で、総従業者数も 20 万人以上多い（2016 年。以下同じ）。勢力としてはすでにスーパーを上回っているが、総商品

販売額はスーパーの3分の2ほどである。特徴的なのは1事業所当たりの売場面積がスーパーの約70分の1で、1事業所当たりの従業者数は15人ほど、業界全体でみれば巨大勢力だが、本部企業を除くと、数多くの中小企業の集合体であることがわかる。

さらに、1従業者当たりの商品販売額はスーパーの半分以下で、労働生産性は低くみえるが、売場面積当たりの商品販売額はスーパーの5倍近い。狭い店舗できわめて効率よく販売していることがわかる。コンビニエンスストアでは、単独店ではとてもできない高効率経営を実現できる半面、独自性や自主性を発揮する余地は少なくなる。そのどちらを選ぶか、中小小売業者にとって現実的な選択肢の一つになっている。

## 5　流通業界の変動と中小卸売業

前節までにあるとおり、小売業の大規模化が進んだことで、流通の川下に位置する小売業側の影響力が増してきた。大量発注する大規模小売業者は、いわば"選ぶ側"であり、"選ばれる側"である生産者や卸売業者の立場は相対的に弱くなったからである。大規模小売業者による大量購買を背景にした支配力を「バイイング・パワー」といい、この力をもって、価格・納期・支払条件・物流などの取引条件を自己に有利な方向にリードできる。流通チャネル上のリーダーシップは、いまや大規模小売業者の手中にあるといえる。

かつて小売業がまだ大規模化していなかった頃には、人気商品をつくる生産者側が優位な立場にあり、生産者による流通の組織化・系列化の例も多くみられた。その立場が逆転し、生産者側から小売業側にリーダーシップが移ったことを、流通におけるパワーシフトという。これ以降、生産者や卸売業にとって、大規模小売業側からの注文に対応すること、または、大規模小売業者にある程度対抗できる力を持つことが重要な課題となった。

特に卸売業にとっての問題は、自社を抜かして、より川上に位置する生産者や元卸[6]と直接取引されてしまうこと（いわゆる「中抜き」）である。これを防ぐためには、自社の存在意義を強く示す必要に迫られた。大手卸売業者のな

かには、自らもより大規模化する道を選び、取扱商品種をまたいだ合併や、基盤とする地域をまたいだ合併などが相次いだ。これにより、大規模小売業者側からの注文に幅広く応えられる体制を構築したのである。

　こうして、卸売業界でも大型化が進み、大手卸売業者と中小卸売業者の体力差はますます大きなものになった。大手卸売業者と大規模小売業者とが直接取引を始め、中小卸売業者が中抜きされたり、中小卸売業者が商売の基盤としている特定の商品や地域のテリトリーに、大手卸売業者が浸食してくることもある。また、先端的情報システムを構築した有力な小売業者は、店頭で獲得した豊富な顧客動向・商品動向の情報を直接生産者に伝え、新商品開発や新たな取引を進めている。卸売段階がまるごと中抜きされることもある。そして何より、大規模小売業者に客を奪われ、廃業や撤退を余儀なくされた小規模な小売業者は、中小卸売業者にとっての主要な顧客である。小規模な小売業者の減少は、中小卸売業者の存立基盤を大きく揺るがしている。


# 6　中小商業への期待

　以上、ここまでみたとおり、経営者の高齢化、商店街の苦境、新業態小売業の台頭、大規模商業者との競合など、中小卸売業者や中小小売業者をめぐる経営環境は厳しさを増している。こうした環境変化は数十年を経て進行してきたものであり、あいにく特効薬はないというのが現実だ。

　それでも、何らかの経営のヒントを探るべく、こうした厳しい状況のなか生き残ってきた卸売業者に対して、自社の機能のうち何を高く評価しているか、すなわち自社の強みとする機能は何かを尋ねたところ、次のような回答がみられた[7]。まず、消費財を扱う卸売業者 (繊維卸) では、「多頻度小口配送」「迅速な納品」「在庫管理」「独自商品の取り扱い」「売れ筋商品の調達力」「製

---

6　商品の流通経路は、多段階になることもある。その場合、生産者に近い方（川上）から消費者に近い方（川下）に向かって、「元卸」「仲卸」「最終卸」、または「第一次卸」「第二次卸」「最終卸」などと呼ばれる。
7　日本政策金融公庫「中小卸売業の機能に関するアンケート調査」(2013 年)。有効回答数：繊維卸 95 社、機械卸 123 社。

造への企画提案」が挙げられた。また、産業財を扱う卸売業者（機械卸）では、「販売先への情報提供」「売れ筋商品の調達力」「迅速な納品」「独自商品の取り扱い」「品揃えの充実」「多頻度小口配送」が挙げられた。

　すなわち、両者に共通する「多頻度小口配送」「迅速な納品」からは、“高い物流能力”が重要なこと。「独自商品の取り扱い」「製造への企画提案」「販売先への情報提供」からは、“高い企画力・情報力”が重要なこと。「売れ筋商品の調達力」からは、“高い目利き力”が重要なことが読み取れた。いずれも、発達した情報技術を活用して、発注や在庫、マーケティング、商品需給などに関する有用な情報をいかに使いこなすかにかかっていよう。

　次に小売業について経営のヒントを一つ挙げられるなら、やはり電子商取引（e コマース：EC）への対応になるだろう。インターネット通信販売に代表される EC は、今日、流通チャネルを一変させる勢いで急拡大している。EC の場では、これまで取引上大きな支障だった地理的な距離や空間的な広がり、その対応のためにかけていた時間とコストが激減する。中小小売業者にとっても、潜在的取引相手が飛躍的に拡大する機会が生まれる。

　先行する業種のなかには、すでに EC の取引割合が 1 割を超えているもの

図表 3-8　小売業者の電子商取引への取り組み（上位 10 業種）

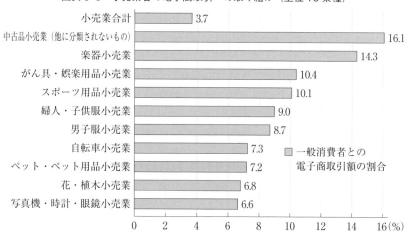

注：電子商取引の専業者が多い「通信販売・訪問販売小売業」を除く。
資料：2020年経済構造実態調査（甲調査）。

もある（図表3-8）。他方、小売業全体では、まだ4％弱にとどまることから、拡大の余地はかなり大きい。また、発達した情報技術によりECへの参入障壁が劇的に低くなっている。卸売業と同様、情報技術を活かして、自主的かつ積極的に取り組むことが中小小売業の活躍のための鍵になるだろう。

---

### 練習問題

1　図表3-4から何が読み取れるのか。その背景や理由も含めて考えてみよう。
2　コンビニエンスストアの業態構造がなぜ可能なのか。考えてみよう。
3　電子商取引の長所と短所、どんな商品に適しているのか考えてみよう。

---

### ●推薦文献

原田英生・向山雅夫・渡辺達朗（2021）『ベーシック 流通と商業（第3版）―現実から学ぶ理論と仕組み―』有斐閣
　流通の基礎を学べる教科書の定番。中小小売業について特記した節もある。
渡辺達朗（2023）『流通政策入門（第5版）―市場・政府・社会―』中央経済社
　中小小売商業振興法など、中小企業に関連する流通政策を学ぶこともできる書である。

### ●引用文献

中小企業庁編（2011）「中小企業白書　2011年版」中小企業庁
中小企業庁編（2014）「中小企業白書　2014年版」中小企業庁
Hall, M.（1948）*Distributive Trading: An Economic Analysis*, Hutchinsons University Library（片岡一郎訳〔1957〕『商業の経済理論―商業の経済学的分析―』東洋経済新報社）

# 4 章

# 中小サービス業の姿

海上　泰生

●キーワード
サービス経済化　サービスの特性　地域の市場　生産管理

　少子高齢化の進行・情報化の進展・地球環境問題への対応など社会の大きな動きのなか、医療・福祉分野や通信分野、環境保護分野を含む様々なサービスへの需要の高まりや新たなサービス市場の拡大がみられる。また、企業においても、家庭においても、特定の仕事を専業者などに外部化するアウトソーシングの動きや、いわゆる「モノ」から「コト」への価値観のシフトを受けて、サービス関連の支出が比重を高めている。

　こうした背景から、サービス業における中小企業の活躍が、将来にわたり期待されるところだが、サービスには、製造業や商業が扱う製品などと異なり、いくつかの特徴的な性質が内包されており、それらが中小企業の経営上の制約になることも少なくない。半面、サービス業は、他産業に比べて創業時の負担が少なくて済むことや、新たなアイデアやビジネスモデルが活かしやすいことなどから、中小企業に適した業態であるともいえる。

　本章では、はじめに「サービス産業」あるいは「サービス業」とは何かを整理したあと、そこでの中小企業の位置づけを確認する。それを踏まえたうえで、サービス業の経営上の特徴を挙げ、サービス業が抱える課題と、それへの対応や展望を考えていく。


## 1　「サービス業」とは何か

　「サービス業」とは何かを語る前に、まずは「サービス産業」について知ろう。「サービス産業」とは、「サービス業」より広い概念である。「サービス産

業」の定義には、いくつかの考え方があるが、一般的な概念として、第1次産業（すなわち農業、林業、漁業）と、第2次産業（すなわち鉱業、建設業、製造業）を除く第3次産業、例えば、運輸業、小売業、情報通信業などを含む幅広い産業群を「サービス産業」と呼ぶことが多い。

　我が国では、こうした産業の名称・分類を公式に定めているものとして、「日本標準産業分類」（総務省）がある。この日本標準産業分類（第13回〔2013年〕改定）では、すべての産業を20の大分類（A〜T）、99の中分類、530の小分類、1460の細分類にわけている。上述の定義は、20の大分類のうち「A　農業、林業」や「B　漁業」から「E　製造業」までの5分類を除く、「F　電気・ガス・熱供給・水道業」以降の計15分類すべてを「サービス産業」とする考え方である。この場合には、「サービス産業」という産業群は、卸売業、小売業、金融業、運輸業、不動産業などの古くから固有の名称を持つメジャーな産業をも含むことになり、総体として我が国のGDPおよび就業者数の約70％を占めるという、かなり広範な概念になる。

　次に、「サービス業」についてみてみよう。実は、上述した日本標準産業分類には、第10回改定（2003年廃止）までは、「L　サービス業」という単独の大分類が存在した。当時は、それがそのままサービス業の定義であった。しかし、その後、内数であった各業種の規模が大きくなり、「L　サービス業」は分化し、数次の改定を経て、新たな大分類「G　情報通信業」「L　学術研究、専門・技術サービス業」「M　宿泊業、飲食サービス業」「N　生活関連サービス業、娯楽業」「O　教育、学習支援業」「P　医療、福祉」「Q　複合サービス事業」「R　サービス業（他に分類されないもの）」という8つが新設され[1]、今日に至っている。

　以上のことから、本章では、「サービス産業」と「サービス業」を意識して

---

1　2003年（日本標準産業分類第11回改定が発効した年）まで「L　サービス業」の内数だった「情報サービス業」「インターネットに付随するサービス業」「映像・音声・文字情報制作業」（いずれも2023年現在の名称）は、それまで別の大分類に属していた「通信業」と合わさって、2003年から新たな大分類「情報通信業」の一部となった。また、「飲食店」は、それまでの大分類「卸売・小売業、飲食店」から抜けて、2003年から新たな「飲食、宿泊業」（2023年現在の名称でいう「宿泊業、飲食サービス業」）の一部となった。

使い分けていく。「サービス産業」の概念は、分析の対象とするには広すぎることもあるため、本章の主眼は、あくまで「サービス業」とする。これについては、上述の8つの業種（すでに大分類業種として独立しているもの）をあえて一つにまとめて、本章では特に「サービス業」と定義し、そこに属する中小企業について、詳述していく。

## 2　サービス経済化の進展

　我が国では、企業や家計においてサービスへの需要が高まり、その市場が拡大するとともに、新たなサービスが次々と創出されている。その結果、GDPや就業者数などに占めるサービス産業の割合が次第に増加し、サービス産業への傾斜が強まり、いわゆる「サービス経済化」が進展している（図表4-1）。

　経済が発展すると、一国の産業構造が第1次産業から第2次産業へ、さらに第3次産業に比重を移す方向で変化することは、1940年代から「ペティの法則」（または「ペティ＝クラークの法則[2]」）として説明されている。したがって、ここでいう第3次産業をサービス産業とみなすなら、我が国の産業構造の変化も、世界各国でみられる基本的な傾向に沿ったものである。

　では、現代の我が国を俯瞰すると、こうしたサービス経済化を推進する要因として、何が観察できるのだろうか。例えば、次のような経済・社会の中長期的な変化が挙げられる。

　①経済の高度成長・安定成長を経て、物的な需要の多くを満たしたあと、「モノ（製品）」から「コト（例えば、情報、経験、安全、健康、美容）」へと、消費者の価値観が変化した。これにより、コトを供給するサービスの市場が拡大した。

---

2　クラーク（C. G. Clark）が著書『経済進歩の諸条件（*The Conditions of Economic Progress*）』（1940）のなかで、ペティ（W. Petty）の著作『政治算術（*Political Arithmetik*）』（1690）の文章を引用し、その経験法則を実証的に明らかにして、「ペティの法則」と名づけたもの。今日では、「ペティ＝クラークの法則（Petty-Clark's law）」とも呼ばれている。

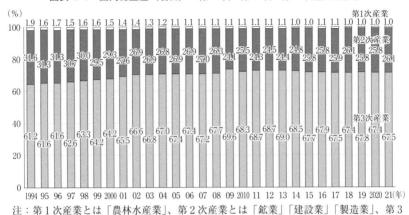

図表 4-1　国内総生産（名目）の第 1 次・第 2 次・第 3 次産業別推移

注：第 1 次産業とは「農林水産業」、第 2 次産業とは「鉱業」「建設業」「製造業」、第 3 次産業とは、それ以外の業種（「公務」を除く）とした。合計は100にならない。
資料：内閣府「2021年度国民経済計算（2015年基準）」。

②核家族化、晩婚化、単身世帯の増加、女性の就業の増加などにより、家事労働の外部化が進行し、飲食・洗濯・清掃・買い物・育児・防犯・防災など家事を補う各種サービスや、高齢化の進行による医療・健康・福祉に関わるサービスの市場が拡大した。

③ワーク・ライフ・バランス（労働時間短縮・余暇時間増大）の尊重、娯楽・レジャーの多様化、教育・生涯学習・知識獲得への投資の増大により、個人の趣味・嗜好・ライフスタイルなどに関わるサービスの市場が拡大した。

④情報・通信技術の目覚ましい進歩、社会のあらゆるものがつながるネットワークの形成、それらを基盤とした SNS や仮想現実世界を含む新たなコミュニケーションの誕生により、家庭・企業・政府すべてを客体とする情報サービスの市場が拡大した。なかでも、GDP の約 6 割を占める個人消費について、総務省「家計調査」により近年の消費動向の変化を追うと、情報通信に対する支出割合が大幅に増加していることがわかる。

⑤地球環境保護や廃棄物の削減、発展途上国の支援など、社会的課題解決を図るソーシャル・ビジネスが次々と出現しており、そうしたビジネス

の多くが新たなサービス業の形態をとるため、様々なサービス市場が誕生した。

⑥生産性の向上・経営の効率化を目指して、企業が自らの中核的業務に集中するため、特定の業務（情報処理、経理、総務、研修、警備、清掃など）や高度な業務（設計、デザイン、調査、マーケティング、広告・宣伝など）を外部化（アウトソーシング）する動き[3]や、社会制度が複雑化・高度化したため、専門能力（法律、会計、監査、人事など）を外部調達するという動きを受けて、専門・技術サービスの市場が拡大した。

以上のように、消費動向や企業活動の変化、技術の革新を背景に、サービスへの需要が次第に高まり、新規あるいは既存のサービスの供給が拡大し続けていることで、サービス経済化という大きな潮流が生まれている。

当然のことながら、サービス業を営む企業全体にとって追い風が吹いている状況であり、中小サービス業のビジネスチャンスも広がっている。

# 3　サービス業における中小企業の位置づけ

前節で述べた中長期的なサービス経済化の動きにより、我が国経済において、サービス業は大きな比重を占めるに至った。全産業[4]におけるサービス業の割合をみると、企業数で43.0％、従業者数で36.4％を占める（図表4-2）。特に全従業者数のうち3人に1人以上がサービス業に属していることには驚かされる。サービス業の働き手の動向が、我が国全体の労働市場や個人消費に対して大きな影響を与えていることがうかがえる。

これほど大きな存在感を示すサービス業のなかで、中小企業のウエイトはどの程度なのだろうか。業種を問わない全企業のなかでは、中小企業のウエイトが高いことはすでに明らかだが、それと比べた差異はあるのだろうか。

サービス業に属する企業の数、従業者数、売上高における企業規模別割合を、全業種と比較しながらみてみると（図表4-3）、まずサービス業の企業数の

---

3　特に、製造業がこうした動きを強めていることを「製造業のサービス化」と呼んでいる。
4　ただし、農林漁業を除く。以下、本章において同じ。

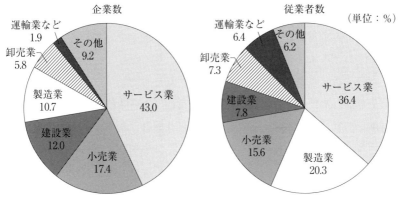

図表 4-2　全産業に占めるサービス業の割合（農林漁業を除く）

企業数

従業者数

（単位：％）

運輸業など
1.9

卸売業
5.8

製造業
10.7

建設業
12.0

小売業
17.4

サービス業
43.0

その他
9.2

運輸業など
6.4

卸売業
7.3

建設業
7.8

小売業
15.6

製造業
20.3

サービス業
36.4

その他
6.2

注：企業数＝会社数＋個人事業者数とする。
資料：中小企業庁編『中小企業白書　2023年版』付属統計資料（総務省・経済産業省「平成28年経済センサス－活動調査」をもとに、中小企業庁が再編加工したもの）。

図表 4-3　企業数・従業者数における企業規模別の割合

|  |  | 小規模企業 | 中規模企業 | 大企業 |
|---|---|---|---|---|
| 企業数 | サービス業 | 小規模企業 83.1 | 中規模企業 16.7 | 大企業0.3 |
| | 全業種（非1次産業計） | 小規模企業 84.9 | 中規模企業 14.8 | 大企業0.3 |
| 従業者数 | サービス業 | 小規模企業 20.4 | 中規模企業 50.9 | 大企業 28.7 |
| | 全業種（非1次産業計） | 小規模企業 22.3 | 中規模企業 46.5 | 大企業 31.2 |
| 売上高 | サービス業 | 小規模企業 10.0 | 中規模企業 40.9 | 大企業 49.1 |
| | 全業種（非1次産業計） | 小規模企業 9.5 | 中規模企業 34.5 | 大企業 55.9 |

0　10　20　30　40　50　60　70　80　90　100(%)

資料：図表4-2と同じ。

うち小規模企業が83.1％、中規模企業が16.7％、合計して中小企業が99.7％を占める。かなり高い割合だが、99.7％という中小企業の割合は全業種においても同じ高さである。

次に従業者数では、サービス業に属する従業者の 71.3 ％が中小企業で働いている。これは、全業種における 68.8 ％より高い割合になる。さらに、売上高では、サービス業の売上高の 50.9 ％を中小企業があげている。この点でも、全業種における 44.1 ％より、5 ポイント以上高くなっている。特に、大企業を上回って過半の売上高を占めている点に注目したい。つまり、サービス業は、全業種と比較して、特徴的に中小企業性が高い業種といえよう。

　ただし、第 1 節で述べたように、サービス業は、様々なタイプの集合体である。さらに細かい業種に掘り下げてみると、様相はまた異なる。例えば、「医療、福祉」では、売上高の 86.1 ％を中小企業が占めており、サービス業全体の 50.9 ％より 35 ポイント以上も高い（図表 4-4）。同じく、「教育、学習支援業」では 68.9 ％、「宿泊業、飲食サービス業」では 65.3 ％、「生活関連サービス業、娯楽業」では 64.8 ％であり、軒並み高い割合になっている。

　逆に、「情報通信業」では、中小企業のシェアは 32.5 ％と 3 分の 1 に満たず、大企業の存在感がかなり大きいという特徴がある。情報通信業では、開発や運営に際して大きな資金や設備を要する資本集約的な性格がみられるため、大企業に適した部分が少なくない。一方、福祉や学習支援、飲食店、生

図表 4-4　各サービス業の売上高における企業規模別の割合

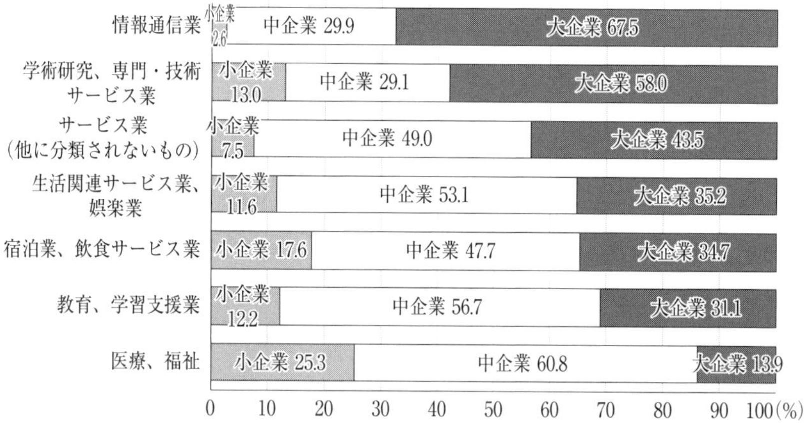

注：複合サービス業は、郵便局と協同組合のみで構成されているため除外した。
資料：図表4-2と同じ。

活関連サービスでは、人の手で行う作業が中心となる労働集約的な性質がみられるため、比較的中小企業に適している。各業種の差は、こういう点から生じていると考えられる。

　他産業と比較するなら、製造業や商業などに属する各企業は、取り扱う製品や商品に差があっても基本的には「つくって売る」「仕入れて売る」という同じ事業構造になっている。しかし、サービス業に属する各企業では、事業構造も千差万別である。同じサービス業に分類されても、中小企業に向いているタイプとそうでないタイプが存在することを知っておこう。


## 4　サービス業の経営の特徴

　サービス業の特徴は、まず第1に、財としてのサービスの特性に由来する。サービス業が提供するサービスという財には、無形性、同時性、変動性、非貯蔵性、一過性などの特性があるとされている[5]。こうした特性のため、サービス業の経営には、総じて次のような特徴がみられる。


### 1）サービスの品質を伝える情報の発信力が重要

　サービスは無形であるために、有形の商品のように見て触って品質を知ることができない。そのため、提供者と消費者の間には、基本的に情報の非対称性が生じる。例えば、消費者は、事前にサービスの品質で複数の提供者を比較し、適切な選択を行おうしても、概して十分な情報を得るのは簡単ではない。間接的な印象や確かでない噂に左右されてしまうこともある。消費者の事前の期待と事後の満足度にギャップが生じやすく、消費者の失望や低評価を招くこともある。

　提供する側としては、自らのサービスの品質の高さ、それに見合った適正

---

5　「同時性」とは、提供と同時に消費・消滅してしまうこと。「変動性」とは、提供する者・場所・時間などによって内容が変わることをいう。サービスの特性については、研究者により呼称が多少異なり、必ずしも統一されてはいないが、コトラー（P. Kotler）が挙げた4つの特徴（Intangibility, Simultaneity, Heterogeneity, Perishability）（Kotler & Bloom〔1984〕）がよく引用されている。

な価格設定がなされていることを、いかに知ってもらい選んでもらうか、そのためのイメージ戦略、情報の発信力が重要になる。

## ２）サービスを提供する人の役割が大きい

例えば、機械や素材などの製品は、完成した時点で品質や性能が決まる。ところが、サービスは、それを提供する状況（担当者、場所、時間など）次第でサービスの品質が変わりうる。いわゆる変動性がある。

なかでも、提供する現場の担当者の役割はとても大きい。製造業であれば、原材料の品質や製造装置の性能に依存する部分が相対的に大きいが、サービス業の場合は、人の能力に、より大きく依存する。しかも、同時性により、提供と同時に消費されてしまうサービスは、たとえ不良であっても、製品や商品のように返品・交換・修理ができない。このため、サービス業の経営では、優秀な提供担当者を擁することが、最重要課題の一つになる。

担当者には、サービスを提供するための技能や技術はもちろん、良好な接客を行うためのコミュニケーション能力も求められる。現場での接客の重要性は、同じく店頭の現場を持つ小売業にもいえることだが、基本的に商品を求めて来店する小売の顧客と異なり、サービス業の場合は、担当者が提供するサービス自体を求めて来る顧客を相手にする。担当者の技量や接客姿勢は、その企業全体の評価に直結する。

また、サービス提供の現場では、顧客との連携や協力関係を必要とする場面が多い。例えば、医療や専門・技術サービスの現場では、顧客側が抱える問題を隠さず開示してもらい、連携して対処しなければならない。学習支援の現場では、指導や助言を受け入れて顧客自ら積極的に学習してもらわなければならない。そのため、サービス提供の担当者には、顧客の信頼を得て良好な関係を保つ能力が必要になる。この点は、特定少数の顧客と密接な関係を結びやすい中小企業にとって、その強みを発揮しやすい部分でもある。

## ３）需要の変動に供給を合わせる体制づくりが必要

サービスは、同時性や非貯蔵性のため、予備や在庫を持つことができず、

需要の変動があれば、直ちに対応しなくてはならない。

　製造業であれば、日々の需要に多少の変動があっても、見込生産による作り置きを行うことで、計画的に業務を平準化できる。ところが、サービス業では、発注に対し直接供給しなければならず、需要の変動に対応しながら業務の平準化を図るのは難しい。例えば、オフィス街の飲食店は、平日のランチタイムには大忙しになるが、休日はガラガラになる。逆に、観光地の宿泊業は連休や年末には部屋が足りなくなる。

　一般的な対応策として、平日割引やハイシーズン料金を設定し、需要の変動を抑制しようとするが、それだけでは足らない。サービスの提供体制を構築する際は、こうした需要の変動があることを大前提として織り込んでおく必要がある。すなわち、需要のピークに合わせて正社員を抱えてしまったら、

---

### 事例「優れた接客が経営安定の鍵」

　需要の変動をできるだけ抑制したい、そして、良質のサービス提供のために顧客との連携を確立したいサービス業にとって、安定的に来店し馴染みの客になってくれるリピーターを獲得することが経営の鍵になる。そんなリピーターの獲得に成功している優れた接客事例を簡単に紹介しよう。

　福岡県北九州市に美容室5店舗を展開するK社は、常に高い顧客満足度を目指し、比較的高めの価格設定ながら、優れた技術と接客によって高いリピート率を誇っている。顧客満足の基盤には従業員満足があると考える経営者の取り組みは、社外からも高く評価されている。

　K社には、1人、99％という高いリピート率を維持している優れたスタッフがいる。一般的に、女性客はおおむね3カ月に1回来店することから、例えば、あるスタッフが毎月100人程度の常連客に来店してもらうには、自分を指名してくれる客を300人以上獲得しなくてはならない。しかし、リピート率トップのスタッフは違う。当スタッフが担当する常連客は、ほぼ毎月来店する。つまり、自分を指名してくれる客は100人でよい。なぜそれほど来店してくれるのか。実は、担当する客は、単に美容のためだけに来ているのではない。相談ごとや会話を楽しみに来店し、スタッフをあたかもライフアドバイザーのように思ってくれている。当スタッフの優れた接客能力が社内の模範となり、経営の安定に大きく寄与していることはいうまでもない。

図表 4-5　正社員以外の従業者の割合（2021 年）

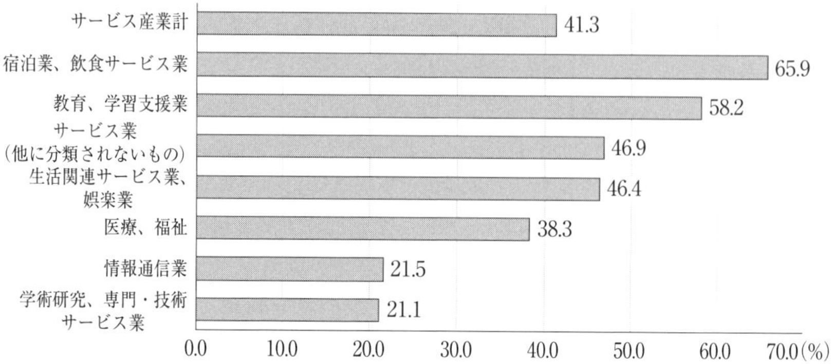
サービス産業計
41.3
宿泊業、飲食サービス業
65.9
教育、学習支援業
58.2
サービス業
（他に分類されないもの）
46.9
生活関連サービス業、
娯楽業
46.4
医療、福祉
38.3
情報通信業
21.5
学術研究、専門・技術
サービス業
21.1
0.0
10.0
20.0
30.0
40.0
50.0
60.0
70.0（%）

注：臨時雇用者、別企業等からの出向・派遣を含む。
資料：総務省「サービス産業動向調査」。

残りのほとんどの時期には余剰人員となってしまうため、多くのサービス業では、流動性の高い労働力を積極的に活用している。

実際に、サービス業における正社員以外の従業者の割合をみると、サービス産業全体では 41.3 %、つまり、正社員が 6 割に満たない体制になっている（図表 4-5）。なかでも、最も割合が高い「宿泊業、飲食サービス業」では、65.9 %が正社員以外の従業者であり、正社員は 3 人に 1 人だけになる。需給変動の緩衝のため、サービス業では、こうした流動性の高い労働力を活用して、時間単位あるいは季節単位でサービスの提供体制を柔軟に調整しているのだ。

この点で、中小企業、特に小規模企業の家族従業員は、実に柔軟性に富んでいる。繁忙期には昼夜問わず働く半面、閑散期には現場に出ないで他の家事に従事したりする。中核的労働力でありながら、雇用契約や人件費の制約に囚われることはない。例えば、個人事業の飲食店や理美容業などが、家族従業員の強みを活かして根強く事業を継続している。そうした光景は、街中でもよく見かけることができるはずだ。

## 4）地域の市場を対象とする事業展開

サービスは、同時性や非貯蔵性により、顧客のいる現場で直接提供されな

ければならない。顧客に来訪してもらうにしても、企業側が訪問するにしても、距離や時間には自ずと限度があり、商圏をあまり広くはできない。製品や商品のように、卸売業が代わって全国に流通させたり、運輸業が運んでくれたりすることはない。そのため、サービス業の主な提供先は、地域の市場ということになる。都市の中心部にある巨艦店が、近隣県を包含する広域市場から大量の顧客を呼び寄せるという、あたかも大規模小売店のような例もなくはないが、かなり少ない。日本全国の各地域には、それぞれ独立した現地のサービス業が商圏を築き、地域の顧客を相手に事業展開している。具体的には、地域に根づいた洗濯業や浴場業、介護事業などが典型例だ。地域密着型の中小企業が、サービス業の多くを占めるのはこのためである。

## 5）規模の経済を発揮しにくい

　すでに述べたとおり、サービス業は、同時性と非貯蔵性により、製造業のような見込生産による在庫の積み上げができない。いわば、毎回、特注の一品生産を重ねているような性格があり、画一的な大量生産によって規模の経済を享受することは難しい。

　また、前項で述べたように、地域経済に密着した個々の企業が全国に分散して比較的狭い商圏で事業展開しているため、大きな取引量になりにくい。なかには、チェーン化・標準化に成功した一部の企業の例もあるが、相対的には多くない。総じて、サービス業全体が、本質的な効率性の低さを克服できていない面がある。

　その代わり、小売業でよくみられたような、規模の経済を活かした大規模店舗との競合が激化し、地域中小企業が圧迫を受け、政府が出店規制に乗り出すなどといった例は、サービス業ではあまりみられない。見方を変えれば、大資本と小資本が対等に競争しやすい場であり、中小企業にとって活躍する余地の大きな分野だといえるだろう。

## 5 サービス業の課題と対応

　総論としてサービス経済化が進展していくなか、サービス業の市場は、基本的に成長していくと見込まれる。ただし、個々の経営の面では特有の悩みもある。ここでは、サービス業が抱える主な課題について考えてみよう。

### 1）生産性が低い

　前節で、サービス業の特徴として、規模の経済を発揮しにくい、小規模・分散した市場を対象としている、などの点について述べた。その当然の帰結として、サービス業は、他産業と比べて生産性が低いという大きな課題を抱えている。

　具体的に、従業者1人当たりの付加価値生産額をみると、全業種が546万円なのに対し、サービス業は401万円にとどまっていることがわかる（図表4-6）。例えば、製造業と比較すると300万円以上の大差がついている。これには、上述の規模の経済などの点以外にも次のような点を指摘する声がある。

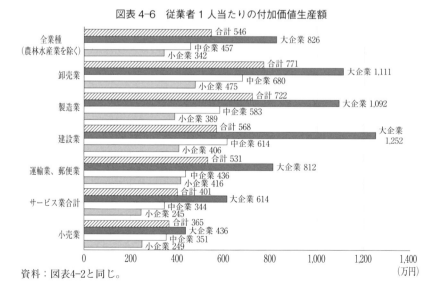

図表4-6　従業者1人当たりの付加価値生産額

資料：図表4-2と同じ。

①比較的若く成熟していない事業モデルや企業体が多く、いまだ生産性向
　上の途上にある。

②サービスの持つ特性から、海外を含む遠隔地と競争する機会が少なく、
　強力なライバルと凌ぎを削るような経験に乏しい。

③「サービス」と「製品」は異なるとの考えから、主に製造業で積み上げ
　られてきた生産工学や生産管理などの豊富な研究成果を、積極的に取り
　入れていない。

④欧米のサービス産業と比べてチェーン化・組織化が進んでいない。

　以上の指摘のなかでも、特に③の解決・改善が効果的であることが、産業
界だけでなく、政府や学界からも提唱されている。確かに、サービスと製品
は多くの点で性格が異なるが、サービス産業のなかでも、製品に近いものを
供給する業態は少なくない。例えば、ソフトウェアや映像コンテンツなどを
つくる情報通信業や、飲食物をつくる飲食サービス業には、ものづくりのノ
ウハウを活かす余地が十分ある。モノをつくらなくても、ムリやムダのない
作業工程を構築する生産管理のノウハウは、多くのサービスの提供工程で活
きるだろう。我が国の誇るこうした無形資産を活用しない手はない。

## ２）離職率が高い

　厚生労働省「雇用動向調査」（2021年）によると、サービス業の離職率は総
じて高い。なかでも「宿泊業、飲食サービス業」では25.6％、「生活関連サー
ビス業、娯楽業」では22.3％、「教育、学習支援業」では15.4％にのぼる。比
較対象として製造業では9.7％であることから、サービス業の離職率の高さ
がわかる（図表4-7）。

　もっとも、離職率は高いが入職率も高い。要するに定着しない。「入って
もすぐやめてしまう」ことが多い。それでなくてもサービス業は、需要変動
の緩衝のために、パート・アルバイトを含む流動性の高い労働力に依存して
いる。このため問題になるのが、教育訓練が無駄になる、人材育成の成果が
上がらない、その結果、優れたサービス提供担当者が不足する、という事態
である。すでに述べたように、サービス業において提供担当者の役割はとて

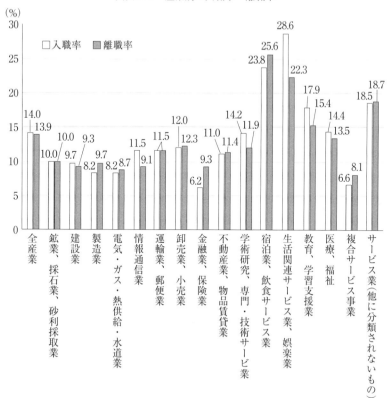

図表 4-7　産業別の入職率・離職率

注：入職率・離職率は、常用労働者数に対する割合。
資料：厚生労働省「雇用動向調査」(2021年)。

も大きい。流動性が高い人材であることを前提として、提供能力の高さを維持していくためには、できる限り効率的な教育訓練、提供作業の標準化、作業工程のシステム化に組織的に取り組むとともに、個々の従業者の待遇改善・やりがいや達成感の醸成に努めることが肝要である。


## 6　中小サービス業への期待

　サービス業は、一般的に、工場・機械・車両などを必要とする製造業・建

設業・運輸業などと比較して、設備投資額が少なくて済む。なかには、店舗を必要としない業態もあるため、小売業に比べても新規参入時の投資負担が軽いケースも少なくない。また、他産業における新規参入の多くは、業界模様がすでに固まっている成熟市場に割って入らなければならないが、サービス業では、全く開拓されていない新規市場を含め、いまだ成長途上の市場が多く、新規参入の余地が大きい。こうしたことから、サービス業では、創業活動が活発に行われており、我が国経済の活性化に寄与している。

　具体的に、厚生労働省「雇用保険事業年報」から算出した業種別の開業率（『中小企業白書　2021年版』に掲載）をみてみると、全業種の開業率が4.2%であるなか、「宿泊業、飲食サービス業」が8.7%、「生活関連サービス業、娯楽業」が6.3%、「情報通信業」が6.1%と、高い開業率を示している。サービス業は、創業活動を通して、経済の新陳代謝に貢献し、新たな雇用を創出するとともに、若い企業の新鮮な発想力を活かして、新たなサービスやビジネスモデルを開発するなどのイノベーションを起こしているとみられる。新規開業企業のほとんどすべては中小企業であるから、これは中小サービス業に期待されている重要な役割の一つである。

　もちろん、中小サービス業への期待は、創業活動だけではない。サービス業の売上高の過半を占める中小サービス業は、「モノ」から「コト」へと変化する消費者の価値観に応えて、家事を補うサービス、医療・健康・福祉を担うサービス、個人の趣味・嗜好・ライフスタイルを豊かにするサービス、情報ネットワークを形成し新たなコミュニケーションを生むサービス、社会的課題解決を図るサービス、顧客企業の生産性向上・経営効率化を推進する専門・技術サービスなど、様々なサービスを供給する主力になっている。それと同時に、中小サービス業は、需要・供給の両側において地域経済を支えている。様々な場面で、今後ますます高まる期待に応えていくだろう。

## 練習問題

1　サービス業に対する需要は、今後も高まるのか。それとも、いずれ頭打ちになるのか。その背景や理由も含めて考えてみよう。
2　財としてのサービスの特性のうち、事業運営のアドバンテージになるもの、またはハンデになるものは何か。理由も含めて考えてみよう。
3　中小サービス業の生産性向上のためには、何が必要か考えてみよう。

●推薦文献

南方建明・宮城博文・酒井理（2015）『サービス業のマーケティング戦略』中央経済社

　サービス業の分類・特色・課題を踏まえて、その労働生産性と雇用創出力を分析し、マーケティング戦略を提言している。サービス業について総合的に学ぶ際に有用な書。

森川正之（2014）『サービス産業の生産性分析─ミクロデータによる実証─』日本評論社

　サービス業の生産性に注目し、個々の企業のミクロデータを用いた多角的な実証研究に基づき考察した書。初学者には歯応えがあるが、模範となる分析手法が示されている。

●引用文献

厚生労働省（2021）『雇用動向調査』厚生労働省
総務省（1993）『日本標準産業分類（第 10 回改定)』総務省
総務省（2013）『日本標準産業分類（第 13 回改定)』総務省
中小企業庁編（2021）『中小企業白書　2021 年版』中小企業庁
Clark, C. G.（1940）*The Conditions of Economic Progress*, Macmillan（大川一司ほか訳〔1953-1955〕『経済進歩の諸條件（上・下)』勁草書房）
Kotler, P. & Bloom, P. N.（1984）*Marketing Professional Services*, Prentice Hall

# 第 2 部

## 中小企業のライフサイクル

# ┃ 5 章 ┃

## 起業・ベンチャー・アントレプレナーシップ

田代　智治

●キーワード
起業　ベンチャー　スタートアップ　アントレプレナーシップ　エコシステム

## 1　世界と日本の起業環境と類型

　近年、世界的にも創業や起業への注目が高まり続けている。世界市場を席巻し圧倒的な存在感と影響を誇る GAFAM[1] もかつては新興企業であったが、いまや、アメリカの経済成長を牽引する存在となっている。日本でも短期間に急成長する新興企業は、地域経済社会の「成長のドライバーであり、将来の雇用、所得、財政を支える新たな担い手」といった認識が定着しつつあるほか（経済産業省 2022）、既存の中小企業においても変革の好機を捉え、成長発展する力強い企業像が求められている。また、日本における創業や起業を考える際、これまで中小企業やベンチャー企業との関係から説明されることが多かった。そこで本章では、中小企業との関連性から起業・ベンチャー・アントレプレナーシップを考えていきたい。

　起業や企業家活動に関する世界的調査によって様々なデータを提供するグローバル・アントレプレナーシップ・モニター（Global Entrepreneurship Monitor：GEM）では[2]、年によって参加国の数に違いがあるものの、成人人口（18 歳から 64 歳まで）に占める起業家の割合を示した総合起業活動指数（Total

---

1　GAFAM とは、「G＝Google」「A＝Amazon」「F＝Facebook（その後 Meta に企業名を改称）」「A＝Apple」「M＝Microsoft」の頭文字をとったもので、アメリカの大手 IT 企業を指す。

2　バブソン大学（アメリカ）とロンドンビジネススクール（イギリス）の共同研究プロジェクトとして 1999 年に始まった GEM には、過去 24 年間（2023 年時点）で世界各国約 115 もの研究チームが参加している。

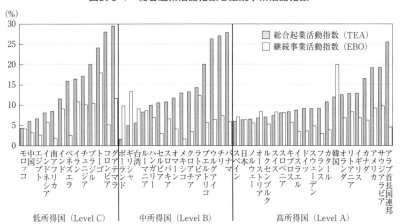

図表 5-1　総合起業活動指数と継続事業活動指数

凡例：
■ 総合起業活動指数（TEA）
□ 継続事業活動指数（EBO）

低所得国（Level C）　中所得国（Level B）　高所得国（Level A）

出所：GEM（2023 p.51）を筆者にて修正。

early-stage Entrepreneurial Activity：TEA）と成人人口（18歳から64歳まで）に占
める継続的に事業[3] を行うオーナー経営者の割合を示した継続事業活動指数
（Established Business Ownership：EBO）が示されている（図表5-1）。

　全体でみると、図表5-1 からは総合起業活動指数と高所得国（Level A）、中
所得国（Level B）、低所得国（Level C）[4] といった３つの所得水準レベルとの間
に負の相関があることが示されている。また、同じ所得水準レベルのなかで
も総合起業活動指数にはかなりばらつきがあることもわかる。一方で、継続
事業活動指数についても同様の傾向を示しているものの、総合起業活動指数
に比べて差が顕著ではない。

　そこで世界の起業データを細かく確認してみよう。新規事業を開始または
経営している割合が最も高い国は、中所得国と低所得国の５カ国で、グアテ
マラ（29.4 %）、コロンビア（28.0 %）、パナマ（27.9 %）、チリ（27.0 %）、ウルグ
アイ（26.3 %）、次いで高所得国のアラブ首長国連邦（25.5 %）となっている。

---

3　42カ月以上にわたって経営者に給与や賃金、その他の支払いを行っている事業を指す。
4　GEM では、高所得国（Level A）を１人当たり国内総生産（GDP）が４万ドル以上の
　経済圏、中所得国（Level B）を１人当たり GDP が２〜４万ドルの経済圏、低所得国
　（Level C）を１人当たり GDP が２万ドル未満の経済圏と分類している。

これらの国では、成人の約4人に1人以上が新規事業を立ち上げたり起業したりしていることになる。一方で、最も低いのが、中所得国と低所得国の3カ国で、ポーランド（1.6％）、モロッコ（4.2％）、ギリシャ（4.9％）である。ポーランドでは成人の約50人に1人以下、モロッコやギリシャでは約20人に1人以下にとどまっている。継続的に事業を行うオーナー経営者の割合が最も高いのは、高所得国の韓国（20％）となっている。一方で最も低いのは、中所得国と低所得国のメキシコ（1.58％）、南アフリカ（1.84％）となっている。韓国では、成人の約5人に1人、メキシコと南アフリカでは約50人に1人以下が継続的に事業を行うオーナー経営者であることが示されている。

　続いて日本の起業データを確認する。2022年の世界の総合起業活動指数は単純平均で12.9％であり、日本の指数は6.4％で全体49カ国のうち43位、高所得国でみると21カ国のうち20位となっている。日本では、成人の約15人に1人以下が新規事業を立ち上げたり起業したりしていることになる。また、継続事業活動指数は単純平均で7.0％であり、日本の指数は6.3％で全体49カ国のうち26位、高所得国でみると21カ国のうち11位となっている。日本では、成人の約15人に1人以下が継続的に事業を行うオーナー経営者であることが示されている。総合起業活動指数からみて、日本の成人の起業の割合は世界に比べ極端に低いといわざるを得ないが、継続事業活動指数からみると、起業後に事業を継続的に営んでいる割合は世界と比べて平均的であることがわかる。一方でよい兆しもある。図表5-2は、2001年から2022年までの日本の総合起業活動指数と継続事業活動指数をまとめたものである。図表5-2からは、総合起業活動指数が上昇傾向にあることが示されている。

　ここで、総合起業活動指数と収入の関係について触れておこう。2010年前後までは、低所得国、中所得国の方が高所得国に比べて起業する成人の割合が高いと考えられてきた[5]。その理由の一つとして、企業や組織に就業し得られる収入やリスクと、起業によって得られる収入やリスクを天秤にかけた場合、1次産業の割合がより高く経済社会の成熟度が低い低所得国の方が起

---

5　シェーン（S. A. Shane）は、総合起業活動指数は、起業する成人の割合と経済レベルでの平均所得（収入）との間に負の相関関係があると説明している（Shane 2008）。

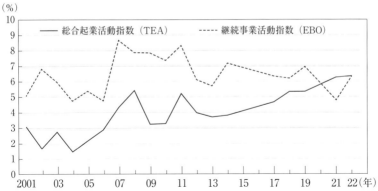

図表 5-2　日本の総合起業活動指数と継続事業活動指数

注：2015、16、20年に関する日本のデータは公表されていないためグラフは前後の
　　データをつないである。
出所：GEM（各年版）より筆者作成。

業する全体的なメリットが高く起業する成人の割合が高いと考えられたから
である。そこで、起業する成人の割合と平均所得（収入）の関係をみてみよう。
図表 5-3 は、2022 年のデータをもとに 1 人当たり GDP に対して総合起業活
動指数をプロットしたものである。図表 5-3 は総合起業活動指数と 1 人当た
り GDP の間に何らかの負の関連があることを示唆しているものの、一概に
低所得国の方が起業する成人の割合が高いとはいえない結果となっている[6]。
現在では起業の動機や環境など様々な要因によって起業環境が複雑化してい
ることが示されている。

## 2　中小企業・ベンチャー企業・スタートアップ

中小企業とベンチャー企業（ベンチャービジネス）の違いとは何か、また近年、

---

6　2022／2023 年度 GEM 報告書では、近年、経済内の所得分配や所得の持続可能性に対す
　る懸念など、幸福度を測る尺度としての GDP の適切性に対する懸念が高まっており、ま
　た GDP が人々やその発展にどれだけ密接に関係しているかという疑問が指摘されている
　（GEM 2023）。そのため、幸福の代替指標が信頼性を増していることから国連の人間開発
　指数（Human Development Index）を活用した分析の試みなどが行われている（GEM
　2023）。

図表 5-3　総合起業活動指数と 1 人当たり GDP

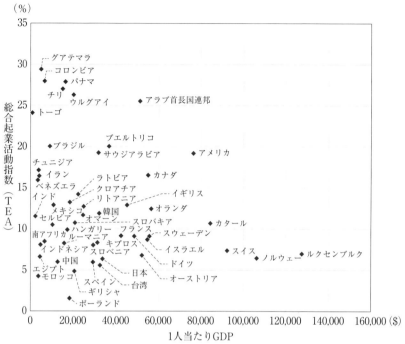

注：1 人当たり GDP は International Monetary Fund（IMF）「GDP per capita, current prices」2022 年名目ベースの数値（https://www.imf.org/external/datamapper/NGDPDPC@WEO/OEMDC/ADVEC/WEOWORLD/ZAF〔2023 年 9 月 26 日閲覧〕）。
出所：GEM（2023 p.52）を筆者にて修正。

注目が集まるスタートアップとはどのような企業を指すものであろうか[7]。

　ベンチャービジネスという言葉は和製英語であり、日本では 1970 年代以降に広く普及していくことになる。当時、定められた代表的な定義をみると、ベンチャービジネスとは「研究開発集約的、またはデザイン開発集約的な能力発揮型の創造的新規開業企業」と定義されている（清成ほか 1971）。また、従来の中小企業との違いは「独自の存在理由をもち、経営者自身が高度な専門能力と、才能ある創造的な人々を引きつけるに足りる能力ある事業を組織

---

7　中小企業の定義や特徴、法規定についてはすでに説明されているため第 1 章を参照願いたい。

図表 5-4　ベンチャー企業と一般中小企業との比較

| 構成要素 | ベンチャー企業 | 一般中小企業 |
|---|---|---|
| 起業家の夢・志 | 高い志、強い夢（ロマン） | 低い志、弱い夢（ロマン） |
| 起業家の成長意欲 | 夢を実現するための強い成長意欲 | 成長意欲はそれほど強くない |
| 製品・商品の独創性 | 製品・商品に独創性あり | 製品・商品に独創性少ない |
| 市場・顧客の創造 | 新規の市場・顧客の創造に積極的 | 既存の市場・顧客の開拓・拡大 |
| 設立経過年数 | 設立あるいは新事業進出の若い企業 | 設立経過年数長い停滞企業 |
| 起業家 | 上記を引出す若々しいけん引車 | 際立った能力的優位性低い |
| 経営陣の状況 | 専門家も参画し最適経営陣組成 | 経営陣に専門家少ない |
| 従業員の状況 | 平均年齢低く、従業員増加 | 平均年齢高く、従業員増加せず |
| 企業収益の状況 | 高い利益率と先行投資重視 | 低い利益率と現状維持 |
| 資金調達方法 | ベンチャーキャピタル等リスクマネー活用 | 中小企業金融等融資中心 |

出所：松田（1998）。

する企業家精神」を持っている高収益企業であり「リスクを伴うイノベーター（革新者）」であるとも説明されている（清成ほか 1971）。つまりベンチャー企業とは、ビジネスチャンスの機会があればリスクをいとわず新しい領域に挑戦する新興企業の総称であり、その多くは中小規模の企業で、共通する企業行動や特徴を持つ企業群であると捉えられる。図表 5-4 は、ベンチャー企業と一般中小企業の特徴を示したものである。これらは、あくまで相対的に比較したものではあるが「起業家の夢・志」や「起業家の成長意欲」をはじめ諸点において両者に違いがあると考えられてきた。そもそも中小企業とは大企業と比べて相対的に規模の小さな企業の総称を意味するものの、日本では明確に中小企業の範囲が法で規定されている。ベンチャー企業とは法規定を持たないため中小企業に含まれるものの、質的特徴において一般中小企業とは区別されるものであるが、どちらかに優劣がつけられるものではない。

　ベンチャー企業の形態は多様化しており、現在、およそ 5 つのタイプがある。1 つ目は、典型的な起業型ベンチャーである。2 つ目は、スピンオフ型ベ

ンチャーである。既存大企業などから技術やノウハウを有した従業員が独立し起業するパターンである。3つ目は、大学発ベンチャーである。大学で生まれた特許や技術、ビジネスモデルやアイデアを事業化する目的で起業するパターンである。4つ目は、既存中小企業による第二創業型ベンチャーである。第二創業型ベンチャーは、既存中小企業の活性化や成長を志向した経営革新によるイノベーティブな行動をとる中小企業である。そのため起業を伴わない場合が多い。5つ目は、既存大企業や中小企業における社内ベンチャーである。既存組織による新事業や新商品・サービスの創出、新たなビジネスモデルの実現を目的に設立される。既存組織内の1部門として設立される場合が多いが、新事業などの成長いかんによっては子会社のような法人形態で設立される場合もある。

　また近年、スタートアップという言葉が使用されるようになってきている。アメリカシリコンバレーで誕生した言葉といわれ比較的新しい言葉であることから明確な定義はなく、日本ではベンチャー企業とスタートアップを区別できるほど明確な差がない場合が多い。あえて違いを挙げるとすれば、ベンチャー企業は第二創業型ベンチャーや社内ベンチャーのように既存組織内で起こる場合があるが、多くの場合スタートアップは新たな創業、起業を伴うことであろう。スタートアップに関連して、創業10年以内で企業価値10億ドル以上、未上場の新興企業をユニコーンと呼び、そのなかでも、企業価値100億ドル以上の企業をデカコーン、企業価値1000億ドル以上の企業をヘクトコーンと呼ぶ。かつての新興企業であったGAFAMがアメリカ経済の成長を牽引していることから、日本でもスタートアップは地域経済社会の成長のドライバーであり、将来の雇用、所得、財政を支える新たな担い手といった認識が高まっている。

## 3　日本のベンチャーブーム

　日本では第二次世界大戦後これまで3度のベンチャーブーム[8]があり、現在は第4次ベンチャーブームに突入しているといわれている。図表5-5はそ

れらをまとめ示したものである。そこで日本のベンチャーブームについて概観してみることにする。

　第1次ベンチャーブームは、日本の高度経済成長期が終わりに差しかかっていた1970年に到来する。重化学工業をはじめとした素材産業中心の大量生産・大量消費型産業から国際競争力を持つに至った自動車産業や電機産業といった加工組立型産業への転換期であり、多くの研究開発型ハイテクベンチャーの輩出がみられた。また72年には日本初の民間系ベンチャーキャピタル（Venture Capital : VC）となる京都エンタープライズディベロップメントが設立されたことも特徴として挙げられる。中小企業のなかでも新産業を創出し創造的な事業活動を展開するベンチャー企業の位置づけが明確化された時期であるといえよう。第1次石油ショックの影響による不況に突入したことによって第1次ベンチャーブームは終焉することになる。

　第2次ベンチャーブームは、メカトロニクスやエレクトロニクスといった技術革新や新素材分野の進展、脱工業化にみられる流通・サービス業の拡大が進んだ1982年から86年の期間である。この時期に日本初となるベンチャーファンドも設立されている。また、店頭登録基準・東証二部上場基準の緩和や超金融緩和政策の後押しもあり、大手銀行や証券会社、事業会社によるVCの設立ラッシュも起きている。一方で、プラザ合意による急激な円高不況に日本が突入していくなか86年には有力なベンチャー企業が複数社相次いで倒産するなど第2次ベンチャーブームは沈静化していくことになる。

　第3次ベンチャーブームは、パソコンや携帯電話が広く普及し情報通信技術（ICT）の急成長による世界的進展と女性の就業率上昇を目的とした保育ニーズの高まりと多様化、高齢者介護を背景としたケア産業の拡大が進んだ1993年から2006年の期間である。93年頃、バブル経済は崩壊し日本は長期的な不況に突入することになる。その影響もあってのことか、第3次ベンチャーブームは政策主導の側面が色濃い。95年には研究開発型ベンチャー企

---

8　現在ではスタートアップの高まりからスタートアップブームともいわれる場合もあるが本章ではベンチャーブームに統一する。また各時期ブームの細かい期間については様々見解があるため注意が必要である。

図表 5-5　日本のベンチャーブーム

| | 政策 | 関連する動き | ブーム終焉理由 | ブームとその前後に設立された主な企業 |
|---|---|---|---|---|
| 第1次ベンチャーブーム（1970～1973年） | — | ・「ベンチャービジネス」の日本への紹介（70年）、研究・ニクソンショック（71年）のもとでの過剰流動性による金余り・大手金融機関によるVCの設立ラッシュ | ・第1次石油ショック（73年） | ファナック（72年）、モスフードサービス（72年）、日本電産（73年）、コナカ（73年）、キーエンス（74年）、びぎ（74年）、すかいらーく（74年） |
| 第2次ベンチャーブーム（1982～1986年） | ・店頭登録基準・東証二部上場基準の緩和（83年） | ・日本第1号のベンチャーファンド組成（82年）、民法上の任意組合・大手銀行・証券・事業会社によるVCの設立ラッシュ・アメリカでベンチャーブーム（70s末～80s前半） | ・円高不況・有力ベンチャー企業の倒産（勧業電気機器、大日産業、ミロク経理＜すべて1986年倒産＞） | ジャストシステム（79年）、エイチ・アイ・エス（80年）、ソフトバンク（81年）、CCC（82年）、スクウェア（86年） |
| 第3次ベンチャーブーム前期（1993～2000年） | ・ストックオプションの一部導入（95年）・エンジェル税制創設（97年）・中小ベンチャーファンド法施行（98年）・東証マザーズ開設（99年） | ・世界的なインターネット・ブーム・積極的な支援策と規制緩和・株式公開ブーム | ・ネットバブル崩壊（2000年） | ライブドア（96年）、楽天（97年）、カカクコム（97年）、ミクシィ（97年）、サイバーエージェント（98年）、DeNA（99年） |
| 第3次ベンチャーブーム後期（2000～2006年） | ・ナスダック・ジャパン開設（2000年）・大学発ベンチャー1000社構想（2001年）・1円起業特例（2002年） | ・ゲム・ブーム・バイオテクノロジー・ブーム・大学発ベンチャーブーム | ・ライブドア事件（2006年）・村上ファンド事件（2007年）・大学発ベンチャーブームの失速 | グリー（2004年）、サイバーダイン（2004年）、ユーグレナ（2005年）、ベプチドリーム（2006年） |
| 第4次ベンチャーブーム（2014年～） | ・ベンチャー創造協議会設立（2014年）・シリコンバレーと日本の架け橋プロジェクト（2015年）・「ベンチャー・チャレンジ2020」（2016年） | ・デジタル社会到来・ビッグデータ、AI、IoT・フィンテック等ブーム・スタートアップへの注目によるベンチャーブームが世界で同時発生 | — | メルカリ（2013年）、Preferred Networks（2014年）、ニューラックス（2015年）、ソラコム（2015年）、ドレミング（2015年） |

出所：岩崎（2018）を筆者にて編集。

業などの支援を目的とした「中小企業創造活動促進法」、96年には自治体によって「ベンチャー財団」が相次いで設立され、99年には東証マザーズに始まるベンチャー市場の開設と整備なども進められた。また、99年には中小企業基本法が改定され、これまでの「近代化・不利是正」を目的とした中小企業政策から「創業化・経営革新（第二創業）」へと大きく政策転換することになる。2000年にはネットバブルが崩壊するも、01年に「大学発ベンチャー1000社構想」がスタートするなどイノベーションを促進するエンジンとして大学との連携も積極的に図られていく。この時期は産学官金による競争環境、支援環境整備が活発に進められることでバイオや情報通信、環境などの先端技術分野を中心としたベンチャー企業の輩出がみられている。

　スタートアップへの世界的な注目と高まりもあり、日本では2014年頃から第4次ベンチャーブームに突入したと考えられている。ベンチャー企業やスタートアップをめぐる起業・創業環境に大幅な改善と進展がみられ、エコシステムやその中心に位置する様々な支援組織にも注目が集まっており、VCなどからの資金調達額も13年以降増加傾向にある。日本政府も16年に「ベンチャー・チャレンジ2020」をスタートするなど起業・創業をはじめ企業や事業の成長と発展を直接、間接的に支える政策や組織、仕組みなどを段階的に整備している。


## 4　アントレプレナーシップとアントレプレナー

　アントレプレナーシップとは、「実際に何もないところから価値を創造する課程」であるといわれ、「起業機会を創り出すか、適切にとらえ、資源の有無のいかんにかかわらずこれを追求するプロセス」であり「価値と利益を定義・創造し、個人、グループ、組織および社会に分配する」ものであると定義されている（Timmons 1994）。また、アントレプレナーシップは、新たな製品やサービスの創出と、それらが社会に与える幅広い影響に深く関係するものだが、企業利潤の源泉と規模の拡大を創出し企業の成長発展を促進するものともなる。この担い手がアントレプレナーである。日本では、アントレプ

レナーシップは「起業家精神」や「企業家精神」と翻訳され、アントレプレナーは「起業家」や「企業家」と翻訳されることが多いが、新たな製品やサービスの創出とは必ずしも起業による新たな組織の設立を伴うものでもなく、既存の企業や組織のなかでも起きうることには注意を払っておく必要がある。アントレプレナーシップという概念は、アントレプレナーの精神性、傾向、特性などに収まらず、「企（起）業家活動とそのプロセス」を意味し使用されている概念と理解できる。

　そもそも、アントレプレナーという概念は 1755 年のカンティロン（R. Cantillon）による『商業試論』のなかで提唱された概念である（Cantillon 1755）。カンティロンは、企業の成長過程におけるアントレプレナーを「市場の変化を説明する動力」として説明しており、「先見の明をもち、危険を進んで引き受け、利潤（もしくは損失）を生み出すのに必要な行動をとる者」であると定義している（Cantillon 1755）。また、測定しうる不確実性を「危険（客観的確立)」とし、測定しえないものを「不確実性（主観的確率)[9]」としたナイト（F. H. Knight）は、「アントレプレナーとは新規事業で利益を上げる大きなチャンスがあれば、リスクを負うことをいとわない人たち」と説明している（Knight 1921）。シュンペーター（J. A. Schumpeter）もアントレプレナーは創造的である必要がありリスクをとることができなければならないと述べている。アントレプレナーとは、チャンスの機会があればリスクを恐れず自己の利潤追求を強い動機として持つ存在であると同時に、市場や経済社会の変化を引き起こすメカニズムや役割としても捉えられてきたのである（Schumpeter 1926）。

　現在では、このようなアントレプレナーシップに関連した企業家像について大きく 2 つの捉え方が存在すると考えられている。1 つ目は、最も広く普及したシュンペーターによる企業家像である。デウス・エクス・マキナ（Deus ex Machina）といわれるようなアントレプレナーを解決困難な局面を収束させるような絶対的な力を持つ英雄として捉える視点である。シュンペーター

---

9　ナイトは、「測定しうる危険は、事実上の確実性に転換でき、保険原則の適用によって固定的な諸原費に転換されうるが、測定しえない不確実性は、……企業者に独特な収入を与えることを説明するものである」と説明している（Knight 1921）。

は、アントレプレナーシップを「創造的破壊」をもたらすものであると考え、アントレプレナーは「新結合」を成し遂げることで既存の産業に衰退とパラダイムシフトを促すと考えた (Schumpeter 1926)。2つ目は、カーズナー (I. Kirzner) による企業家像である。カーズナーは、アントレプレナーを不完全だが機敏性を持った存在として捉え、日常の連続性や市場活動とそのプロセスを通じて新たな知識を獲得しつつ、修正を重ねていくなかからアントレプレナーが誕生すると考えた (Kirzner 1973)。そこで、カーズナーは、アントレプレナーによる「事業機会の認知 (Opportunity-Seeking)」と「企業家的機敏性 (Alertness)」といった概念と重要性を提示している (Kirzner 1973)。アントレプレナーが創造性を発揮しつつ事業の機会に敏感かつ迅速に反応することで、それらが新たに創出される事業や価値の源泉となっていると考えたのである。

## 5  企業家的な「機会」

　なぜ、アントレプレナーは市場において需要が予測できず不確実性が高い状況にもかかわらず、新製品・サービスの開発に取り組み、新事業を立ち上げ起業し市場に価値を創出実現していくことができるのか。アントレプレナーシップには、アントレプレナーの持つアイデアや技術的要素、情報や知識などを新製品やサービスに変換する仕組みがあると考えられている。また、これら一連のプロセスには偶発性や偶然性もある。

　実際の需要がなければ供給が起こりえないと考えるのが通常であるが、現実的には、将来の予測が全く立たない状況下においても、「新結合」や「創造的破壊」といったイノベーションが起き、利潤機会や社会的意義が認知されることで新製品・サービスが生まれ新たな価値が創出される。この中心的担い手がアントレプレナーである。これまではアントレプレナーとは誰で、どのような特性を持ち、何をしているのかなどに学術分野、実務分野にかかわらず注目が集まってきたといえるのだが、このような個人の存在への注目だけでは、アントレプレナーによる無から有を生み出す状況が説明できない。そこで、新事業の創出などによって新たな価値を創造する企業家的な「機会

（Opportunity）」の存在に注目が集まっている。

　それでは、この企業家的な機会とはいかなるものかをみていこう。機会とは「新しい商品、サービス、原材料、組織化手法を導入し、その生産コストよりも高い価格で販売できる状況」であると定義されている（Shane & Venkataraman 2000）。そして、機会とは「主観的な現象（プロセス）ではあるが、機会自体は常にすべての当事者に知られているわけではない客観的な現象」であるとも説明されている（Shane & Venkataraman 2000）。「限定合理性」や「情報の非対称性」を前提として、特定の機会を発見できるのは一部の企業家のみであるとの指摘もある（Kirzner 1973）。平たくいえば、特定のアントレプレナーが認知するビジネスチャンスみたいなものや、その状況を想像すればわかりやすいだろう。

　この機会の捉え方については主に3つの視点（考え方）がある。まず「発見視点（The Discovery Perspective）」であるが、機会とは「発見」され「活用」されるものであるといった視点である。機会とは、アントレプレナーの外部に存在する現実的な実体であり、利潤を創出するものであると捉えられている。次に「創造視点（The Creation View）」である。この視点では、機会とは個人の企業家的行為を通じて構築される社会的構造物であると捉えられている。つまり機会とは、アントレプレナーの行動によって創り出されるものであるとされている。機会は、アントレプレナーの認知に始まり、新たな価値の創出に向けた様々な合意形成のプロセス（例えば新製品・サービスの開発など）を通じて客観化される。最後に、「現実化視点（The Actualisation Perspective）」である。機会とは現実的に存在するものの客観的に測定したり検出したりすることができないとする。この機会に対してアントレプレナーは主観的な想像や事業成功に向けた信念、予感を通じてアクセスすると捉えられている。つまり、アントレプレナーとは自身の主観的な想像、信念、予感によって機会を認知し、新製品・サービスの開発などを通してそれらを実体として現実化すると考えられるのである。

　実際、この機会といった概念は捉えにくいものではあるが、無から有を創出するアントレプレナーシップやその担い手となるアントレプレナーを理解

するためには重要な概念となる。企業家的な機会とは、新製品・サービスを中心に据えて、その創出プロセスにおいてアントレプレナーがビジネスチャンスをどのように認知し、時に創り出され、現実化していったかと考えるとわかりやすいといえるだろう。

## 6　エコシステム——創業・起業を支援する組織

　これまでも、政府・自治体ならびに政策立案者、民間投資家、金融機関、企業、大学、研究機関などによってアントレプレナーの創出を支援し新たなビジネスを加速させるために多種多様なシステムや方策が講じられてきた。設立されたばかりのスタートアップやベンチャー企業のような新興企業は数多くの課題に直面しており、当然ながら様々な弱点や規模の過小性に起因した問題性を有している。そのなかでも特に多面的な経営資源不足は深刻な課題であろう。また、新規性が高くこれまで市場でみられなかったような形態の新たな事業は、その新しさゆえに市場での理解が進まないことも多く、ネットワークとのつながりが不足することがある。通常、新興企業は、直面する様々な経営課題を乗り越えるためにも外部支援と適切な環境条件整備を必要としており、これらはイノベーション能力の拡大や企業の成長発展と持続可能性に大きな影響を与えることになる。

　そこで現在、企業家的な機会の開発を促進し新たなビジネスの創出と企業の成長発展を加速させる有機的連関関係かつ流動的関係を伴ったエコシステムへの世界的な関心が高まっている。その代表ともいえるのがアメリカのシリコンバレーであろう。エコシステムとは「相互に結びついた企業家的アクター、機関、企業家的組織、企業家プロセスの集合体であり、それらが公式・非公式に結合しつつ、企業家を取巻く環境内のパフォーマンスを結びつけ、媒介し、支配するものである」と定義され（Mason & Brown 2014）、特に急成長を遂げる新興企業との関連性のなかで説明されることが多い。図表5-6は、エコシステムの基本的な概念図をまとめたものである。

　図表5-6からは、アントレプレナーや新興企業を中心に、その新たなビジ

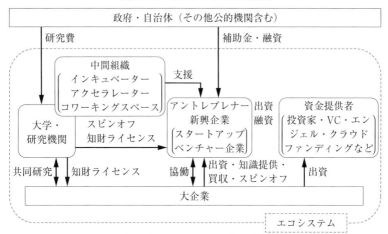

出所：Zucker & Darby（2007）、Clayton, *et al.*（2018）、Ojaghi, *et al.*（2019）を参考に木村（2019）を筆者にて修正。

ネスを加速するため、多くの組織や機関などがネットワークとしてつながっていることがわかるだろう。大学・研究機関は、政府・自治体などからの研究費によって様々な研究を進めているが、その研究成果である知財のライセンシングが新興企業に対し行われることもあれば、場合によっては、そのスピンオフによって新興企業そのものが誕生することもある。投資家やVCをはじめとした資金提供者は、出資や融資によって新興企業の初期および成長段階を資金面から支援する。政府・自治体もまた、中小企業向けの補助金・助成金などによってその一部を支援するほか、新興企業に対して直接融資を行うこともある。大企業は、自社のイノベーション促進のために新興企業に対する出資や必要な技術と知識提供などを行い、企業間連携によって新興企業の成長を支えつつ協働で新たなビジネスを創出する場合がある。その延長線上で大企業が新興企業を買収するケースもある。また、大企業から人材や技術がスピンオフすることで新たな新興企業が誕生することがある。インキュベーター、アクセラレーター、コワーキングスペースといった中間組織は、特に初期ステージのアントレプレナーや新興企業に専門的な経営支援を行う組織である。各組織形態や提供されるサービスに違いがあるものの、多

## 世界を変えるスタートアップを創出するアクセラレーター

　アクセラレーターは、アントレプレナーや新興企業を支援する比較的新しい形態の中間組織であり、起業をサポートしイノベーションを促進する仲介者として世界中から注目を集めエコシステムにおける中心的役割を担おうとしている。アクセラレーターは世界的ユニコーン企業を輩出するなど世界中に拡大しており、日本でも多くのアクセラレーターが誕生している。

　アクセラレーターとは、スタートアップなど成長志向型の新興企業を支援し成長を加速させることを目的とした実践的な養成スクールのようなものだ。アクセラレーターは、その特徴の多くをインキュベーターなどから受け継いでいるものの、そのプログラムには際立った特徴がある（図表5-7）。通常、アクセラレーターは3カ月から6カ月といった短い期間に限定された教育・事業化推進プログラムを有し、選抜によって複数のスタートアップで構成される同窓生的なクラス（コホートという）を毎期のプログラムで構成、このコホートに対し多様なアクターによる実践的な集中メンタリングを行っていく。新興企業が投資家や企業等の資金提供者に対してビジネスプランのプレゼンを行う「ピッチ」や最終的な「デモ・デー」といった各種イベントがあり、アクセラレーター自身も株式と引き換えにプレシード投資を提供することがある。また、アクセラレーターは、物理的なリソースやオフィスサポートサービスを伴うこともあるが、長期間にわたってこれらを提供することを主目的としていない。多くの場合、アクセラレータープログラムに参加するためには事前に競争的な選抜プロセスを経る必要がある。

　アクセラレーターは教育を通した積極的かつ緊張感のある競争環境といった「場」に新興企業をさらすことで、そのビジネスが資金提供に値するかをも浮き彫りにする。資金提供者にとって、イノベーティブなビジネスプランの将来性は評価し難い。アクセラレーターが世界的に拡大し急成長している一つの要因には、実践教育プログラムの仕組みやその素晴らしさがあるが、投資家をはじめとした資金提供者の投資判断や事業評価の「目」の役割を担っている側面はあるだろう。

図表5-7　インキュベーター、エンジェル、アクセラレーターの主な違い

| | インキュベーター | エンジェル | アクセラレーター |
|---|---|---|---|
| 期間 | 1年から5年 | 適宜 | 3カ月 |
| コホート | 無 | 無 | 有 |
| ビジネスモデル | オフィススペース賃貸、非営利 | 投資 | 投資、場合によっては非営利 |
| 選抜 | 非競争的 | 競争的、適宜 | 競争的、定期的 |
| 対象とする企業 | 初期ならびに後期ステージ | 初期ステージ | 初期ステージ |
| 教育 | 特定目的、人事、法務、その他 | 無 | セミナー方式 |
| メンタリング | 最小限、局所的 | 必要に応じて投資家によって実施 | 集中的、アクセラレーターやメンターによって実施 |
| ロケーション | オンサイト | オフサイト | オンサイト |

出所：Cohen（2013）。

くの場合、物理的なワーキングスペースの提供がなされ、そこで有形無形の
サービスによって新興企業の成長を加速させ、アントレプレナー・コミュニ
ティ形成を支援している。

---

### 練 習 問 題

1　世界と日本の起業環境を簡潔にまとめ、その違いを説明してみよう。
2　中小企業とベンチャー企業、スタートアップの違いについて説明してみよ
　う。また、本章では4度ベンチャーブームがあったとしたが、その特徴を整
　理しまとめてみよう。
3　日本のエコシステムの具体的事例を取り上げ、その特徴と抱えている問題
　点についてまとめてみよう。

---

## ●推 薦 文 献

**山田幸三・江崎由裕編著（2017）『1からのアントレプレナーシップ』碩学舎**
　起業やベンチャーに深く関連するアントレプレナーシップについて、基本的
　な理論や概念を学ぶことができる。

**ランダル・ストロス著、滑川海彦・高橋信夫訳（2013）『Yコンビネーター―シ
リコンバレー最強のスタートアップ養成スクール―』日経BP社**
　世界初のアクセラレーターであるYコンビネーターに密着取材したノンフィ
　クション。世界を取り巻く最先端の起業の状況を肌感で感じ学ぶことができ
　る。

## ●引 用 文 献

岩崎薫里（2018）「改善するわが国のスタートアップ事業環境―オープンイノ
　ベーション追求が後押し―」『JRIレビュー』2018(2)、pp.32–64
木村公一朗編（2019）『東アジアのイノベーション―企業成長を支え、起業を生
　む〈エコシステム〉―』作品社
清成忠男・中村秀一郎・平尾光司（1971）『ベンチャー・ビジネス―頭脳を売る
　小さな大企業―』日本経済新聞社
経済産業省（2022）「スタートアップ支援について～資金供給面での経済産業省
　の取組～」(https://www8.cao.go.jp/cstp/tyousakai/innovation_ecosystem/
　4kai/siryo5.pdf、2023年9月26日閲覧)
松田修一（1998）『ベンチャー企業』日本経済新聞出版社
Cantillon, R. (1755) *Essai sur la nature du commerce en général*, traduit de

l'anglois, Chez Fletcher Gyles（津田内匠訳〔1922〕『商業試論』名古屋大学出版会）

Clayton, P., Feldman, M. & Lowe, N. (2018) Behind the Scenes: Intermediary Organizations that Facilitate Science Commercialization Through Entrepreneurship. *Academy of Management Perspectives*, 32(1), pp.104-124

Cohen, S. (2013) What Do Accelerators Do? Insights from Incubators and Angels. *Innovations*, 8(3-4), pp.19-25

GEM (2023) Global Entrepreneurship Monitor 2022/2023 Global Report: Adapting to a "New Normal", pp.1-253

GEM（各年版）Global Entrepreneurship Monitor（https://www.gemconsortium.org/data, 2023 年 9 月 26 日閲覧）

Kirzner, I. (1973) *Competition and Entrepreneurship*. University of Chicago Press

Knight, F. H. (1921) *Risk, Uncertainty and Profit*, Hart, Schaffner, and Marx Prize Essays, No.31. Houghton Mifflin（奥隅栄喜訳〔1959〕『危険・不確実性および利潤』文雅堂銀行研究社）

Mason, C. & Brown, R. (2014) Entrepreneurial Ecosystems and Growth Oriented Entrepreneurship. *Background Paper for Workshop Organized by the OECD LEED Programme and the Dutch Ministry of Economic Affairs on Entrepreneurial Ecosystems and Growth Oriented Entrepreneurship*, pp.1-38

Ojaghi, H., Mohammadi, M. & Yazdani, H. R. (2019) A Synthesized Framework for The Formation of Startups' Innovation Ecosystem. *Journal of Science and Technology Policy Management*, 10(5), pp.1063-1097

Schumpeter, J. A. (1926) Theorie der wirtschaftlichen Entwicklung, 2 Aufl, Duncker & Humblot（塩野谷祐一・中山伊知郎・東畑精一訳〔1977〕『経済発展の理論（上）（下）』岩波書店）

Shane, S. (2008) *The Illusions of Entrepreneurship: The Costly Myths that Entrepreneurs, Investors, and Policy Makers Live By*. Yale University Press（谷口功一・中野剛志・柴山桂太訳〔2011〕『「起業」という幻想―アメリカン・ドリームの現実―』白水社）

Shane, S. & Venkataraman, S. (2000) The Promise of Entrepreneurship as a Field of Research. *Academy of Management Review*, 25, pp.217-226

Timmons, J. A. (1994) *New Venture Creation: Entrepreneurship for the 21st Century, 4th ed*, Irwin（千本倖生・金井信次訳〔1997〕『ベンチャー創造の理論と戦略―起業機会探索から資金調達までの実践的方法論―』ダイヤモンド社）

Zucker, L. G. & Darby, M. R. (2007) Virtuous Circles in Science and Commerce. *Papers in Regional Science*, 86(3), pp.445-470

| 6 章 |

## 事 業 承 継

浜田　敦也

●キーワード
事業承継問題　承継と継承　第二創業（経営革新）　M&A

　企業を経営するのは経営者だが、経営者も人間である以上はいつまでも経営を続けられるわけではない。どこかのタイミングで経営者の交代が必要である。現経営者（交代後は先代経営者）から後継者への経営者交代、すなわち事業承継は企業が存続していくうえでいずれ必要なことといえよう。本章ではこの事業承継について、事業承継に困ることが多い中小企業を対象に考える。

## 1　事業承継と事業承継問題

### 1）事業承継問題の現状

　日本では昨今、中小企業の事業承継に対して大きく注目が集まっている。事業承継というと大企業のお家騒動・権力闘争や後継者による放漫経営などの報道が多く、またとかくイメージされがちだが、実はそれ以上に中小企業の事業承継の方が課題と問題に満ちている。「企業において現在の経営者が事業承継を希望するにもかかわらず、何らかの理由で事業承継できない、もしくは上手く進まない状況に陥っていること」を事業承継問題と呼ぶが、中小企業の多くがこの事業承継問題を抱えているのである。事業承継問題を放置しておけば、経営者の健康問題や死去などの引退に伴う企業の倒産・休廃業・解散につながっていろいろな形で経済や社会に損害をもたらすため、昨今は日本政府も中小企業の事業承継に対して政策的支援を拡充している。加えて最近では、休廃業・解散を選択した企業の過半数が黒字であったことも明らかとなっていて、黒字にもかかわらず企業を畳んでしまうのは事業承継

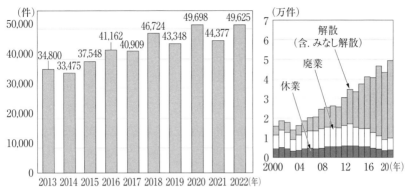

図表 6-1　休廃業・解散件数の推移

注：休廃業とは「特段の手続きを取らず、資産が負債を上回る資産超過状態で事業を停止
　　すること」を指す。解散とは、「事業を停止し、企業の法人格を消滅させるために必
　　要な清算手続きに入った状態になること」を指す。
出所：左：中小企業庁編『中小企業白書　2023年版(上)』p.I-21、第1-1-18図①東京商工リ
　　　　サーチの図。
　　　右：内閣府（2021）『日本経済2020-2021』p.132、第3-2-2図、(1) 休廃業・解散①
　　　　東京商工リサーチの図。

問題が関わっていると考えられ、ますます中小企業の事業承継に対して注目
が集まっている。

　では実際にどれくらいの企業が事業承継問題を抱えているのだろうか。こ
の問いに直接答えるデータは存在しないが、図表 6-1 に示す企業の休廃業・
解散件数の推移から間接的に確認してみたい。東京商工リサーチによる「休
廃業・解散件数の推移」をみると、件数はおよそ年々増加している。2000 年
代初頭は 2 万件程度であったが、徐々に増加していき、2022 年には 4 万 9625
件となっている。件数増加については「みなし解散」と呼ばれる、経営実態
がないので国によって強制的に解散手続きがとられた企業が増えていること
が一因として指摘されている。休廃業・解散を迎える企業のほとんどが中小
企業であることから、中小企業の事業承継問題の増加と深刻化を推定するこ
とができる。

## ２）事業承継とは何か

　続けて事業承継自体の説明に入りたいと思うが、その前に事業承継という言葉について考えておきたい。先に触れたように、事業承継という言葉の一般的な意味は「経営者交代」であるが、なぜ「経営者交代」といわないのだろうか。また事業承継には「承継」という日常では見慣れない言葉が含まれていて、よくよくみると不思議な言葉である。さらには事業承継ではなく「事業継承」と記述している記事や出版物もみられるが、何が違うのだろうか。

　事業承継という言葉を理解するうえでまず考えなければならないのは、「承継」と「継承」という言葉の違いである。この「承継」と「継承」は辞典上では明確な区別がなされているわけではないが、株式や土地・建物などの有形資産の引継ぎ・移譲については「承継」、能力・理念などの無形資産の引継ぎ・移譲については「継承」と、世間では区別して用いることが多い。例えば、「父から子へ土地を承継する」「師匠から弟子へ技能を継承する」という形である。事業承継という言葉は「承継」を含んでいるわけだから、意味合い的には有形資産の引継ぎ・移譲に重点が置かれていることがわかる。ではなぜ事業承継という言葉は「承継」を含むのか。それは日本で事業承継に関する本格的な議論が始まった時期に答えがある。

　そもそも日本では 1980 年に中小企業庁によって中小企業承継税制問題研究会が設置され、事業承継への政策的対応がはじめて本格的に議論された（佐藤 2018）。事業承継という言葉が報道などで一般的に使われるようになるのもこの頃からである。この時期の主な論点は「経営者交代に伴う有形資産の引継ぎ・移譲で発生してしまう相続税・贈与税の負担をいかに減らすか」であり、議論の結果は 1983 年の税制改正へと結実している。つまり、事業承継という言葉の出自をたどれば、有形資産の引継ぎ・移譲に伴って発生する相続税・贈与税の対策に関する議論にたどり着くわけである。だからこそ、事業承継という言葉は「承継」を含み、また単なる「経営者交代」を指す言葉ではないのである。そしてこの出自ゆえ、事業承継に関する議論もしばらくはもっぱら相続税・贈与税の対策に関するものであった。

　しかし経営者交代に際して有形資産が円滑に引継ぎ・移譲されたからと

いって、その後の企業が万事順調に経営されて存続していく保証はない。企業が順調に存続していくためには、「一人前の経営者」となった後継者も必要である。すなわち後継者の経営能力の醸成が重要であり、前に述べた「継承」、つまり能力・理念などの無形資産の引継ぎ・移譲が必要となる。日本では1990年代末から事業承継が再注目されることになったが、そのなかで登場した論点の多くがまさに「継承」に関するものであった。そして再注目を通じて、事業承継という言葉に「継承」の意味合いが付加されていくことになった。

　だが後継者に経営者としての能力が十分にあっても、有形資産の引継ぎ・移譲がなければ会社を意のままに経営することは難しい。結局は「承継」と「継承」、有形資産と無形資産の引継ぎ・移譲は経営者交代において表裏一体の事柄であるといえ、後継者によって企業が万事順調に経営されていくためにはどちらも欠かせないものなのである。よって経営者交代は「承継」と「継承」から成り立つといえ、現在において事業承継という言葉が指す意味は、正確には「『経営者交代』とそれに伴う『承継』『継承』」といえる。

　さらに、事業承継という言葉についてはもう1点注意すべきことがある。事業承継とは、一般的な意味の「経営者交代」に沿って考えればタイミング（時点）の話であり、「2021年3月に事業承継」というように年月日を指定できる行為である。しかし先に述べたように、事業承継は単なる経営者交代ではなく「承継」「継承」という面も含み、この場合は事業承継というプロセス（過程）が議論の対象となる。例えば「2000～2002年に事業承継準備（有形資産・無形資産の引継ぎ・移譲など）」「2002～2005年に現経営者と後継者で共同経営」というように、実際の経営者交代は前後に「承継」「継承」のための準備・調整期間を伴うのである。この観点からは経営者交代の前後に広がる「事業承継プロセス」を識別することができる。2000年代以降に増加した日本国内の事業承継研究は、事業承継をプロセスと捉えるものがほとんどである。

　ここまで説明してきて、事業承継という言葉が単なる「経営者交代」ではないことがわかってもらえただろうか。これまでの説明を整理すると、事業承継とは、経営者交代だけでなくその際の有形資産・無形資産の引継ぎ・移

譲である「承継」「継承」の両面の意味を含み、また経営者交代とその前後に
またがるプロセスとしても理解すべきものである。

### 3）事業承継のパターン

　事業承継はいくつかのパターンにわけることができるが、最も単純なパ
ターンが親族内承継と親族外承継である。

　親族内承継とは、現経営者の親族に企業を事業承継することである。あり
がちなのは親から子へ事業承継するケースであり、「親が子に土地や建物と
いった資産を残す」という一般的な資産相続の延長線上で事業承継が行われ
ることが多い。このパターンは同じ一族で会社の所有と経営を行うような
ファミリービジネス（同族企業）で一般的にみられる。日本企業は大多数が
ファミリービジネスとされているが、ファミリービジネスは世界的にも歴史
的にも数多く存在し、その事業承継のプロセスには同じところが多い。例え
ば、両親が経営する企業を子ども・孫・娘婿などが後継者として引き継ぐ
ケースは枚挙に暇がないが、そこでは社長就任前に自社内で研鑽を積む後継
者の姿もよくみられ、これらはファミリー内や社内で経営者交代への理解を
得るための調整作業ともいえる。最近はこの種のファミリービジネスを対象
とした研究分野であるファミリービジネス論の見地から、事業承継に関する
研究が多数行われている。

　親族外承継は、会社の役員・従業員や顧客・税理士などの関係者、もしく
は全くの第三者に企業を引き継ぐことである。経営者が筆頭株主ではないよ
うな、所有と経営が分離されている企業で一般的にみられるパターンである。
これまで同族による経営を貫いてきた企業（ファミリービジネス）においても、
例えばMBO[1]・EBO[2]・M&A[3]などの手法によって親族外承継は実施されるこ
とがある。最近は事業承継問題の抜本的解決策としてM&Aが注目されて政

---

1　Management Buyout：マネジメントバイアウト。経営陣に含まれるような役員クラス
　が事業承継すること。
2　Employee Buyout：エンプロイバイアウト。従業員が事業承継すること。
3　Mergers and Acquisitions：マージャーズ＆アクイジションズ。企業が他社を合併・買
　収すること。

策的に後押しを受けていること、また日本のM&A市場が活況をみせていることもあって、親族外承継は社会的にも注目されている事業承継のパターンといえる。

　主な2つのパターンを説明したが、それぞれに良し悪しがある。

　まず親族内承継だが、金融機関から経営者保証[4]を設定されているような中小企業では、親族内承継の方が経営者保証を後継者にスライドさせやすく、またそれによって金融機関から事業承継への理解を得やすい。しかし親族内承継では、後継者は経営者として十分な能力・経験を当初は備えていない場合がほとんどであり、後継者育成に時間をとられることがしばしばである。この後継者育成や事業承継準備にかける時間については小さな会社ほど伸びる傾向にあり、およそ3〜10年程度とされる。

　次に親族外承継では、すでにキャリアを確立している人間から後継者を見出すため、十分な能力や社内外からの理解を最初から備えたものが後継者となりやすい。育成・準備が必要な場合でも、事業承継までおよそ1〜3年程度の期間で済むとされ、事業承継問題に困る企業にとっては抜本的な解決策になりやすいといえよう。一方で、これまで全く関係がなかった個人・企業が買収して後継者となる場合など、後継者の属性によっては社内外からの理解を得にくい部分もある。後継者と企業との関係が薄いほど社内外からの理解も薄まっていくため、後継者が円滑に経営を行っていくためには、事業承継前後に関係を構築して理解を求めていく必要がある。また所有と経営が分離していない場合には、後継者が自社の株式や土地や建物といった現経営者名義の事業用資産を買い取る必要があるため、後継者に十分な金銭的余裕がなければならない。

　親族外承継の一つとしてM&Aを用いた事業承継が注目されているが、M&Aを用いた事業承継でもPMI[5]が必要なことが最近では広く知られてい

---

4　経営者保証（個人保証）とは、企業が金融機関から融資を受ける際、経営者個人が自社の連帯保証人となり、保証債務を負うことである。自社倒産時は経営者個人が融資を返済する必要があり、自己破産を迫られるケースが多い。国が経営者保証の解除を進めているが、いまだ多くの中小企業が融資に経営者保証を提供している。また事業承継後においても、先代経営者が経営者保証を提供し続けるケースもみられる。

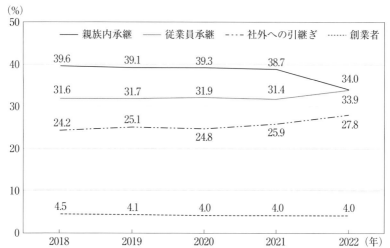

図表6-2　近年事業承継をした経営者の就任経緯

注：親族内承継とは「同族承継」、従業員承継とは「内部昇格」、社外への引継ぎとは「買
　　収」「出向」「分社化」「外部招聘」を指す。
出所：中小企業庁編『中小企業白書　2023年版㊤』p.Ⅱ-128、第2-2-11図。

る。M&A は「後継者を見つける」という点では事業承継問題の手っ取り早
い解決策の一つであるとはいえ、「後継者に企業を十全に経営してもらう」
という点では PMI が必要となり、結局はある程度の時間を必要とする。
　親族内承継と親族外承継という事業承継の主な2パターンを説明したが、
実際にはどちらの割合が多いのだろうか。図表6-2を確認すると、最近は親
族外承継の割合が増しつつある（図表6-2では従業員承継と社外への引継ぎにわか
れている）。これは親族外承継に関する社会的な認知や官民による支援が広が
りつつあること、また事業承継問題が深刻になるなかで親族外承継を選択す
る企業が増えていること、などが理由である。一方で、資産の相続や経営者
の思い入れなどの観点から親族内承継も根強い人気を誇っている。親族内承
継が生み出しやすい「所有と経営の一致」が経営の自由度の高さを生むこと、

---

5　Post Merger Integration：ポストマージャーインテグレーション。M&A 後に行う買収
　企業と被買収企業の統合作業であり、これによって2つの企業の理念や戦略、制度や組織
　のあり方、文化や考え方など、あらゆる面を一つにしていく。

もしくは親族内承継の方が経営理念等の継承が十分に行われやすいことなど、親族内承継が持つメリットも人気の理由であろう。しかし、中小企業では親族内承継にこだわった結果、後継者が見つからない、もしくは後継者が育ち切らずに、倒産・休廃業・解散を余儀なくされるケースもよくみられる。

## 4）事業承継問題の影響

　事業承継問題、またその結末として発生する企業の倒産・休廃業・解散は周りにどのような影響を及ぼすのだろうか。

　第1に雇用への影響である。その企業で働いていた経営者・従業員は職を失うことになる。廃業の仕方によっては従業員に対して給与未払いのまま廃業ということも考えられ、また融資に経営者保証を設定していた場合、経営者は負債を抱えることになる。また商店街内に立地する商店によくみられるように、経営者が事業用建物の2階などに住居を構えている場合、廃業による担保の回収で家を失うケースもある。

　第2に取引先・融資元・顧客への影響である。その企業と取引していた企業・人は発注先を失う、もしくは仕事（受注）を失うことになる。また市場にその企業の製品・サービスが供給されなくなることで、これまで継続して購入していた顧客は代替品を探さなければならなくなる。その企業に融資していた金融機関は融資先を失うことになる。突然の倒産などの場合では、他社や金融機関に負債を発生させることがある。その企業が特定製品・サービスのサプライチェーンに組み込まれていた場合、そのサプライチェーンを通じて生産される製品・サービスのコスト増加や品質ダウンを引き起こしたり、もしくは供給を滞らせたり、悪くいけばサプライチェーンを存続不可にする可能性がある。

　第3に地域への影響である。その企業は立地地域において製品・サービスを供給するだけでなく、税源や社会活動の担い手でもあることが多く、地域に対しての貢献が失われる。衰退する地域においてコミュニティビジネス[6]

---

6　地域課題を解決するビジネスのこと。過疎地域でのコミュニティバスや移動販売の運営が例に挙げられる。

を提供する企業が廃業した場合、地域への影響は多大なものとなるだろう。

　第4に特殊な経営資源への影響である。例えばその会社しか持ち合わせていない技術やノウハウなどが失われる。これら技術やノウハウといった属人的で無形の経営資源については継承作業も重要であり、事業承継が上手くいってもすべて解決するわけではないことには注意が必要である。

　日本経済新聞では中小企業の廃業ラッシュが今後来ることを危惧して「大廃業時代」と銘打った記事を2017年から掲載している（初発は2017年10月6日朝刊1面「大廃業時代の足音　中小『後継未定』127万社　優良技術断絶も。」）。経済産業省の内部試算も記載されているが、2017年の記事段階で、黒字廃業を放置すれば2025年までの累計で約650万人の雇用と約22兆円のGDPが失われると試算されている。また事例を挙げて、廃業によって優良技術が失われることにも警鐘を鳴らしている。これは事業承継や中小企業の「2025年問題」とも呼ばれている。


## 2　事業承継問題の背景・要因

### 1）経営者の高齢化

　事業承継問題はなぜ注目され、また拡大しているといえるのだろうか。理由の一つには前に述べた企業の休廃業・解散件数の増加が挙げられるのだが、もう一つの理由として日本の経営者層の高齢化も指摘されている。経営者が高齢化した結果、健康・体力面や引退時期を考えても事業承継を急がなければならないが上手く進まず、企業の倒産・休廃業・解散のリスクを高めている。もしくは、高齢化によってようやく経営者に、事業承継したいという思いが芽生えた、または事業承継したいという思いが強くなり、急に事業承継を進めようとするが上手く進まない状況が生まれる。

　データをみると日本の経営者層の高齢化は年々悪化の一途をたどっている。帝国データバンクの「全国『社長年齢』分析調査」の2022年版では、社長の平均年齢は60.4歳であり、1990年の54.0歳から32年連続で上昇し続けて過去最高を更新している。平均年齢の上昇速度は緩まっているものの、いまだ

図表 6-3　年代別にみた、中小企業の経営者年齢の構成

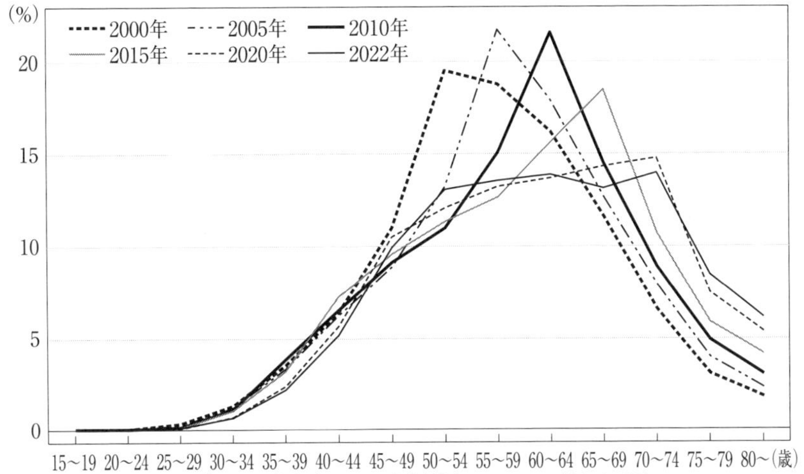

出所：中小企業庁編『中小企業白書　2023年版(上)』p.II-128、第2-2-2図。

高齢化が進んでいる状況である。

　経営者の高齢化については悪化し続けているものの、図表6-3に示すように、実は年齢構成の面では改善がみられている。2000～2015年の経営者年齢の構成は険しい山のように特定の年齢層が突出して多いものであったが、2020年からは台地のようになだらかになっている。2000～2015年に多かった年齢層は団塊の世代[7]であり、この世代が長らく中小企業経営者として活躍してきたが、昨今では事業承継や倒産等によって経営者の立場から退きつつある。次世代として多くなると予想されるのは団塊ジュニアの世代[8]であり、2022年のデータではすでに山ができつつある。

　経営者の高齢化によって発生する事業承継問題の主な原因は、経営者がまだ若いときにこれまで事業承継を積極的に進めてこなかった、もしくは先延ばしにしてきたことである。小さな会社ほど目の前の仕事や現業に対して経

---

7　1947～1949年の第1次ベビーブーム期に生まれた世代のことを指す。年齢としては
　2000年に50代前半を迎え、2020年に70代前半を迎えた世代。
8　1971～1974年の第2次ベビーブーム期に生まれた団塊の世代の子どもの世代のことを
　指す。年齢としては2022年に50代前半を迎えた世代。

営者がかかりきりになり、ほかに仕事を任せられる人がほぼいないような未熟な分業体制のために経営者には事業承継を考える余裕がなく、事業承継について考えることをギリギリまで先延ばしにしているケースが散見される。これは自社内で事業承継の進め方が形成されていないことや事業承継の前例が十分に蓄積されていないことも影響している。事業承継について考えることがあっても、自社の業績が不安定であることや将来の見通しが不透明であることから、事業承継を進めるのに積極的になれないケースも多い。また、創業者に多いが、自社に愛着を持ちすぎた結果、経営者が事業承継を嫌がるケースも多い。経営者には定年退職という制度がないため、業績面で経営が行き詰まるか、自発的に自社を畳む道を選ばなければ、それこそ死ぬまで経営者として働くことが可能である。老後の資金がなく、生きていくために働き続けているケースも多い。なので、生業的に経営者が長年経営を続けてきた小さな企業ほど、また何代も続いているわけではない企業ほど、経営者の高齢化を理由とする事業承継問題に苦しむのである。

## ２）後継者不在

　事業承継問題の主な理由としてもう一つ指摘されるのは、後継者不在（不足）である。親族内承継を根強く望む経営者が多い日本では、親として子どもに自社を継いで欲しい経営者がいる一方で、子どもは経営に興味がなく、ミスマッチが発生しているケースが多い。子どもが経営に興味がないのには、親の仕事ぶりをみていて経営者の仕事量の多さや責任の重さなどに辟易しているケースや、自分のやりたい仕事等がほかにあるケースがある。またそもそも経営者に子どもがいないケースもある。経営者としては親の立場で、会社は自分の生きがいや生きてきた証拠であると同時に培ってきた資産でもあるので、親族内承継を望む声が大きい。特にこれまで親族内承継で存続してきた企業では、親族内承継が志向されやすい。

　後継者不在率についてはいまだ十分に改善されたとはいえないものの、図表6-4に示すように昨今は改善傾向にある。中小企業庁（2023）では、事業承継が進んだことが改善の要因であると分析している。後継者の選定状況は現

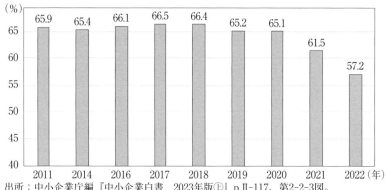

図表6-4　後継者不在率の推移

出所：中小企業庁編『中小企業白書　2023年版⊕』p.Ⅱ-117、第2-2-3図。

　経営者の年齢が増すほどにすでに後継者が決まっている割合も高まるが、現経営者年代別での後継者不在率でみると、現経営者が60代では37.7％、70代では29.8％、80代以上では23.4％となっており、まだまだ高齢経営者において後継者不在の状況が残っていることがわかる（帝国データバンクによる「全国『後継者不在率』動向調査（2023年）」の結果による）。


## 3　事業承継と経営革新の関係

### 1）後継者による新しい経営

　これまでの説明では、事業承継を企業経営にとって超えるべき課題・問題と捉えてきたが、実は事業承継を契機に成長する企業も多い。事業承継を境にして後継者によって新しい経営や経営革新が進められ、それが企業に成長をもたらすのである。つまり事業承継は発展のチャンスとも捉えることができる。最近では後継者による経営革新のことを第二創業と呼ぶ。

　そもそも第二創業は企業が新しい経営・事業を進めていくときに、それを表す言葉や標語として昔から用いられてきた。事業承継との関係で第二創業が本格的に議論されるようになったのは、2001年に設置された事業承継・第二創業研究会からである。「後継者による第二創業を後押ししたい」という

のが本研究会の目的の一つであった。第二創業はいろいろな意味で利用される概念であるが、事業承継に絡めた場合の意味は、中小企業庁による2001年の事業承継・第二創業研究会の「事業体の継続・発展のために　中間報告」では「既存の事業体が、従前の事業を円滑に維持すること（狭義の事業承継）のみならず、新たな技術や市場に進出して事業を大きく発展・変革させること」(p.32) や「経営資源を活かした後継者による新規事業の展開」(p.2) と説明されている。

　また経営革新自体は中小企業基本法において、「新商品の開発又は生産、新役務の開発又は提供、商品の新たな生産又は販売の方式の導入、役務の新たな提供の方式の導入、新たな経営管理方法の導入その他の新たな事業活動を行うことにより、その経営の相当程度の向上を図ること」(第2条2項) と定義されており、この定義が一般的にも用いられている。なおこの定義は、シュンペーター (J. A. Schumpeter) が提唱した「新結合（イノベーション）」の概

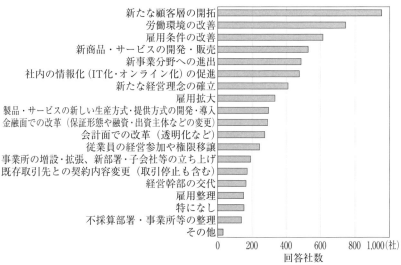

図表6-5　事業承継後に後継者が取り組んだ活動

注：本データは筆者と (株) 日本M&Aセンターの共同で実施したアンケート調査の結果である。調査は近畿圏の中小企業を対象として、2021年5月に郵送にて実施した。本問は複数回答の質問である。
出所：筆者作成。

念を参考にしており（Schumpeter 1926）、彼は「新しい財貨」「新しい生産方法」「新しい販路」「原料あるいは半製品の新しい供給源」「新しい組織」（Schumpeter 1977〔上〕p.183）を例として挙げている。間違えやすい部分として注意して欲しいが、「新しい販路」は新市場・事業への進出を指し、「新しい組織」は独占的地位の形成・打破を指す。

## 2）後継者による取組の内容

　第二創業、すなわち後継者による新しい経営や経営革新とは具体的にはどういった内容なのだろうか。事業承継後に後継者が取り組んだ活動について図表6-5で確認したい。

　まず目につくのは第1位の「新たな顧客層の開拓」である。回答者数が飛び抜けて高いが、これは取り組みやすい活動であることも関係しているだろう。次に上位であるのは「労働環境の改善」「雇用条件の改善」である。一般的に経営革新とされる取組については、「新商品・サービスの開発・販売」は第4位、「新事業分野への進出」は第5位、「製品・サービスの新しい生産方式・提供方式の開発・導入」は第9位となっている。いわゆる第二創業が後継者にとって簡単に取り組めるような内容ではないことがうかがえる。

## 4　事業承継に関する公的な支援のあり方

　ここまでも折に触れて説明してきたが、中小企業の事業承継が注目されるなかで日本政府によって様々な事業承継支援が講じられ、中小企業の事業承継に対して影響を与えてきた。中小企業の事業承継を理解するうえで、公的な事業承継支援の流れを知ることは重要である。事業承継に関係する公的な出来事の年表に沿い（図表6-6）、ターニングポイントとなったタイミングに絞って説明する。

　第1に、事業承継の公的な議論が始まったタイミングである。前で述べたとおり、日本では1980年に中小企業庁主導で中小企業承継税制問題研究会が設置され、第二次世界大戦後に創業した中小企業に関する事業承継支援が

図表 6-6　主要な事業承継関連研究会および法制・施策の年表

| 年月 | 出来事 |
|---|---|
| 1980 年 | 中小企業承継税制問題研究会 |
| 2001 年 6〜7 月 | 事業承継・第二創業研究会 |
| 2004〜2005 年 | 事業承継関連法制等研究会 |
| 2006 年 6 月 | 事業承継ガイドライン策定・公表（事業承継協議会の検討成果） |
| 2008 年 5 月 | 経営承継円滑化法成立・公布 |
| 2008 年 6〜9 月 | 信託を活用した中小企業の事業承継円滑化に関する研究会 |
| 2011 年 4 月 | 事業引継ぎ相談窓口・支援センター設置開始（2011 年産活法改正に基づいた支援） |
| 2015 年 3 月 | 事業引継ぎガイドライン策定（中小企業向け事業引継ぎ検討会の検討結果） |
| 2016 年 12 月 | 事業承継ガイドライン改訂（事業承継を中心とする事業活性化に関する検討会と、事業承継ガイドライン改訂小委員会の検討結果） |
| 2017 年 7 月 | 事業承継 5 ヶ年計画策定 |
| 2018 年 4 月 | 事業承継税制の大幅変更（10 年間限定の特例措置） |
| 2019 年 12 月 | 「第三者承継支援総合パッケージ」策定 |
| 2020 年 3 月 | 中小 M&A ガイドライン策定（「事業引継ぎガイドライン」改訂委員会の検討結果） |
| 2020 年 6 月 | 事業承継・引継ぎ支援センターの発足（2020 年産業競争力強化法改正に基づいた統合） |
| 2020 年 9 月 | 中小企業成長促進法成立・公布 |
| 2022 年 3 月 | 事業承継ガイドライン改訂（事業承継ガイドライン改訂検討会の検討結果） |
| 2022 年 3 月 | 中小 PMI ガイドライン策定（中小 PMI ガイドライン策定小委員会の検討結果） |
| 2023 年 9 月 | 中小 M&A ガイドライン改訂 |

出所：浜田（2021）を一部改変。

はじめて本格的に議論された。議論内容は主に相続税・贈与税の優遇措置についてであり、この研究会の報告書をもとに 1983 年に税制改革が行われ、「小規模宅地等の相続税の課税特例の法制度化」と「取引相場のない株式の評価減を図る財産評価基本通達大改正」という初期の事業承継税制が導入された。これら事業承継に関する初期の議論が税制に関するものであったこと

## 小規模企業の M&A の難しさ

　本章で述べたように、事業承継問題の解決策として最近注目されているのが M&A である。各都道府県には公的支援機関として事業承継・引継ぎ支援センターが設置されており、親族内承継や M&A を含めた第三者承継に対する支援を提供している。本センターを通じて第三者承継を進めて買収されるのは主に小規模企業であり、成約譲渡企業に占める小規模企業の割合は 2021 年度実績で約 70 ％となっている。小規模企業は日本企業の大多数を占める存在であり、また事業承継問題に苦しみやすい規模感でもあるからであろう。

　しかし、小規模企業における M&A の成立は容易なものではない。M&A に際してはプラットフォームなどを通じて買収する側となる個人・企業（譲受企業）を探すことになるが、マッチングは成立しにくい。地域住民や製品を長年愛顧してきた顧客、長年付き合ってきた取引先や税理士・会計士など、つながりの深い個人・企業が買収するケースがよくみられるが、そんな個人・企業でもマッチングさせるのには時間と手間を要するうえ、地方部になるほどに潜在的な買収する側は減少する。さらに小規模企業は経営してもサラリーマンの平均年収に届かない収益しか得られないところも多く、赤字を抱える企業も多いため、買収を希望する個人・企業はそもそもとして少ない。だが地方部になるほど、そういった小規模企業がガソリンスタンドや商店などを営んで地域を支えていて、廃業すれば生活必需品の不足など、地域に大きなダメージを及ぼす。

　事業承継支援に関わるとある支援者は「赤字の企業は誰も欲しがらない。速やかな廃業をお勧めするしかない」と肩を落として話した。

が、その後の事業承継政策に大きく影響を与えている。

　第 2 に、事業承継が再度注目されることになったタイミングである。2001年に中小企業庁長官主催で設置された事業承継・第二創業研究会において、事業承継支援に関する議論が再度交わされた。ここで提示された支援政策には「経営者の戦略策定を支援する機能・体制の充実」「経営者を育成する教育機会の充実」「第二創業者の経営革新を支援する方策の強化」「M&A などに関する経営者の一層の理解促進」「相続税・贈与税の税率構造の見直し」などがあり、特に後者 3 つの方向性が政策として注力されていくことになった。

　第 3 に、事業承継支援に関する法律がはじめて制定されたタイミングであ

る。2008 年に中小企業における経営の承継の円滑化に関する法律（経営承継円滑化法）が成立・公布され、事業承継税制を中心に豊富化・具体化されることとなった。法の内容は「遺留分に関する民法の特例」「金融支援（融資・信用保証のための認定付与）」「税制支援（納税猶予・免除のための認定付与）」「所在不明株主に関する会社法の特例（株式特例買取のための認定付与）」から構成される。

　第 4 に、中小企業基本法に事業承継の内容が盛り込まれたタイミングである。2013 年に中小企業基本法の改正が行われたが、そこで条文に事業承継の発想が追加された。具体的には「国は、中小企業者の事業の再建、承継又は廃止の円滑化を図るため、事業の再生のための制度の整備、事業の承継のための制度の整備、小規模企業に関して実施する共済制度の整備その他の必要な施策を講ずるものとする」（第 24 条 4 項）にみられる。条文への事業承継の発想追加は、事業承継対策が単なる一過性の取組で終わるものでなく、継続して今後も対策していくべきものという認識の表れであるだろう。

　2010 年代からの事業承継関連政策は M&A 支援・推奨に大きく舵を切っている。M&A による事業承継問題の解決というのは、元々 2001 年の事業承継・第二創業研究会で提示された支援政策の一つであった。しかし年々、事業引継ぎ相談窓口・支援センター（2011 年）や中小 M&A ガイドライン（2020 年）など、M&A に関する政策が展開されており、明らかな注力がみられる。

　M&A による事業承継に問題があるわけではない。事業承継問題は後継者不在が一因であり、後継者を見つけても長期の育成が必要となるわけだから、育成不要の優れた経営者に自社を買ってもらう M&A は一気に事業承継問題を解決する方法であるといえる。しかし、M&A はあくまで事業承継問題の解決策の一つであり、事業承継問題を抱えるすべての経営者が M&A による解決を望んでいるわけではないことにも注意しなければならない。最初から経営者が M&A による解決を望んでいるわけでなければ、親族内や親族外で後継者を探して育成して継いでもらうための策があらねばならないだろう。

## 練 習 問 題

1　自分の住んでいる地域に立地している企業など、身近な中小企業の事業承継や事業承継問題の事例について調べてみよう。
2　事業承継問題やその果ての倒産・休廃業・解散はどんな影響を及ぼすだろうか。本章で説明したことも含めて、社会全体・地域・社内・ファミリーなど、いろいろな対象に及ぼす影響を考えてみよう。
3　あなたが後継者として中小企業を事業承継するとしたら、何に気をつけて事業承継するだろうか。他章で説明された中小企業の特徴も考慮して考えてみよう。

●推薦文献

落合康裕（2019）『事業承継の経営学―企業はいかに後継者を育成するか―』白桃書房
　ファミリービジネス論の先行研究を中心に整理しつつ、事業承継に際して気をつけるべきことをわかりやすくまとめた良著。

三井逸友・高橋美樹・塩見正洋（2002）『中小企業の世代交代と次世代経営者の育成（調査報告書 No.109）』中小企業研究センター
　中小企業論の立場から事業承継を考えた草分け的な研究であり、後継者育成で考えておくべきことを示す良著。

●引用文献

佐藤憲（2018）「事業承継をめぐる戦後中小企業政策史―1980年代以降の変化に焦点を当てて―」『法政大学大学院紀要』第81巻、pp.141-153
中小企業庁編（2023）『中小企業白書 小規模企業白書　2023年版㊤―変革の好機を捉えて成長を遂げる中小企業―』日経印刷
内閣府政策統括官（経済財政分析担当）（2021）『日本経済2020-2021―感染症の危機から立ち上がる日本経済―』日経印刷
浜田敦也（2021）『経営者のスキルに注目した事業承継過程の分析―製造業種中小企業を対象に―』大阪市立大学博士論文
Schumpeter, J. A. (1926) *Theorie der wirtschaftlichen Entwicklung*, Duncker & Humblot（塩野谷祐一・中山伊知郎・東畑精一訳〔1977〕『経済発展の理論（上）（下）』岩波書店）
中小企業庁事業承継・第二創業研究会（2001）「事業体の継続・発展のために　中間報告」（https://www.chusho.meti.go.jp/koukai/kenkyukai/kenkyu/download/jigyotai.pdf）

# 第 3 部

## 地域からはばたく中小企業

# 7 章

## 地場産業と中小企業

長谷川英伸

●キーワード
産業集積　社会的分業　産地メーカー　産地問屋　製品の差別化

　本章では、地場産業の分業構造と中小企業（産地企業）の動向について説明していく。地場産業は日本各地に存在しており、地域性を帯びた製品を製造・販売している。その製品は主に日用品が多く、我々の生活を支えている。しかし、一部の地場産業は日本経済の構造変化により年々、生産高、事業所数、従業員数が減少し、衰退している。地場産業を構成している中小メーカー（産地メーカー）のなかには、自社の存立維持をかけて製品のブランド化を目指し、デザイン性を有した高品質なものづくりを可能としている企業もある。以上の事柄に関して、日本経済の構造変化、地場産業の分業構造、中小企業（産地企業）における製品の差別化について触れていく。

## 1　中小企業と産業

### 1）地域の産業

　本章では、地域における中小企業の役割と存立意義について説明していく。中小企業は、日本各地において、北は北海道から南は沖縄県に至るどの地域にも存立しており、地域経済の主体となっている。地域の経済圏には、産業集積が存在しているケースがあり、その代名詞が地場産業といえる。地場産業とは、平たくいえば地域性を活かしたものづくりを中小企業間の分業によって製造・販売している集積地である。

　地場産業は、地域経済を支える存在として、中小企業研究において重要視されてきた。政策的な視点としては、地場産業を構成している業種に属する

地域の中小企業が対象となる。地場産業の歴史は古く、日本のものづくりを支え続けている。第二次世界大戦以後、地場産業は日本の高度経済成長期[1]とともに発展してきた。

　既述しているとおり、中小企業は日本国内に多く存立しており、日本各地の地域経済を支えている。その地域経済の活性化等について取り上げられるとき、産地企業に注目できる。産地企業は独自に蓄積された経営資源から存立基盤を強化している存在ともいえ、その産地企業がある業種で特定の地域で企業集団を形成している産業を地場産業と捉えることができる。地場産業は 1970 年代から 1980 年代にかけて、低経済成長期を迎えた日本経済のなかで、「地方の時代」といわれた時期に、中小企業対策としてだけでなく、地域振興・活性化の中核として地場産業の見直しが強調されてきた（佐竹 2008）。このように地場産業は当時の日本経済を支える存在として政策的にも注目されてきた。中小企業論の範疇においても地域経済を支える地場産業を対象とした研究は数多く存在する（長谷川 2012a）。

## ２）地場産業の構造変化

　地場産業を理解するためには、地場産業を構成している産地企業の分業構造に着目し、その分業構造によって産地企業は、自社の存立基盤にどのように関連しているかを考える必要がある。産地企業はある特定の地域に同業種の企業と集積しており、また何世代にもわたって世襲して存立しているケースが多く、産地企業間の関係性は深い。

　しかし、今日において産地企業を取り巻く経済環境は厳しさを増しており、従来どおりの地場産業における分業構造も変化している。その変化している分業構造に対応するために、産地企業は産地外企業との分業を推し進めていく現状がある。いかに産地企業が自社の存立維持を可能とするような経営行動を行うのかが重要となる。では、地場産業とは一体いかなる存在なのかを

---

1　日本の経済が 1955 年から 1973 年にかけて、急成長している時期のこと。同時期には、一般家庭にテレビ、洗濯機、冷蔵庫の普及率が高くなっている。これらの家電製品は、当時「三種の神器」と呼ばれていた。

第2節で詳しく説明していく。


## 2　地場産業とは

### 1）地場産業の構造

　地場産業とは何なのか。地場産業は、ある一定の地域内に同業種が集まり、共通した製品を製造し、販売している産業である（佐竹 2008）。地場産業は、中小企業が役割分担を行い、製造・販売している。製造に携わる中小企業は、部品を製造するものや部品を集めて組み立てるメーカーが存在する。また、製品を流通させる産地問屋、部材等を提供する材料商も存在する。産地企業は地場産業のなかで企業間関係を構築し、その産地由来の製品を製造・販売している。産地企業同士の企業間関係に着目すると、産地問屋を中心としたピラミッド構造が多くみられ、製造業者、下請加工業者、材料商等がピラミッド構造の下位層に位置づけられる（山崎 1977）。

　様々なステイクホルダー[2]が分業を行うことで成り立っていることを「社会的分業[3]」という。地場産業は、社会的分業構造といってもよい。地場産業は、地域の雇用、付加価値を創出し、地域経済と密着した存在であり、製品の企画、生産、販売、仕入、金融等の経済的・経営的な機能のすべてを産地内の企業群が総合的に、あるいは個々の企業が専門的に備えている（山崎 1977）。つまり、経済的・経営的な機能を保持することで、地域性を

図表7-1　地場産業のピラミッド構造

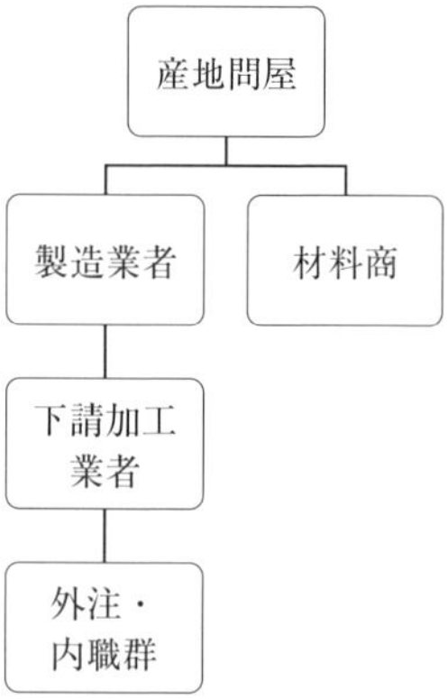

出所：筆者作成。

---

2　企業の活動において、関係性を持つ顧客、取引先、従業員といった利害関係者のことである。

3　社会のなかで仕事の専門分化が存在し、労働者が職業別にわかれて従事すること。例えば、地場産業では、細分化された生産工程で専門性を保持した各労働者が担当している生産体制を社会的分業という。

活かした製品づくりが可能となっている。

　地場産業は、「柔軟な専門化（Flexible Specialization）」として規模の経済性を追求した大量生産体制に代わる経済成長のプレイヤーとして考えられるようになる（Piore & Sable 1984）。つまり、「第3のイタリア[4]」と呼ばれた地域では、産地内での組織間ネットワークの形成が存在している、「柔軟な専門化」とは、同業種のなかで専門に特化した産地企業で、生産要素の再配置しながら生産する方式である。地場産業の発展については、イタリアはフレキシブルな労働力と生産ネットワークに基づいて、伝統的な技術を土台にイノベーションを展開している（石倉 1999）。

　第1次石油ショック後の経済成長における回復過程が良好に達成されていた日本、イタリア等の諸国に注目が集まり、それらの諸国に共通した特質である専門家による生産体制である。この生産体制は、消費者のライフサイクルが多様化し、市場構造は個性化するという質的変化に対応するためである。

　地場産業は、大量生産体制とは異なり、保有する生産に必要な資源を再配置することによって、生産工程におけるイノベーションを継続的に引き起こし、多品種少量生産を実現するために市場の変化に「柔軟性（Flexibility）」をもって、生産に必要な資源の再配置を行いながら、自己の事業範囲に特化し、「専門化（Specialization）」している。

## ２）地場産業の現状

　地場産業は、日本経済の停滞期に突入すると様相が変わってきている。海外製品の日本市場への浸透、消費者の多様な嗜好性等の影響により、従来の地場産業の製品は市場に受け入れられなくなってきた。中小企業が製造した製品は、海外製品よりも高価となり、デザインに関しても規格化されたものでは、消費者からすると魅力的に映らなくなった。その結果、地場産業の生産高等は低迷している。

　地場産業は、1950年代以降の高度経済成長期には、ニーズの高まりによっ

---

4　工業化が進んだイタリア北部の都市、農業が盛んなイタリア南部の都市とは異なり、伝統工業が発達した中部・北東部の地域のことを指す。

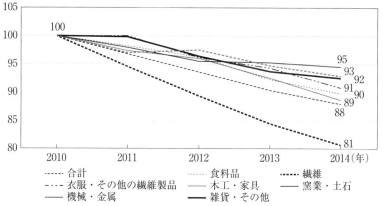

図表 7-2　企業数の推移 (n=109)

出所：日本総合研究所 (2016) の一部を加工。

て、日本のみならず海外製品を流通させていた。その時代は、第1節でも触れたように日本経済の発展があり、地場産業にもよい影響があった。ただし、1980 年代以降は、日本経済の低迷、廉価な海外製品の流入、消費者の嗜好変化等によって、地場産業の製品は、苦難な時代を迎えることになる。1990 年代以降、地場産業の企業数、生産高は減少傾向にあり、2010 年代に入っても、減少の歯止めはかかっていない (図表7-2、図表7-3)。

　以上のような現状が地場産業には存在するが、地場産業は、歴史が古く江戸時代よりも前から存在しているものもあり、地域経済を支えてきた存在である。日本経済は、都道府県に存在する地域経済の集合体であり、地域経済の発展には、地場産業の力が必要となる。地場産業を支えている中小企業は、自社の存立維持を図るために、様々な経営行動を実践している。例えば、産地メーカー (中小企業) は、自社製品のデザイン開発を行い、製品の差別化を行っているケースがある。地場産業は、元来日用品の製品を製造・販売しており、私たちの生活に密着している。地場産業に属している中小企業は、私たちが使用する日用品を支えており、身近な存在である。

　改めて中小企業と地域の関係性とは、どのようなことがいえるのか。地域には、文化、伝統、風土、住民等が存在し、その特性の影響を受けているの

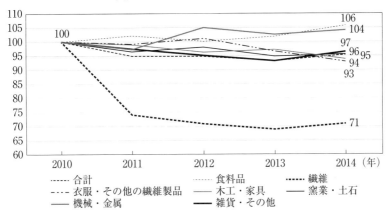

図表7-3　生産額の推移（n＝109）

----- 合計　　　　　　　　　　食料品　　　　　　　繊維
---- 衣服・その他の繊維製品　　木工・家具　　　　　窯業・土石
―― 機械・金属　　　　　　　　雑貨・その他

出所：日本総合研究所（2016）の一部を加工。

が、中小企業である。例えば、中小商業であれば、商店街の存在がある。商店街は地元住民の生活に必要な商品を販売している。

　中小製造業では、地域内の工場で製品を製造し、その製品を主に地域外に出荷している。中小製造業は、中小商業よりも地域住民に認知されているかというと、そうではない一面がある。中小商業は地域住民向けの商品を取り扱っているが、中小製造業は、中間財、つまりは部品を製造しているケースが多い。地域住民が部品を購入するケースはほとんどない。

　地域の特性を活かし、長年培われてきたものづくりの拠点である地場産業を紐解いていくことで、地域と中小企業の関係性がみえてくる。以下からは、地場産業の集積地としてのメリットとデメリットについて触れていく。

## 3　集積地の現状

### １）地場産業の集積地としての意義

　日本総合研究所（2016）[5]では、産地集積のメリットに関して調査を行って

5　中小企業庁の委託調査である。国内における578の産地を調査対象としている。

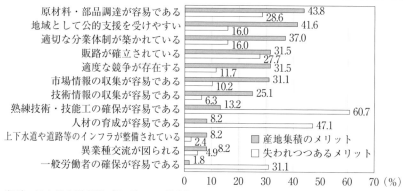

図表 7-4　産地集積のメリット（n=219）、失われつつあるメリット（n=208〔複数回答可〕）

| | |
|---|---|
| 原材料・部品調達が容易である | 43.8 / 28.6 |
| 地域として公的支援を受けやすい | 41.6 / 16.0 |
| 適切な分業体制が築かれている | 37.0 / 16.0 |
| 販路が確立されている | 31.5 / 27.7 |
| 適度な競争が存在する | 31.5 / 11.7 |
| 市場情報の収集が容易である | 31.1 / 10.2 |
| 技術情報の収集が容易である | 25.1 / 6.3 |
| 熟練技術・技能工の確保が容易である | 13.2 / 60.7 |
| 人材の育成が容易である | 8.2 / 47.1 |
| 上下水道や道路等のインフラが整備されている | 8.2 / 2.4 |
| 異業種交流が図られる | 4.9 / 8.2 |
| 一般労働者の確保が容易である | 1.8 / 31.1 |

出所：日本総合研究所（2016）の一部を加工。

いる。図表 7-4 の回答結果の上位項目をみると、「原材料・部品調達が容易である」が 43.8 %、「地域として公的支援を受けやすい」が 41.6 %、「適切な分業体制が築かれている」が 37.0 %、「販路が確立されている」が 31.5 %、「適度な競争が存在する」が 31.5 %、「市場情報の収集が容易である」が 31.1 %、「技術情報の収集が容易である」が 25.1 %となっている。地場産業の集積地として考えられるメリットとしては、「原材料・部品調達が容易である」が最も割合が多く、その背景には産地内での企業間取引による部品調達が可能となっており、分業体制の存在がメリットとして受け止められている。

　一方、図表 7-4 の地場産業における失われつつあるメリット項目をみると、上位の項目だと「熟練技術・技能工の確保が容易である」が 60.7 %、「人材の育成が容易である」が 47.1 %、「一般労働者の確保が容易である」が 31.1 %となっている。人材が集積地に集まりやすい傾向があったものの、現在では中小企業の人材確保難が課題となっている。つまり、熟練技術・技能工、一般労働者の確保や人材育成の容易さが困難となっている理由には、地方からの都会への人口流出によって、主に若い世代等が地元で就職しないことが考えられる。

　図表 7-4 をみてきたとおり、地場産業は人材に関して課題が存在している。次に図表 7-5 の地場産業のものづくりに欠かせない技術・技能の継承につい

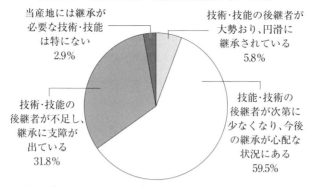

図表 7-5　産地の技術・技能の継承状況（n=242）

当産地には継承が
必要な技術・技能
は特にない
2.9%

技術・技能の後継者が
大勢おり、円滑に
継承されている
5.8%

技術・技能の
後継者が不足し、
継承に支障が
出ている
31.8%

技能・技術の
後継者が次第に
少なくなり、今後
の継承が心配な
状況にある
59.5%

出所：日本総合研究所（2016）の一部を加工。

図表 7-6　分業体制の 5 年前との比較（n=242）と 5 年後の見込（n=187）

5年前との比較　34.8　5.2　25.2　34.8

5年後の見込　42.2　24.6　17.6　15.5

0　20　40　60　80　100（%）

- 産地内での分業が一部困難となり、製造に支障が出ている
- 産地外を含めた分業体制の見直しや合理化により支障はない
- 産地内の分業は変化せず残っている
- もともと分業体制はない

出所：日本総合研究所（2016）の一部を加工。

て触れていく。回答割合が最も高いのは、「技術・技能の後継者が次第に少なくなり、今後の継承が心配な状況にある」の 59.5 ％となっている。また、「技術・技能の後継者が不足し、継承に支障が出ている」は 31.8 ％であり、すでに地場産業では、技術・技能を引き継ぐ人材不足は深刻化している。地場産業の人材不足は、地場産業に存立している中小企業の事業継続を困難なものとしており、地場産業のメリットであった産地内企業関係が変化している。以下では、図表 7-6 をみていく。

　産地内分業体制の 5 年前と比較した場合、一番割合が大きいのが「産地内

での分業が一部困難となり、製造に支障が出ている」の34.8％である。地場産業の中小企業が減少しており、産地内での企業間関係が変化し、従来の取引ができなくなっている。ただ、「産地内の分業は変化せず残っている」が25.2％もあり、地場産業間での差が生じている。残りの項目では、「産地外を含めた分業体制の見直しや合理化により支障はない」は5.2％、「もともと分業体制はない」が34.8％となっている。

　次に現時点から5年後と比較した場合、「産地内での分業が一部困難となり、製造に支障が出ている」の42.2％が最も高く、5年前と比較して34.8％→42.2％の7.4ポイント増加している。次に割合が高いのが「産地外を含めた分業体制の見直しや合理化により支障はない」の24.6％である。残りは「産地内の分業は変化せず残っている」が17.6％、「もともと分業体制はない」が15.5％の順となっている。「産地外を含めた分業体制の見直しや合理化により支障はない」は5.2％→24.6％の19.4ポイントと大きく増加し、「産地内の分業は変化せず残っている」が25.2％→17.6％の7.6ポイントと減少していることがわかる。地場産業内での分業が成り立たない理由の根拠として、図表7-7を示す。

　産地内での分業が一部困難となって製造に支障が出ている理由は「産地内企業の倒産・廃業」が74.5％、「産地内企業の事業縮小」が61.7％、「産地内

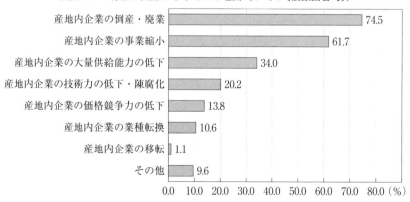

図表7-7　分業が困難になっている理由（n＝94〔複数回答可〕）

出所：日本総合研究所（2016）の一部を加工。

企業の大量供給能力の低下」が34.0％、「産地内企業の技術力の低下・陳腐化」が20.2％の順に高くなっている。既述しているとおり、産地内分業構造は、産地企業数の廃業等による減少、産地企業の売上高減少の影響を受けて、従来の取引関係を維持できていない可能性が高い。

　以上のように、地場産業における集積のメリットは存在しているが、一方でメリットを享受できなくなっている現状もある。5年後には、産地内での分業構造が維持できなくなるとする回答割合も高くなっている。

## ２）地場産業の変容

　各地域に存在している地場産業は、多くの課題を抱えている。地場産業はこのまま衰退していくことになるのだろうか。地場産業は業種転換しながら存立している歴史がある。地場産業を取り巻く経済・経営環境に対応するために、産地企業のなかには自らの変容を検討し、実現に向けて動き出しているケースがある。例えば、産地メーカーは産地内外の新たなネットワークを構築し、分業構造の変化をもたらしている。産地メーカーは地場産業内に存在する地域資源（ヒト、モノ、技術、文化）と地場産業外の地域資源を活用し、取引先を拡充している。

　地場産業は新たな分業構造を構築することによって、時代に求められる価値を創造している可能性がある。地場産業の分業構造は、地場産業内でのものづくりから地場産業外とのものづくりに移行しつつある。既述してきたとおり、地場産業内の人手不足、取引先の減少等によって、従来型のものづくりを維持することは現実的ではない。地場産業は不足している経営資源を地場産業外から調達し、補完的に使用することで、従来生み出せなかったものづくりを可能とする。

　一方、地場産業の構成員としては、産地問屋の存在も忘れてはいけない。産地問屋は産地メーカーが製造したモノを日本全国、海外に流通させる役割を担っている。日本の高度経済成長期には、産地問屋の流通機能を発揮し、地場産業の発展を支えていた。産地問屋は消費者のニーズを把握しやすい立場であり、販売先の反応を理解し、産地メーカーに対してものづくりのデザ

イン、機能に反映させていた。ただ、産地問屋は特に1990年代以降の日本経済の疲弊とともに、産地メーカーとの取引関係に変化が生じた。産地問屋は、日本経済のデフレによって、製品の価格調整を余儀なくされた。産地問屋は従来から産地メーカーに対して、製品価格に関与してきた歴史があり、産地メーカーに価格調整を要請することになるが、大きな値下げは不可能であった。

　産地問屋は、モノの値段が安いものを追い求めた結果、海外製品（特に中国製）に手を出すようになった。その流れが強くなると、産地問屋は産地メーカーの製品を扱う量を減らしていった。その結果、産地メーカーと産地問屋の分業構造は、変化せざるを得ない状況になったのである。地場産業は産地メーカーと産地問屋との取引関係が変化すると、産地メーカーは、自社で販売先を考えて行動することになる。以下では、地場産業の産地メーカーと産地問屋の取引関係が変化しているなかで、両者の関係性が注目されている豊岡カバン産地の構造を紹介する。


## 4　産地メーカーと産地問屋

　豊岡カバン産地は、豊岡市を中心とする但馬地区に自生していた「コリヤナギ」を原料とした柳行李の製品開発からその歩みが始まった。豊岡カバン製品にとっての大きな転換期は、第二次世界大戦後の1949年頃である。その頃に、ファイバーを使用したファイバー鞄製品が生産高の大きな比重を占めるようになった。その後豊岡カバンは、高分子化学工業の発展によって塩化ビニールレザー、ナイロン、合成皮革、人工皮革等の素材の変遷をたどっている。

　豊岡カバンの製造工程は、第1に企画会議、第2にデザイン作業、第3に型紙づくり、第4に金型づくり、第5に裁断、第6に印刷、第7に裁縫、第8に仕上げ、となっている。豊岡カバンの製造工程は一つの生産工場で完成させるのではなく、外注加工とする分業生産体制で主に構成されている。

　図表7-8をみてみると、産地問屋、メーカー（以下、産地メーカー）は販売機

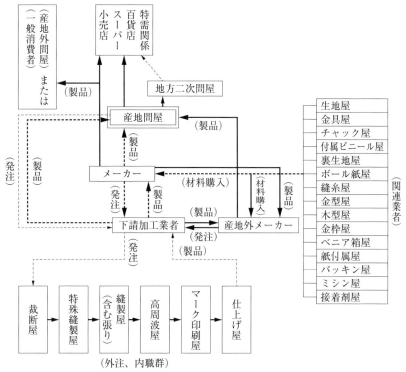

図表7-8　豊岡カバン産地における社会的分業構造の変化

豊岡・かばん産地の社会的分業基本図

注：豊岡カバン産地の社会的分業を表したものである（点線になっているところは取引
　　関係が減少していることを示す）。
出所：長谷川（2022）より抜粋。

能を強化し、自社製品を市場に流通させている。従来の豊岡カバン産地にお
ける分業構造の枠組を超えて、経営行動を行うことで、自社の存立維持可能
性を見出していることがわかる。つまり、市場のニーズに合わせた値段設定、
製品開発、製造、販売を産地企業が産地問屋、産地メーカーの垣根を越えて、
自社でそれらの機能を保有している。
　また、地場産業の産地問屋、産地メーカーは、両者が豊岡カバンを販売す
ることで競合相手になりうる。製造のための分業ではなく、販売先の棲み分
けが求められる。つまり、産地企業が取り扱う製品における機能の差別化で

ある。百貨店への販売、学校への販売、アパレルへの販売に特化するといったように、販売先を専門化することである。

　しかし、豊岡カバン産地に存在しているすべての産地問屋、産地メーカーが存立維持の可能性を享受できているわけではない。豊岡カバン産地の発展を考えた場合、産地内の分業構造のあり方が問われる。例えば、産地問屋は

---

### 地場産業を支える産地問屋

　株式会社ウノフクは、兵庫県豊岡市に所在している。事業内容はカバンの企画、製造、販売である。同社は、創業から約 100 年間存立し続けており、約 500 種類以上の商品を開発し、豊岡市内の約 20 社の協力工場で生産し、海外でも約 10 社の工場と提携し、製造している。生産委託先としては、2023 年時点で日本製が 48 ％、中国製が約 40 ％、その他が 12 ％となっている。

　同社は、2022 年 3 月に東京都の銀座に出店し、豊岡市の名産品である出石焼の製品、革の製品等を展示・販売している。出石焼の製品は、ビールグラス、時計、風鈴、お香立て、コーヒードリッパー等である。同社は出石焼の窯元に依頼し、自社製品を開発している。また、革製品は、財布等の雑貨があり、豊岡カバン産地のメーカーに依頼して、開発している。

　同社は多様な事業者に自社製品を卸している。例えば、小売店舗を持たない EC サイトを運営している事業者、カタログギフト（引き出物等）を運営している事業者、ノベルティを販売している事業者等である。小売店舗を持つ事業者（イオン等の専門店、量販店、アパレル小売店、ライフスタイル店、百貨店等）、卸売業に対する販売も行っている。

　一方で、同社は、現役女子大生とコラボして、カバン開発を手掛けている。具体的には、女子大生が大学生活のなかで起きるターニングポイントとなる「入学式」「通学」「就活」「社会人準備」に使用したいと思うカバンを大学生目線で企画し、同社が商品化するプロジェクトである。

　同社の社長は、産地問屋は消費者とメーカーの橋渡し役であり、消費者の嗜好を敏感に感じることができ、消費者の声をメーカーにフィードバックできる力があると述べている。

　同社は、バイヤーに向けた製品開発だけではなく、豊岡市のカバン職人が持つノウハウと同社が考案したデザインを融合することで、100 年企業が本当に価値のあるカバンを製作・販売していくことで 200 年企業を目指している。

---

豊岡カバンを取り扱う量は減少している（長谷川 2022）。また、産地問屋のなかには安価な海外製品を仕入れてラジオの媒体を利用し販売することで、存立維持しているケースもある。一部の産地問屋は豊岡カバンのブランドを活用できるフィールドにいるにもかかわらず、産地メーカーとの関係性が希薄となっている。産地問屋の縮小、高齢化等によって、組合機能が停滞しており、産地問屋がまとまって行動することができていない状況である。産地メーカーは自社単独でホームページ等を活用して、販路を開拓し、豊岡カバンの品質はもとより、デザイン性を重視したカバン製造を行っている。兵庫県鞄工業組合が2006年に「豊岡鞄」の商標登録を取得しているものの、全国的な知名度の向上が課題となっている。

　一方で、豊岡カバン産地における産地問屋と産地メーカーは、関係性を再構築することを模索している動きもある。豊岡カバンの知名度を全国に広げるためには、産地問屋の流通機能を活かす必要があり、一般社団法人豊岡鞄協会が2015年に設立され、兵庫県鞄卸商業組合と兵庫県鞄工業組合が参加している。産地問屋と産地メーカーの分業体制は、脆弱であるが、従来の社会的分業を再構築する余地はある。豊岡カバン産地におけるブランドの知名度が向上すれば、それに惹きつけられた全国の若者が産地企業に着目する可能性がある。そのブランドを維持、発展させるためには、産地内企業関係を再構築し、産地企業の数を少なくとも維持しなければならない。

　地場産業は、既述しているとおり全国的に疲弊している。そのなかで、中小企業は地場産業の生き残りをかけて、製品の差別化を行っている。地域経済の活性化には、地場産業の発展は欠かせない。産地企業は、地域の特性を活かしたものづくり、その製品を消費者に認知してもらえるような取組を考えていかなければならない。地場産業の発展には、産地問屋と産地メーカーとの分業構造の再構築が必要となる。以下からは、産地企業の差別化戦略と課題について触れていく。

# 5　産地企業の差別化戦略と課題

　産地企業は、多品種少量生産にチャレンジする動きが出ている。産地企業はデザイン等を考案し、差別化した製品を開発・製造するケースが増えてきている。例えば、地場産業の従来の製品技術を活かしつつ、消費者の嗜好に合わせた現代風にアレンジした製品である。新しい取組をしている産地企業の特徴として、比較的若い世代の経営者が存在していることが考えられる。その若い世代は、3代目、4代目の後継者である。若い経営者は、一度サラリーマン生活等を経ているケースもあり、地域外で培ってきた考えを地場産業に吹き込み、新たな地場産業の製品について模索している。図表7-9をみてみると、「大部分の企業が新製品・新技術開発に取り組んでいる」は3.0％、「多くの企業が新製品・新技術開発に取り組んでいる」は15.3％、「少数ではあるが新製品・新技術開発に取り組んでいる企業がある」は63.1％となっており、それらを合わせると8割超となる。産地企業は、何らかの形で新製品・新技術に着手していることがわかる。

　一方で、産地企業の新製品は、市場に浸透するまで時間がかかる場合が多い。例えば、既述しているとおり兵庫県豊岡市に存在する豊岡カバンは、商

図表7-9　新製品・新技術の開発（n=236）

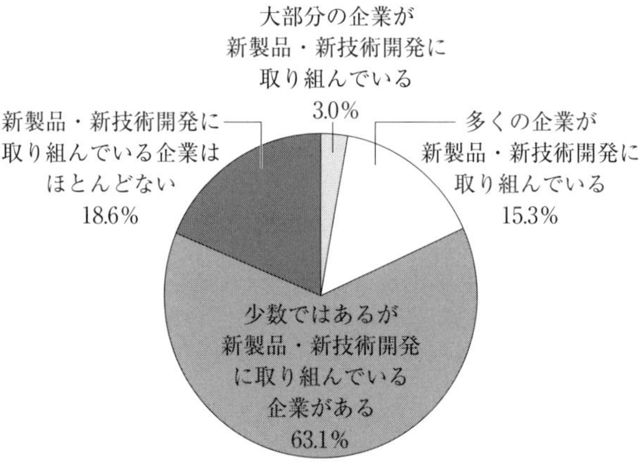

出所：日本総合研究所（2016）の一部を加工。

標登録されているが、全国的な認知度は決して高くはない。以下からは、産地企業の差別化戦略に関するメカニズムと課題について説明する。

　従来の中小企業（産地企業）に関する経営形態論は、所属業種（産業）、企業規模、立地、市場といった基準によって体系的に分類されることが多かったが、本章の分析軸としては経営資源・経営形態・経営戦略に関連している。つまり、中小企業はいかなる経営資源を主に生産手段として活用し、経営指針に基づいた経営戦略を持ちうる中小企業がいかなる経営形態で存立しているかを分析することによって、産地企業がいかなる主体として存立しているのかがわかってくる。

　現代経済において、中小企業が現状のまま存立していくには限界があり、新しい中小企業形態の形成が日本経済活性化のためには重要な要素となりうる。「失われた30年」ともいうべきバブル崩壊後の不況下においては、従来型の産業集積を形成する地場産業は存立維持が困難な状況が現れている。ただ、既存経営資源を利用して発展成立する中小企業こそが存立維持が可能であろう。中小企業は、産地内外の異業種交流ともいうべき組織を形成することで、自企業の存立維持を図りながら地域経済貢献をはじめとした社会貢献をもしうる組織の形成に注目されている。

　第二次世界大戦後の日本経済における中小企業の動向について振り返ってみると、中小企業の存立のためには中小企業がいかに既存の経営資源を活用し、経営戦略を立てていくかが問題となってきた。現代日本経済下においては、経営資源を用いて事業化し、ビジネスモデルを決定することが模索され、事業化した組織において製品開発、製品化を進めて経営形態を決定する必要がある。中小企業は、自社の存立維持のために総合的な経営資源の融合による経営戦略策定が必要となる。経営資源を総合的に融合し、経営戦略へと深化させることによって企業成長を可能とする。


　本章では、地場産業の動向等をもとに中小企業と地域経済の関係性を包括的に説明してきた。地場産業の中小企業は、従来型の分業構造の変化に対応するために新たな取引先を見出している。つまり、産地メーカーでは、新製

品開発を行い自社製品のブランド化を目指し、差別化戦略を図っている。産地問屋では、市場のニーズに合わせたデザイン開発を行い、国内はもとより海外市場に参入している動きもみられる。地場産業では、産地問屋と産地メーカーの新たな企業間関係が模索されており、両者は個々の利益だけではなく、地場産業の発展に寄与することが、自分たちの利益となることを認識し始めている。

　地場産業は地域と密着しており、経営資源であるヒト・モノ・カネ・情報を地域内で調達することで、集積のメリットを発揮する必要があり、同時に産地外との交流を深めて、ものづくりの進展につなげていくことも求められている。地場産業は産地内外のステイクホルダーと連携し、地域に根差した存在でなければならない。

　例えば、豊岡カバン産地の分業構造の変化とそれに伴う産地問屋、産地メーカーの経営的機能の現状について説明してきたが、豊岡カバン産地における産地企業の個別の経営行動は、販路を開拓することで自社の存立維持可能性の条件を見出すことにつながっている。特に産地メーカーは製造に特化するのではなく、自ら販売ルートを構築することで、売上高を伸ばしている。産地問屋は元々販売に専門性を有しているが、販売ルートを国内外の広域に展開し、売り方の方法についてもマーケティング手法を用いて行っている。

　産地企業を中小企業の経営戦略の視点で捉えるならば、販売戦略の運用が重要であると結論づけることができる。しかし、地場産業の研究とした場合、産地企業の個別の経営行動は一側面でしかない。地場産業研究は、分業構造を明らかにし、各地場産業の特徴を捉え、類型化している（山崎 1977）。地場産業の類型化に関しても、産地企業の新製品開発、マーケティングといった視点が必要である。

　今後、地場産業の発展には産地問屋と産地メーカーとの関係性から生み出される経済的メリットを理解し、そのメリットを享受するための経営的機能を把握することが求められる。さらに、本章では触れることができなかった地場産業に対する政策的な支援の現状も忘れてはいけない。

## 練 習 問 題

1 　各地域に存在する地場産業の製品について、その特徴を調べてみよう。
2 　地場産業の課題について、本章を参考にして分析してみよう。
3 　産地メーカーと産地問屋がどのように連携すれば、地場産業が発展できる
　か を考えてみよう。

●推 薦 文 献

長沢伸也・西村修（2015）『地場産業の高価格ブランド戦略─朝日酒造・スノー
ピーク・ゼニス・ウブロに見る感性価値創造─』晃洋書房
地場産業に存立している中小企業は、どのようにして品質価値の形成ならび
に顧客の感性に訴えかけるストーリーを付与して、価値創造を行っているか
を事例に基づいて明らかにしている。

長山宗広編著（2020）『先進事例で学ぶ地域経済論×中小企業論』ミネルヴァ書房
地域経済と中小企業の関係性を地域経済論と中小企業論の先行研究をベース
に日本各地の事例を分析している。

●引 用 文 献

石倉三雄（1999）『地場産業と地域振興─集中型社会から分散型社会への転換─』
ミネルヴァ書房

佐竹隆幸（2008）『中小企業存立論─経営の課題と政策の行方─』ミネルヴァ書房

中沢孝夫（2016）『世界を動かす地域産業の底力─備後・府中100年の挑戦─』筑
摩書房

日本総合研究所（2016）『全国の産地─平成27年度産地概況調査結果─』中小企
業庁

長谷川英伸（2012a）「豊岡カバン産地の構造変化」日本中小企業学会編『中小企
業のイノベーション』（日本中小企業学会論集31）、pp.216-229

長谷川英伸（2012b）「産地企業の産地内企業間関係の構築と製品差別化─豊岡カ
バン産地の産地企業を事例に─」大西正曹編著『時代の車窓から見た中小企
業』晃洋書房、pp.116-131

長谷川英伸（2022）「中小企業研究における地場産業の捉え方─豊岡カバン産地
の産地問屋と産地メーカーの現状─」大阪経済大学中小企業・経営研究所『経
営経済』第57号、pp.19-35

山崎充（1977）『日本の地場産業』ダイヤモンド社

Piore, M. J. & Sable, C.（1984）*The Theory of the Growth of the Firm*, Basil
Blackwell（山之内靖・永易浩一・石田あつみ訳〔1993〕『第二の産業分水嶺』筑摩書房）

# ∥ 8 章 ∥

## 中小企業と地域ネットワーク

許　伸江

●キーワード
ネットワーク　連結の経済　プラットフォーマー　実践コミュニティ　オープンファクトリー

　前章で地場産業における中小企業の役割についてみてきたように、中小企業は地域経済社会において重要な役割を果たしている。しかし中小企業は単独では潤沢な経営資源を有しているとはいえないため、一企業で対応することには限界がある。これを克服するために、他の企業や機関とつながることで、不足する経営資源を補完することも選択肢の一つである。さらに、つながることで単に資源の補完というだけではなく、学習やイノベーションが促進されるという効果も生まれる。また、地域に仲間が増えることでソーシャル・キャピタル (12章) が醸成される効果も期待できる。

　中小企業は、立地する地域との関係 (従業員、顧客、取引先等) が密接である。地域とのつながりの深さや広さの重要性は、これまでの中小企業研究でも指摘されてきた。中小企業が地域住民の働く場を提供しているという意味では、地域の雇用に影響を与える存在である (10章)。サプライチェーンにおける部品の加工や製造を担っているという意味では、地域の経済に影響を与えている (2章)。また、商店街の一員としてイベントの場の提供をしたり、地域の祭りの神輿の担ぎ手や運営の担い手であったり、地域社会にも影響を与えているのが中小企業という存在である (3章)。

　本章では、中小企業のネットワークについてみていく。特に地域におけるつながりに焦点を当て、中小企業のネットワークがもたらす経済的意義と社会的意義について考えていく。

# 1 ネットワークとは

ネットワーク (Network) は、網 (ネット) のように人やモノがつながり、情報等を互いに共有し合っている状態を指す。みなさんの身近な例でいえば、Instagram や X (旧 Twitter)、Facebook などの SNS (ソーシャル・ネットワーキング・サービス) もネットワークであるし、IT の分野では、複数のコンピュータや電子機器などをつないでデータ情報をやりとりすることができるコンピュータネットワークもそれに当たる。また、本章で取り上げる企業同士の連携もネットワークである。このように多様なネットワークが存在する。

ネットワークの効果は、「共通目的のために、『組織』の境界を越えて、公式・非公式を問わず、メンバーシップが限られた中で、意識的に調整された2人以上の人間の活動や諸力の体系」(西口 2003 p.9) と定義される。この定義は、近代組織論の祖、バーナード (C. I. Barnard 1938) の組織の定義「組織とは意識的に調整された2人以上の人間の活動や諸力の体系」をベースにしている。こう捉えることで、ネットワークがなければ遮断されていたであろう情報が、組織の壁を越えて流れるという点に注目するものである。さらに、ネットワークに参加することで得られるメリットとして①「評判」、②「中央からの公式な調整」、③「社会的埋め込み」、④「情報共有と学習」などが挙げられる (西口 2003)。

①の「評判」効果は、外部の人が、そのネットワーク自体を信頼して評価している場合、そのネットワークのメンバーもそこに属しているということで、信頼を得られるというものである。②の「中央からの公式な調整」効果は、そのネットワークのコアとなる企業や組織が、メンバーのために設備やサービスを一元管理したり調整したりすることである。製造業ならば生産設備の共用や、展示会への共同出店などが挙げられる。③の「社会的埋め込み」効果は、そのネットワークがある地域社会のコミュニティがベースとなり、そこに"社会的に埋め込まれた"メンバーが有形無形のメリットを得ることを示す。例えば、コミュニティにおいて信頼が生み出されていれば、お互いを取引相手として監視したりする取引費用がかからなくて済むことにな

る。④の「情報共有と学習」効果は、メンバーが、情報や知識を共有し学習することが生まれるメリットである。メンバーでないと得ることができない濃密なコミュニケーションを通じて、相互学習が進み、知識創造に結びつく（西口 2003 pp.10-12）。

## 2　中小企業のネットワーク

### 1）多様な中小企業ネットワーク

　中小企業が参加するネットワークには、多様なタイプが存在し、その定義も多様である。例えば『中小企業白書』では、ネットワークを「2つ以上の企業又は組織が、経営資源を共有し、外部効果を享受する目的で形成する継続的な関係」（中小企業庁 2003）と定義している。そしてこれまで日本経済を支えてきた下請取引関係（垂直連携ネットワーク）と、中小企業の間でも取組が進展しつつある事業連携活動（水平連携ネットワーク）を分類している。

　「垂直連携ネットワーク」は、連携・ネットワークを組む企業同士の関係が、原材料や部品の供給者と購入者であるというように、取引がベースにある関係を指す。下請取引関係は、自動車産業などの組立産業を代表とした、製造業で多くみられてきた（2章を参照）。

　一方、「水平連携ネットワーク」は、ネットワーク参加者間の取引関係を基盤としていない。そして多くの場合は、構成メンバー間の対等性や平等を重視する緩やかな関係を築いている。

　さらに中山（2017）は、中小企業が参加するネットワークを「2以上の組織または企業が独立性を保ったまま共通目的を達成するために形成する継続的な協力関係」と定義している。中小企業が参加するネットワークの例として、任意グループ（異業種交流[1]、農商工連携[2] 等）、下請・系列組織、中小企業組合[3]、商工団体（商工会議所・商工会）、産学連携、業界団体、チェーン組織などがあ

---

1　異業種交流は、情報交流、共同開発、共同受注など、目的別に定期的に会合を開き、経営・技術面の知識交流や融合を図ることで人脈・販路拡大、自社の技術力向上や新製品・新技術の共同開発に結びつけることを主目的としている（中山 2017）。

る。

このほかにも、中小企業のネットワークとして中小企業家同友会（以下、同友会）がある。同友会は、①よい会社をつくろう、②よい経営者になろう、③よい経営環境をつくろう、の３つの目的のもとに中小企業家が自主的に参加する任意団体である。また中小企業家同友会全国協議会（中同協）は、全国47都道府県の同友会による協議体で、全国的な規模での研究集会、階層別の交流集会などを開催している。

このように、多様なネットワークが存在するが、その連携の目的も様々であり、経営情報や技術情報の獲得、販売先や仕入先の探索や確保、共同事業（共同受注、共同仕入れ、共同加工等）、ライセンシング、資本・販売・技術提携、信用力の向上、政策提言等がある。

例えば、ある中小企業の経営者の立場からみると、地域住民として地元の商工会議所の会員になり、自社が立地する商店街の振興組合にも入り、自社の新商品のアイデアを得るために異業種交流や業界団体にも加入していることもあるだろう。そうした複数のネットワークの参加者のなかには、小学校からの同級生がいることもあるだろうし、商店街の隣の店の経営者同士ということもあるだろう。一方、異業種交流では、あえて普段接する機会の少ない分野の参加者と知り合いになることもある。このように、１社の中小企業も、様々なネットワークに参加し、多様な方面でのつながりを持ちながら経営をしているといえる。このような中小企業のネットワークや連携は、他社や機関とつながることで、ネットワーク内の様々な共通目的を達成することを可能にする。

---

2　農商工連携は中小企業の経営の向上および農林漁業経営の改善を図るため、中小商工業者と農林漁業者とが連携し、互いの技術やノウハウを持ち寄り、新商品・新サービスの開発などを行い、需要開拓を行うこと（中小企業庁 2015）。
3　中小企業組合は、中小企業が１社単独では難しい事業を、数社が集まり相互扶助の精神に基づいて実施するための組織である。事業協同組合、商工組合、企業組合、商店街振興組合などがある（中山 2017）。三井（2012）は、今日の中小企業組合は「社会性」「公益性」の役割を有しており、そこに今日的な存在意義があると指摘している。

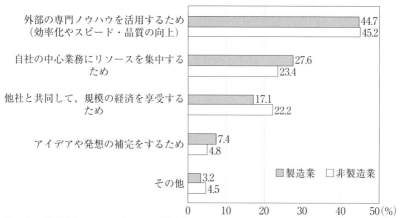

図表 8-1　中小企業が外部組織と連携する際の目的

注：各回答数(n)は以下のとおり。製造業：n＝982、非製造業：n＝735。
資料：東京商工リサーチ「中小企業の付加価値向上に関するアンケート」。
出所：中小企業庁 (2020) をもとに作成。

## 2）ネットワーク参加の目的

　経営資源に制約のある中小企業にとっては、いかに外部の専門性や人的な資源を活用できるかが重要となってくる。そこで、日本の中小企業が外部組織と連携する際に、何を目的としたか、図表 8-1 をみてみよう。

　図表 8-1 によると、連携の最大の目的は、製造業と非製造業ともに、外部の専門ノウハウを活用することだとわかる。次に、自社の中心業務に経営資源を集中させるため、そして他者と共同して、規模の経済を享受するため、と続く。では、具体的な連携の方法について、次項でみていこう。

## 3）企業間連携の種類

　企業間連携の方法は様々である。例えば、生産、販売、調達、物流、研究開発、デザインなどの活動において、緩やかな企業間協力関係を築くのがアライアンス（Alliance）である。航空業界が共同運航の仕組みをつくり上げ、世界中に路線を拡大してきた「スターアライアンス」も、アライアンスの一例である。このほかにも、複数の企業が共同で出資してジョイント・ベン

チャー（Joint Venture）を設立して、新しい会社で共同事業を行うタイプもある。また、他社の技術についてライセンシング（Licensing）契約を結び、自社にない技術などの資源を有償で調達する方法もある。これに対して、お互いの技術を供与し合うクロス・ライセンシング（Cross Licensing）もある。

　企業が外部組織と連携すべきかどうかを決定することは、企業がどこまでを自社内で行うのか、という企業の境界を決める意思決定（Make or Buy）と関係している（加藤 2022）。例えば小売業の大手企業であるイオンは農業に参入し、そこで栽培した野菜を PB（プライベートブランド）として販売している。また衣料品のブランド「ユニクロ」は、持株会社のファーストリテイリング社の衣料品小売業としてスタートしたが、現在では企画から生産、販売・物流までのプロセスを一貫して担っている。これらの例はどちらも、一つの企業が本来扱っていた事業範囲を垂直的方向に拡大しており、「垂直統合」と呼ばれる。

　自社の事業はどの範囲まで担うのか、という Make or Buy の意思決定は、アライアンスにおいても戦略の重要なポイントとなる。環境変化の激しい経営環境において、自社ですべてを担うのではなく、調達、技術開発、生産、販売、アフターサービスなど、他組織と連携して外部資源活用をすることが重要である。


## 3　連結の経済とネットワーク外部性

### 1）連結の経済

　経済活動の基本的な判断基準として経済性という見方がある。かつては「規模の経済（Economy of Scale）」や「範囲の経済（Economy of Scope）」によるメリットが着目されてきた。その後、工業化時代から情報化時代へと移り変わり、大量生産から多品種少量生産へと生産の型が移ると、ネットワークの結びつきが生む経済性、つまり「連結の経済（Economy of Network）」が重要になってきた（宮沢 1988）。

　連結の経済では、情報やノウハウが核となり、組織間、主体間の結合に

よって、相乗効果、シナジー効果などが発揮される。これはアウトプット面での効果である。また、インプット面でも、範囲の経済は企業内部の資源のみを活用するのに対して（内部資源）、連結の経済では、外部資源の活用（「共有」要素の活用）が可能となる。したがって、連結の経済においては規模の経済や範囲の経済において重視された費用節約というものを超えて、それを上回る効果が期待される（宮沢 1998 p.54）。

このように、連結の経済が働く経済社会においては、企業や組織は、他とつながり、ネットワークを築くことで、外部資源を活用するメリットに加えて、さらなる効果が期待できるといえる。したがって、自社の資源のみでは制約のある中小企業は、他の企業や組織とネットワークを構築することが重要になる。

## 2）ネットワーク外部性

連結の経済においては、ネットワーク外部性が働く。ネットワーク外部性とは、ネットワークに参加するメンバーの数が増えれば増えるほど参加メンバーにとっての効用が増えることを指す。例えば、無料のフリマアプリ[4]「メルカリ」では、不要なものをアプリやPCを通して売ったり、他の利用者から欲しいものを買ったりすることができる。このような取引サービスのアプリでは、参加者が多ければ多いほど出品者の数も増え、売買するものの種類が多くなるうえに、購入してくれる可能性も高くなる。反対に、アプリの利用者が少なければ、そのアプリをみる人の数も少なく、出品者も少なく、購入してくれる可能性も低くなり、また欲しいものを見つける可能性も低くなる。同じようにLINE、Facebook、Instagram、XなどのSNSにおいても、利用者が多ければ多いほど、情報交流が盛んになり、そのサービスの質や利便性が向上し、サービスの価値が増大する。

メルカリやSNSのこのようなメリットは、ネットワーク外部性の直接的効果である。一方で、ネットワーク外部性には、間接的効果もある。これは、

---

4 フリーマーケット・アプリケーションソフトウェアの略。オンライン上でフリーマーケットのように、主に個人間で物品の売買を行えるもの。

ある製品やサービスの利用者が増えるほど、それに付随した製品やサービス（補完財）が多く開発され、その製品やサービスの利用者の利便性が上がることを指す。例えば、iPhone の利用者が増えれば増えるほど、iPhone で利用できるアプリやアクセサリー等も多く開発され、iPhone 利用者は多くのコンテンツやサービスを楽しむことができるようになる。

## 4　プラットフォーマーの台頭

プラットフォーマーと呼ばれる企業が世界のビジネスを変えている。Facebook、Instagram、X などの SNS、YouTube、Netflix などのコンテンツ配信サービス、Google、Yahoo! などの検索サービス、Amazon、楽天などの EC サイト、メルカリ、ラクマなどのオンライン上のフリーマーケット等がその例である。

プラットフォーマーとは「需要者であるユーザーに対して直接サービスを提供するのではなく、ビジネスの基礎となるサービス・システムを供給側に提供するプレイヤー」のことである（小宮ほか 2020）。メルカリを例にとると、メルカリという基盤（プラットフォーム）上で、個人や企業が取引を行うことができる。こうしたプラットフォームがあるおかげで、ユーザーは、自分の力だけでは出会えない顧客と取引することが可能となる。

プラットフォームビジネスの登場により、これまでの「安く・早く・高品質なものをいかに提供するか」という競争優位の源泉から、「いかに多様な顧客と接点を持ち、データをもとに継続的に収益を得るか」というビジネスモデルへとシフトしてきた。

自動車配車プラットフォームの Uber（2009 年設立）や民泊のマッチングサービスである Airbnb（2008 年設立）は設立 10 年ほどで世界中に勢力を広げるに至ったが、その要因は自社ですべての資産を保有するのではなく、多様な他組織とつながり、ビジネスを展開するため、事業拡大が加速する点にある。

例えば製造業では、デジタル化によりスマイルカーブ化が進むといわれている（図表 8-2）。これまで日本のリーディング産業であった自動車産業を例

にみると、これまで得意としてきた製造・組立（川中）から、付加価値創造や収益を生む部分が、川上と川下へとシフトしてくるという現象である。電気自動車や自動運転などの技術開発はもちろんのこと、配車サービスやアフターサービス事業を他社とのネットワーク

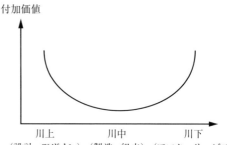

図表8-2　スマイルカーブ

付加価値

川上　　　　　川中　　　　　川下
（設計・デザイン）（製造・組立）（アフターサービス）
出所：日本政策金融公庫総合研究所（2019）。

を築くことで強化するといった展開が起きている（小宮ほか 2020）。

　プラットフォームビジネスへの参入方法として、自社がプラットフォーマーになることがすべてではない。プラットフォームを活用してビジネスを展開する方法もあり、こちらは中小企業やスタートアップにも参入しやすくなる。

　例えば、最近の消費者は、大量生産の商品では飽き足らず、自分好みのものを選べる商品が人気である。その究極的な例として、カスタマイズ商品がある。自分の身体に合ったサプリメントや化粧水、手の形や指の長さに合った箸など、インターネット上で設問に答えてクリックしていくだけで、自分好みの商品が届く仕組みである。箸を例にとると、全国に散らばる箸職人と連携し、消費者が選ぶ条件にマッチした箸をつくってくれる職人を結びつけるプラットフォーム企業が存在するのである。

　また、C to C ハンドメイドマーケット「minne」[5] は、全国のハンドメイド作家の多様な作品（家具・生活雑貨、食べ物、ファッションなど）を取り扱うマーケットである。消費者は大量生産にはない、こだわりの一品を買うことができ、作家は自分の作品を minne 上で多くの人に買ってもらう機会を得ている。こうしたプラットフォームを利用することで、つくり手は外部パートナーとのコラボレーションやブランド強化など、ステップアップが可能となる。

---

5　GMO ペパボ株式会社が 2012 年から提供しているサービス（https://minne.com/）。

## 5　中小企業の地域ネットワーク

### 1）実践コミュニティ

　第4節で述べたように、デジタル化社会の現代において、インターネットを介したプラットフォームビジネスが盛んである。一方で、本章の冒頭で中小企業は地域とのつながりが深いということを指摘したように、リアルの地域におけるネットワークの重要度が低下したかというと、そうではない。中小企業は立地する地域の様々な企業や機関などと関係を構築し、ネットワークに参加して効果を享受している。こうした点について、より具体的に地域の実態をみていくと、地域の人々の活発な相互交流が行われている点が指摘できる。これをコミュニティの理論からみると、「実践コミュニティ」が形成されているということができる。実践コミュニティとは、「あるテーマに関する関心や問題、熱意などを共有し、その分野の知識や技能を、持続的な相互交流を通じて深め合っていく人々の集団」（Wenger, *et al.* 2002 p.33）と定義される。そして「彼らは必ずしも毎日一緒に仕事をしているわけではないが、相互交流に価値を認めるからこそ集まるのである。彼らは一緒に時間を過ごしながら、情報や洞察を分かち合い、助言を与え合い、協力して問題を解決する。……彼らはどのような形で知識を蓄積するのであれ、共に学習することに価値を認めていけるからこそ、非公式なつながりを持つのである」（同上 p.34）と指摘している。つまり、実践コミュニティは、会社などのような明確な組織ではなく、自分が所属する企業という境界を越えて築くケースも多い。こうした地域の仲間とのインフォーマルな関係のなかから、イノベーションへの刺激を受け、企業の生産性向上やイノベーションの実践へと結びつく機会が出てくると考えられる。

### 2）ソーシャル・キャピタル

　以上のように、自分の所属する組織以外の場所で居場所をつくり、相互交流をするなかで、「ソーシャル・キャピタル」（12章）が形成されてくる。ソーシャル・キャピタルとは「人々の協調行動を活発にすることによって社会の

効率性を高めることができる、『信頼』『規範』『ネットワーク』といった社会組織の特徴」である (Putnam 1993)。社会関係資本とも訳され、地域の発展にとって、重要な要素だと考えられている。

　具体的には、「信頼」があると取引先を疑っていろいろと調べたりするコストが削減できる（取引コストの削減）。また、信頼は「知っている人に対する厚い信頼」と「知らない人に対する薄い信頼」に区別でき、後者の方が自発的な協力や協調が促進されるという点も興味深い。

　また、パットナム（R. Putnam）が重視した「規範」は、相互依存的な利益交換といった互酬性などのことである。それも同等の価値の交換（均衡のとれた互酬性）と均衡のとれていない価値の交換（一般的な互酬性）に区別され、後者の方が、短期的には自分の利益にはならない（利他心）が、長期的にみればお互いの利益を高めるだろうという利己心に基づいている。

　最後に「ネットワーク」では、垂直的ネットワークと水平的ネットワークが区別され、後者が密になるほど、相互利益に向けて幅広く協力する。これについてグラノベッター（M. Granovetter）は、家族や親友のような「強い紐帯」よりも、頻繁に会うことのない知人などの「弱い紐帯」の方が、新たな発見や有益性の高い情報交換が可能になると述べている (Granovetter 1973)。

　このように、中小企業は、参加しうる様々なネットワークのなかで、通常の仕事だけでは知り合えないような仲間と出会い、新たな刺激を受けて、学習やイノベーションへとつなぐ機会を得ることができるといえる。それは、取引が始まったという直接的な効果のケースもあるであろうし、地域に仲間ができたことで、そこから人脈、取引や商品開発、採用など多方面の可能性が広がることも期待できる。ネットワークの経済的価値のみならず非経済的な価値（社会的価値）も重要なテーマであるといえる。


## 6　オープンファクトリー

　中小企業が、自社が立地する地域とのつながりを築き、ソーシャル・キャピタルを醸成する方法の一つにオープンファクトリーがある。オープンファ

クトリーとは「ある特定のエリアにおいて、期間限定で複数の工場を公開し、見学・体験プログラムやツアーを提供し、モノづくり及びモノづくりのまちを地域内外にアピールするイベントのこと」(岡村ほか 2019 p.65) で、全国各地で開催されている。定義にもあるように、まちづくりと地域産業の活性化の両面を持つイベントである。

　オープンファクトリーが開催される背景には、町工場がある地域の住工混在問題 (騒音、振動、臭気、埃の公害など) がある。地域住民との相互理解のためには、町工場のことをよく知ることが大切である。オープンファクトリーの際に工場のなかに入り、説明を聞いて理解を深めることでそれが可能となり、その積み重ねが地域コミュニティの形成につながっていく。また、ものづくり産業の衰退や後継者不足も背景に挙げられる。製造業の事業所数は年々減少しており、後継者不足も深刻である。そうしたなか、誇るべき技術やノウハウがあるにもかかわらず、OEM 生産[6] のため、仕事内容を公にできない企業が地域には存在する。よってオープンファクトリーで自社の魅力を周知することで、従業員不足や後継者不足の解決策になることが期待される。

　次に、オープンファクトリーの意義についてみてみよう。参加企業にとっては、①みせる、伝えることが社員教育に役立つ、②子どもたちや後継者にものづくりや地域の魅力を伝えられる、③自社のファンをつくることができる、④自社の価値が評価される喜びが得られる、⑤加工のみの事業から、自社製品開発を行う製造卸・製造小売りへと業務転換・多角化するきっかけになる、などのメリットがある (ソーシャルデザイン研究所 2015)。これに加え、普段一緒に仕事をしない業界の人たちと交流することで、学習の機会となることも指摘できる。

　地域にとっても、近隣住民や参加企業同士が知り合いになり、ソーシャル・キャピタルが醸成され、地域コミュニティが形成されるメリットがある。オープンファクトリーがきっかけで、その地域のファンになり、カフェを開いたり、転居してくるケースもみられる。

---

6　OEM 生産とは、Original Equipment Manufacturing の略で、発注元の名義やブランドの製品を生産すること。

図表8-3　オープンファクトリーの参加者と参加のメリット

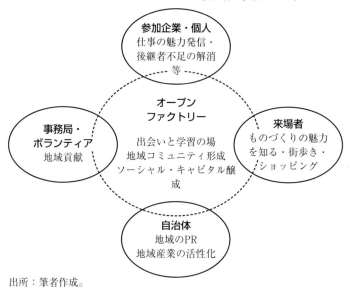

出所：筆者作成。

　また、来場者もオープンファクトリーの重要な参加者である。参加することで、普段なかなかみることのできない職人の技を間近でみられるなど、知的好奇心を満たすことができる。普段、最終消費者と触れ合うことの少ない下請企業の職人やB to B[7]企業にとっても、来場者と対話するなかで、当たり前と思っていた自社の技術やノウハウが、当たり前のものではないことに気づいたり、素朴な質問をされることで、自社の業務や技術などについて改めて考えたり、実はこういうものが欲しいなどのニーズを聞く機会になるなど、多くの気づきを与えてくれる存在である。

　参加企業や実行委員、事務局などにとっては、日常業務を行いながらのイベント準備は負担が大きく、イベントの継続開催は容易ではない。しかしそのプロセスで参加企業同士が知り合いになり、それが仕事につながるケース

---

7　B to B（Business to Business）は、企業間取引のことで、企業が企業に向けて商品やサービスを提供する取引のこと。B to C（Business to Customer：最終消費者向けの取引）と対比される。

## モノマチ──東京都台東区のまちづくりイベント

　東京都台東区の南部に位置する御徒町―蔵前―浅草橋にかけての2km四方の地域は、古くから製造業・卸売業の集積地としての歴史を持つ。この地域に2004年に誕生した台東デザイナーズビレッジ（デザイナーやクリエイターに特化したインキュベーション施設）が中心となり、地元の経営者たちとともに始めたのが「モノづくりのマチづくり」の魅力を知ってもらうためのイベント「モノマチ」（2011年～）である。第1回は16組の参加で始まったモノマチも、2023年の第14回には130組超が参加するイベントとなっている。

　このオープンファクトリーの見どころの一つは、革小物製造のプロセスである革漉き（革を薄くする工程）や箔押しの体験ができるなど、普段みる機会のない工房で職人仕事に触れることができる点にある。しかしこの地域の魅力はそれだけではなく、紙製品、アクセサリー、アパレル、仏具、傘、花火、文具、服飾資材などのメーカー、店舗、問屋といった多岐にわたる事業者が集積していることである。これらを組み合わせたコラボイベントやスタンプラリー等、楽しく街歩きができる企画は毎年人気が高い。

　参加企業側からみると、本番までの期間に複数回の打合せがあり、何度も顔を合わせるうちに知り合いとなり、その仕事ぶりをみることで、信頼関係が生まれてくる。そこから仕事につながるケースも複数出てきている。例えば、2023年度モノマチの実行委員長を務めたイラストレーター・デザイナーの進士遙氏（HARUKA SHINJI ILLUSTRATION）は、2022年からモノマチのビジュアルデザインやガイドブックのイラストを手掛けているが、モノマチで知り合ったくるみボタン工房MiSuZuYaのボタン図鑑のイラスト・デザインを担当するなど、仕事での交流も深まっている。

　モノマチの実行委員や参加企業たちは、イベントを通じて知り合った人や企業とすぐに仕事の連携をスタートするのではなく、イベントのコラボやスタンプラリーなど、様々な企画と実行を通して相性を知ることができる。経営資源が潤沢ではない中小企業にとっては、企業間連携の失敗の痛手は大きい。そのため、こうしたまちづくりイベントへの参加は、地域で仲間づくりをして、長期的な視野で仕事につながる信頼を得ていくことができる機会ということができる。

図表8-4　『くるみボタン図鑑』
制作：進士遙
提供：くるみボタン工房 MiSuZuYa

も出てきており、経済的価値および非経済的価値（社会的価値）を生んでいる。長期的にみれば、実践コミュニティの形成やソーシャル・キャピタルの醸成を促す中小企業の地域ネットワークとなりうる（図表8-3）。

　本章では、中小企業の地域ネットワークに着目し、その経済的意義と社会的意義についてみてきた。資源制約のある中小企業にとって、ネットワークは直接的・間接的、短期的・長期的、経済的・非経済的（社会的）に様々な価値を生む可能性があるといえるだろう。

---

### 練 習 問 題

1　あなたの身近な地域・企業でネットワークの事例を調べてみよう。
2　あなたにとっての「弱い紐帯」はどのようなネットワークか、考えてみよう。
3　オープンファクトリーについて調べ、興味があるものに行ってみよう。

---

●推 薦 文 献

長山宗広・遠山恭司・山本篤民・許伸江（2024）『地域とつながる中小企業論』有斐閣
　　"地域とつながる"をキーワードとした中小企業論のテキスト。地域との共生、サステナビリティ、ウェルビーイングなどの注目の概念も取り入れている。
許伸江（2020）「中小企業とオープンファクトリー―墨田区の『スミファ』の事例からみる越境学習と地域交流―」商工総合研究所『商工金融』第70巻第2号、pp.64-81
　　墨田区のオープンファクトリー「スミファ」の事例を紹介した論文。台東区や葛飾区等、近隣地域のオープンファクトリーの人脈のつながりにも注目している。

●引 用 文 献

岡村祐・野原卓・川原晋（2019）「東京都大田区を対象としたクリエイティブタウンの取り組み　その1」首都大学東京大学院都市環境科学研究科観光科学域『観光科学研究』第12号、pp.65-70
加藤雅俊（2022）『スタートアップの経済学―新しい企業の誕生と成長プロセス

を学ぶ―』有斐閣

小宮昌人・楊皓・小池純司（2020）『日本型プラットフォームビジネス』日本経済新聞出版

ソーシャルデザイン研究所（2015）『オープンファクトリーガイドブック』経済産業省関東経済産業局

中小企業庁編（2003）『中小企業白書　2003年版』ぎょうせい

中小企業庁（2015）『平成27年度中小企業庁支援策のご案内』中小企業庁

中小企業庁編（2020）『中小企業白書　2020年版』日経印刷

中山健（2017）「企業のネットワーク組織とその特質」関智宏・中山健編著『21世紀中小企業のネットワーク組織―ケース・スタディからみるネットワークの多様性―』同友館、pp.1-33

西口敏宏（2003）『中小企業ネットワーク―レント分析と国際比較―』有斐閣

日本政策金融公庫総合研究所（2019）「中小企業動向トピックス」No.140

藤田敬三（1965）『日本産業構造と中小企業―下請制工業を中心にして―』岩波書店

三井逸友（1991）『現代経済と中小企業―理論・構造・実態・政策―』青木教養選書

三井逸友編著（2012）『21世紀中小企業の発展過程―学習・連携・承継・革新―』同友館

宮沢健一（1988）『業際化と情報化―産業社会へのインパクト―』有斐閣

山中篤太郎（1948）『中小工業の本質と展開―國民經濟構造矛盾の一研究―』有斐閣

Barnard, C.I. (1938) *The Functions of the Executive.* Harvard University Press（山本安次郎・田杉競・飯野春樹訳〔1968〕『新訳・経営者の役割』ダイヤモンド社）

Granovetter, M. (1973) The Strength of Weak Ties, *American Journal of Sociology* 78(6), pp.1360-1380

Putnam, R. (1993) *Making Democracy Work: Civic Traditions in Modern Italy,* Princeton University Press（河田潤一訳〔2001〕『哲学する民主主義―伝統と改革の市民的構造―』NTT出版）

Wenger, E., McDermott, R. & Snyder, W. (2002) *Cultivating Communities of Practice: A Guide to Managing Knowledge,* Harvard Business School Press（野村恭彦監修〔2002〕『コミュニティ・オブ・プラクティス―ナレッジ社会の新たな知識形態の実践―』翔泳社）

# | 9　章 |

# 中小企業と国際化

弘中　史子

●キーワード
内なる国際化　サプライヤー　生産の国際化　販売の国際化　駐在

## 1　中小企業と国際化プロセス

　自動車業界や電機業界、機械業界は、日本を代表するリーディング業界で、国際的な競争力を誇る。本章では、こうした業界を、サプライヤーとして支える中小企業を対象として、その国際化について考える。

　自動車や家電・情報機器、工場で使用される機械は、様々な部品から成り立っている。例えば自動車の場合、およそ3万点ほどの部品で構成されているという。大企業といえども、こうした部品のすべてを社内で生産するのは生産能力面でもコスト面でも厳しく、採算面でも得策ではない。そこで部品を供給するサプライヤーとして中小企業が活躍しているのである。

　企業の国際化にはおおむね次のような発展のステップがあると考えられている（Dunning 1993）。

　　第1段階：間接輸出
　　第2段階：直接輸出（海外での自社販路の開拓、現地販売子会社設立）
　　第3段階：現地生産（部品の現地組立、生産）
　　第4段階：現地生産（新製品の現地生産）
　　第5段階：地域・グローバル統合

　ここでは、中小企業に特に関わりの深い第3段階までを概観したい。

　第1段階では、商社などの支援を受けて海外に輸出する。大企業が様々な部品を組み立てて輸出する場合には、中小企業が製造した部品も間接輸出されているといえよう。第2段階は、自らが販売子会社を持ち、直接輸出する

段階となる。例えば大企業が海外に生産拠点を設立すると、そこに中小企業が部品を輸出するといったことが考えられる。第3段階以降は、自ら海外で生産を手掛ける段階になり、部品を加工したり、部品を組み立てて完成する。

　自動車や家電・情報機器、機械といった業界では、サプライヤーである中小企業は、第1段階、第2段階はすでにクリアしていることが多い。第4段階、第5段階は完成品を生産し、研究開発を行う段階であり、大企業が主として該当するステップになる。そのため、課題となるのは第3段階ということになる。一般的に、国内で生産コストや輸送コストが上昇したり、海外市場が大きくなると、第3段階の海外での生産に踏み切る会社が多くなる。また、第3段階に至るまでに中小企業が意識しておくべきことが、次節で取り上げる「内なる国際化」となる。

## 2　内なる国際化

### 1）内なる国際化とは

　「内なる国際化[1]」とは国内の地域や学校・企業で外国人を受け入れることを指しており、企業の海外進出など外に出ていく国際化に対応して用いられる用語である。海外に向けて輸出したり海外で生産しておらず、日本国内のみで操業している時点でも国際化を考える必要があるのである。

　日本の少子高齢化に起因した労働力不足は、長期的に続くと考えられる。つまり日本人のみに依存した経営が難しくなるであろう。実際に、日本企業で働く外国人も急増している。特に規模の小さな中小企業が多くの外国人を受け入れており、全事業所数のうち 61.4 ％が 30 人未満規模の事業所だというデータがある（厚生労働省 2023）。日本本社において、「内なる国際化」が進み外国人が活躍できるような組織であることが、海外に進出したときにも円

---

1　企業における「内なる国際化」では、日本の本社で外国人が働き、さらにマネジメントや意思決定に関わっていくことを指す。筆者らの調査によれば、内なる国際化が進んでいる中小企業では、女性・若手・障がい者などのダイバーシティも進んでいるケースがみられる。

滑な事業運営実現に役立つと考えられる。

　なぜなら、本章で対象とするような業界においては、中小企業の顧客で完成品を生産している大企業は世界を舞台として事業を運営している。この顧客のニーズを理解するためには、中小企業も国際意識を高めた方が望ましい。そのために社内で働く外国人が果たす役割は大きいのである。

　多くの中小企業では、海外からの技能実習生を受け入れたり、大卒で専門知識を持つ人材を雇用したりするようになりつつある。同じ職場で働く者同士として、日本人社員と外国人社員[2]が相互理解に努め信頼関係を築き、協力し合うことで大きな成果が生み出せる。とはいえ、日本は、なかなか「内なる国際化」が進展しないといわれてきた。

　1990年代には、すでに日本企業の国際化の課題として「内なる国際化」が指摘されていたが (吉原 1992)、2010年代に入ってからも、日本本社で積極的に外国人を採用し活用する必要性が継続して指摘されているのである (寺本ほか 2013、経済産業省 2016)。

## ２）内なる国際化を推進するために

　それでは、どのようにすれば中小企業が「内なる国際化」を進められるのであろうか。ここでは２点指摘したい。第１が、日本人社員が「やさしい日本語[3]」の使用を心掛けることである。「やさしい日本語」とは難しい言葉を言い換えるなど、外国人に配慮したわかりやすい日本語のことである (出入国在留管理庁・文化庁 2020)。外国人だけでなく、小さな子どもや高齢者、障がいのある方にも効果的とされている。

　お互いを理解するうえで、言語は欠かせない。日本人社員が英語や外国人

---

2　外国人社員には様々な入社ルートがある。技能実習生として来日する場合、日本の学校に留学して卒業後に新卒で入社する場合、日本国内の別の企業に勤務していて転職する場合、海外の大学を卒業し日本企業に就職する場合などである。

3　「やさしい日本語」での話し言葉のポイントとして、「内容を整理して相手に配慮する」「相手の話をしっかり聴く」「はっきり言う・最後まで言う・短く言う」「難しい言葉・カタカナの外来語を使わない」などがある (話し言葉のやさしい日本語の活用促進に関する会議 2022)。

## 内なる国際化による企業成長のケース

　実際の中小企業のケースを通して、内なる国際化による企業成長についての理解を深めよう。愛知県西尾市にある大野精工株式会社は、金属を精緻に削る超精密加工技術を得意とし、顧客企業の開発活動で用いられる試作品や一点ものの精密部品を中心に提供している。

　同社では、2009年以後、ベトナム人の技術者や技能実習生を日本本社で受け入れてきた。それをきっかけにベトナム進出に関心を持つようになり、2012年からベトナムで生産拠点を稼働させている。

　同社の内なる国際化は徹底している。工場内の掲示板は日本語・ベトナム語で併記されており、加工に関わる専門用語等についてもベトナム語で資料が完備されている。日本語が不自由でも、必要な技能を学ぶことができるように配慮されている。また、ベトナム人の日本語能力向上に役立ててもらおうと、日本語の漫画やDVDなども配置されている。

　ベトナムの生産拠点は、設立後しばらくは日本人が駐在していたが、現在は駐在員はおらず、ベトナム人が中心となって経営している。日本本社に勤務していたベトナム人社員が社長や主要部門の管理職を務めているのである。また生産現場のリーダークラスにも日本本社の勤務経験を持つ者が多い。技能実習生として日本で働いたあとにベトナムの生産拠点に入社する場合もあれば、ベトナムの生産拠点に入社後にリーダー候補として日本本社に転勤し、日本でものづくりをじっくり学ぶ人もいる。こうしたリーダーたちがベトナム人の部下を指導しており、日本本社と同等の高品質を実現している。

　ベトナム拠点では、市場開拓にも着手するようになっている。以前はベトナム拠点で加工されたものはほとんど日本本社に輸出していたが、最近はベトナム人社長や管理職が中心となって営業活動を行い、ベトナム国内で新規顧客を獲得している。自分たちのネットワークを駆使し、日本本社ではこれまで取引していなかった企業を開拓し、納入するようになったのである。

　以上のように、同社は日本本社の内なる国際化を進めつつ海外に展開し、現地の人々の尽力で国際化に成功している事例と解釈できよう。

社員の母語を学び、コミュニケーションを円滑にするという方法も考えられるであろう。しかし、日本人社員がみな外国語を得意とするわけではない。一方、外国人社員は日本で生活をしており、日本語を学ぶモチベーションも有している。そうなると、「やさしい日本語」を使ってコミュニケーション

することが現実的なのである。

　第2が、日本人社員が外国人社員と積極的に交流する姿勢を持つことである。まず、職場で多数を占める日本人から、少数派である外国人に関わろうとする姿勢が望ましい。仕事上のやりとりに限らず、日々の挨拶や休憩中の雑談など、交流の形態は何でも構わない。弘中 (2023) の調査によれば、内なる国際化が進んでいる中小企業では、日本人社員と外国人社員の関係が良好で、なかには休日に一緒に遊ぶなど交流がプライベートにまで及ぶ事例もあった。

　文化的・宗教的背景が異なる相手を理解し、協力して職務を遂行するためには、まず接点を多く持つことが有用で、それが「内なる国際化」の進展を促すのである。


## 3　生産の国際化

### 1）日本企業のものづくり

　海外進出を伴う国際化として次に考えたいのが、海外での生産拠点設立である。それを議論する前に、日本企業のものづくりについて概観しておきたい。

　製造業のパフォーマンスを測る指標として QCD と呼ばれるものがある。Quality（品質）、Cost（コスト）、Delivery（納期）を組み合わせた用語である。高品質のものを、できるだけ低コストで、顧客が希望する納期で届けることを目指すものである。そして QCD を向上させるために、日本企業はいくつかの独自の活動を行っている。

　第1は5S[4] である。5S は「整理 (Seiri)」「整頓 (Seiton)」「清掃 (Seiso)」「清潔 (Seiketsu)」「しつけ (Sitsuke)」の冒頭の S の文字を組み合わせた語で、特に生産現場に浸透している概念である。整理は必要なものと不要なものを区別し、不要なものを処分する。整頓は、必要なものを必要なときに誰もがすぐ使えるように置き場所・置き方を決めit を維持する。探しものがなくな

---

4　日本では5S は生産管理の第一歩と考えられている。5S が徹底されることで品質の維持ができ、ものを探すなどのムダを省くことができ、安全性も高まり、また5S を継続することで社員の意識も向上するからである。

るので、効率がよくなる。清掃では、工場はもちろん設備・工具を常に掃除・手入れしてきれいな状態に保つ。清潔は、「整理」「整頓」「清掃」を常に維持する活動である。そして「しつけ」は職場や作業方法のルールを常に実行できるように習慣づけ、5Sを徹底できるようになることである。

　第2はチームワークによるものづくりである。自分が担当している工程だけでなく、前の工程、後の工程のことを理解したうえでものづくりをする。例えば後の工程で発生した不良が、前の工程に起因することもあるため、互いに状況を把握し、情報を共有することで、問題が発生したときに迅速に解決できる。また社員が有休をとったときにも、互いにカバーし合うこともできる。

　第3はカイゼン活動[5]である。作業のムダを排除して効率を上げ、品質を向上させると同時に安全性を確保するために行われる。社員が課題を設定して、アイデアや意見を出し合って解決策を見出す取組である。生産現場の社員自らが職場の問題を考えることに特徴がある。

　これら3つの活動は、日本企業のものづくりのレベルを高めるうえで、大いに役立ってきた。例えば、5Sが行き届いた工場で生産すれば作業もしやすく、異物の混入が避けられる。生産現場のメンバーが助け合って品質維持に取り組み、問題が起こった際には原因を追求し、それが再発しないようにカイゼンをすれば、さらにレベルが上がるのである。


## 2）海外生産拠点で日本人駐在員が直面する課題

　筆者は日本の中小企業のマレーシア拠点での調査を数年にわたり実施してきた。その際に印象的だったのが、現地社員に対する評価が日本人駐在員[6]

---

5　「カイゼン活動」は実際に生産現場で作業に携わる人が、課題の設定や解決方法の策定に当たる「ボトムアップ式」の活動である。国や地域によっては、企業での課題解決は経営幹部や管理職が担うという考え方もあるため、海外拠点でのカイゼン活動実施に当たっては現地社員への理解浸透が欠かせない。

6　日本人駐在員とは、日本の会社に入社し、その後、転勤・異動・出向等により当該会社の海外拠点で勤務する日本人をいう。一般に海外勤務手当・住居手当・赴任や帰国のための旅費（家族帯同の場合にはその費用を含む）などを会社が負担する。

の間で大きく異なることである。「5Sやカイゼンができている」「生産性も日本の工場に劣らない」といった肯定的な評価をする日本人駐在員がいる一方で、「遅刻、欠勤が多く無責任」といった否定的な評価をする駐在員がいた。前項で取り上げた QCD を向上させるための活動は、日本独自の取組であるがゆえに、海外の生産拠点で浸透させるのに、苦労する企業が多い。しかし、日本人駐在員の意図が現地社員にきちんと伝わっているか、つまり現地社員とのコミュニケーションのあり方に問題がある可能性も高いのである。

　そもそも、日本人駐在員は現地社員とコミュニケーションするうえで、いくつかの壁がある。

　第1が異文化理解[7]の壁である。例えばマレーシアは、マレー系、中華系、インド系など様々な人種からなる多民族国家である。また宗教もイスラム教、キリスト教、ヒンズー教、仏教など多岐にわたる。そのため駐在員は、日本では経験したことがない状況にさらされることになる。

　第2が言語である。内なる国際化においては、「やさしい日本語」で対応ができたが、海外拠点では現地社員の用いる言語でのコミュニケーションが求められ、語学力が高い方が意思疎通がしやすい。マレーシアの国語はマレー語であるが、ビジネスの場では広く英語が使用されているため、英語でコミュニケーションするのが双方にとって合理的である。しかし、弘中・寺澤(2023)で実施した中小企業の日本人駐在員へのアンケート調査によれば、赴任前に英語の訓練を受けた日本人社員は少なかった。つまり、自学自習で語学を身につける必要があるのである。

　第3が、日本の文化がハイコンテクストだということにある。ハイコンテクスト文化・ローコンテクスト文化[8]という考え方は、ホール（Hall 1976）に

---

7　異文化理解とは、自分と異なる考え方や価値観を受け入れることを指す。企業の国際化を進めると、言語・文化・宗教・習慣が異なる人々との出会いが多くなる。違いを否定するのではなく違いを認めたうえで、どのように協働するかを探っていくことが求められる。

8　文書などの書き言葉であっても、ハイコンテクスト文化とローコンテクスト文化ではコミュニケーションのスタイルが大きく異なる。文脈や背景が言語化されていない場合は、現地社員に意図が伝わらない可能性を想定しておく必要があろう。

よって提唱された。ローコンテクスト文化が、発せられた言語のなかに多くの意味が含まれているのに対し、ハイコンテクスト文化では、意味情報の大半がコンテクスト（文脈や背景）に含まれており、言語的なメッセージだけではその意味を十分くみ取ることが難しい。「空気を読む」という表現に表れているように、日本はハイコンテクスト性の高い文化である。

　言語の壁とハイコンテクスト文化は、日本人駐在員の現地社員とのコミュニケーションをさらに複雑にする。日本人駐在員がハイコンテクスト文化を進出先の国に持ち込んで、現地社員とコミュニケーションをしたとしよう。日本人駐在員の語学力が乏しい場合、拙い言語で会話し、背景や文脈を十分に説明せずに現地社員に接したとしたら、誤解が生じる余地が大きくなるのである。

## 3）現地社員との円滑なコミュニケーションに向けて

　以上のように、海外拠点に駐在する日本人駐在員は、現地社員とコミュニケーションするうえで困難に直面する確率が高くなる。この困難を少しでも削減するための方策として、ここではメタ認知という考え方を紹介したい。メタ認知とは、自分の考え方や価値観を相対化して考えられるようになることである。

　どのような人でも生まれた国や土地の文化、思考する言語の特質、家族や出会った人間との交流を積み重ねるなかで、独自の価値観・考え方を構築していく。そしてこの価値観・考え方に基づいて、自分を取り巻く状況を解釈し、行動することになる。例えば日本では、「指示されていなくても、自ら気づいて進んでやること」が推奨されるが、指示されていないことをやることは好ましくないと考える国もある。役割分担[9]に関する理解が異なるからである。また年齢が上の人を目上として敬う文化もあれば、年齢の差があまり

---

9　日本では職場での役割分担があいまいで、誰の担当かはっきりしない共有領域が多いが、欧米はすべての職務を配分し切るという。詳しくは林（1994）を参照されたい。日本のやり方は現地社員にとって不可解に映り、現地社員に共有領域の役割を自主的に担うことを期待できない可能性がある。

意味を持たない文化もある。仕事より家庭やプライベートを優先する文化も多い。

　それゆえに、日本で育った日本人駐在員にとって当然になっている価値観・考え方に基づいて現地社員の行動を解釈すると「自分勝手」「無責任」と映ってしまう。日本人駐在員が、海外生産拠点の運営に際し、自らの価値観・考え方を相対化して捉え、それが相手に必ずしも通用しないことを体感できるようになれば、現地社員の持つ考え方・価値観を否定的に捉えなくなる。それがメタ認知獲得のメリットである。


## 4　販売の国際化

### 1）販売の国際化に向けて

　中小製造業が海外生産拠点を設けた場合、そこで生産した部品はどこに納入されるのだろうか。よくみられるパターンが、1）日本の本社に輸出する、2）日本で取引している既存顧客の海外拠点に納入する、というものである。例えばベトナムに生産拠点を持っている場合を考えてみよう。1）の場合は、ベトナムで生産された部品が日本の本社で組み付けられ、日本の顧客に納入される。2）の場合は、ベトナムに進出して生産拠点を持つ日本企業の顧客に、ベトナムで生産した部品を納入することになる。つまり1）でも2）でも販売先は日本企業ということになる。このように考えると、生産する場所はベトナムになって国際化が進んだとしても、販売先は依然として日本企業のままであり、販売の国際化が進展していないということになる。

　販売の国際化のパターンとしては、①進出国の現地企業に販売する、②現地に進出している他国の企業に販売する、③進出国の近隣諸国にある企業に納入するなどが考えられる。

　ベトナムに生産拠点を持つ中小企業であれば、①の場合はベトナム企業に販売をすることになる。②では、ベトナムに進出しているアメリカの企業や韓国の企業に販売することが考えられる。③はベトナムの近隣諸国、例えばタイやインドネシアの企業に輸出・販売するということになる。

販売の国際化を進展させず、日本企業に売上を依存していたらどうなるだろうか。日本企業からの受注がなくなると売上が確保できなくなり、海外拠点の撤退という流れになってしまう。日本の本社と海外拠点が共倒れになってしまう可能性すらある。一方で海外進出先で、販売の国際化を進めることができれば、経営の安定に近づく。

## 2）技術の応用可能性の拡大

海外拠点で新規の顧客を開拓して販売の国際化を進めることは、売上の安定以外にもメリットがある。その最大のものは、技術の応用可能性が拡大することである。

日本の中小製造業は技術力が高いといわれているが、これをさらに強化することができる。なぜなら、新たな顧客を開拓する際にはこれまでにはなかった新たな要求やニーズをつきつけられるだろう。その要求やニーズに対応しようとすれば、自社の技術を応用しなくてはならない。

製造業が保有する技術には3つのタイプがある。製品技術、製造技術、そして生産管理技術である。

製品技術は新たな部品または製品を生み出すための技術である。営業先で新たな部品の製造を打診されれば、設計に着手しなければならない。例えば同じバネという部品でも、目的によって、材質や形状・大きさも異なる。

製造技術は、設計した部品を実際に製造するための技術である。設計ができたからといって、製造が容易にできるとは限らない。例えば料理でレシピを開発できたとしても、500人分を調理できるとは限らないであろう。大量の材料を効率よくカットする方法を編み出したり、煮炊きのための調理器具を新調したり、調理器具の使用方法を工夫しなければならない。また、部品の精度を向上させたり、新たな材料で良品を生産するのにも製造技術が関わってくる。

第3の生産管理技術は、求められる量を求められる品質、納期、コストでつくるためのマネジメント技術である。5Sやカイゼン活動はもちろん、生産管理に関わる技術は多岐にわたる。顧客が増えることで新たに生産する部品

が加われば、その標準的な作業方法を定める必要がある。生産現場の担当者によってつくり方が異なれば、安定的な品質が確保できないからである。

　また新たな部品を生産するためには、生産計画も再考しなければならない。工場に混乱が生じないように、いつ、どのようなタイミングで生産を開始するのか、いつまでに納入させるのかを考え、同時に不要な在庫が増えないようにしなければならない。

　以上のように、新規の顧客を開拓して受注内容が多様化することで、3つの分野の技術を磨く機会が広がるのである。


## 5　内なる国際化と生産・販売の国際化

　生産の国際化や販売の国際化を進展させるうえでは、第2節で紹介した「内なる国際化」に取り組んでおくことで、より効果がもたらされる。


### 1）生産の国際化と内なる国際化

　まず生産の国際化から考えてみよう。中小企業が海外拠点を運営するうえで困難な課題の一つが、現地で社員を採用・育成し定着させることである。多くの中小企業は、海外拠点の設立に際し、日本人社員を駐在員として派遣する。その駐在員が現地社員を採用し、何年間もかけて育成する。言語や文化が異なる環境で、人を雇用し育て、定着させるのは並大抵のことではない。とりわけ日本独自のものづくりについて現地社員に理解を浸透し、高い品質を実現しようとする場合には、なおさらである。

　しかし、日本本社で価値観・考え方の異なる外国人社員とともに働き、5Sやカイゼン活動、チームワークの重要性などを伝える努力を経験したうえで、海外に駐在したとすればどうだろう。現地での採用や人材育成は、より円滑に進むであろう。

　また、日本本社で外国人社員を雇用し、その外国人社員の母国に海外拠点を設立した場合、当該外国人社員を駐在員として派遣することができれば、立ち上げがスムーズになるであろう。例えば日本でインドネシア人を雇用し

た中小企業が、インドネシアに生産拠点を設けたとしよう。日本のものづくりを深く理解したインドネシア人が、現地で採用した社員にインドネシア人の価値観や慣習に沿って教えることができるので、理解・納得が得られやすい。給与や待遇などの人事制度についても、インドネシア人の価値観に沿って構築できれば、インドネシア人のニーズに適応したものになり、より人材の定着が進むであろう。

日本の中小企業のなかには、海外拠点で現地社員の育成が上手くできず、それゆえに品質管理が軌道に乗らなかったり、品質管理をいつまでも日本人の駐在員に依存しなければならないというケースも散見される。それに対して「内なる国際化」を経験している企業は、大きなアドバンテージがあるのである。

## 2）販売の国際化と内なる国際化

販売の国際化を進展させるうえでも、内なる国際化は効果的である。現地社員への権限移譲につながるからである。

一般に、日本企業は海外拠点での現地社員の登用が遅れているといわれている。弘中・寺澤 (2023) の調査によれば、販売の国際化に成功している中小企業の多くは、営業担当の現地社員が活躍しており、権限が与えられていた。現地で育ってきた彼・彼女たちは、親類・友人・地縁といったネットワークをフルに活用して販売先を開拓するのである。こうしたネットワークに、駐在する日本人がつながることは厳しいのが現実である。

現地社員が活躍するのは、ローカル企業の新規顧客開拓に対してだけではない。アメリカ・ヨーロッパの企業は、現地社員の登用が進んでいることから、そうした企業との交渉も、現地の担当者同士で円滑に商談を進められるようになる。それゆえに、営業の権限をいつまでも日本人駐在員が保持していると、商機を逃すことになる。

内なる国際化を進め、日本で外国人とともに働く経験を重ねることは、海外拠点の外国人社員への早期の権限移譲にもつながるであろう。

## 6 複数国展開の可能性

　中小企業の国際化が進み、それが企業成長に効果をもたらすと、1カ国ではなく他の国にも進出する企業が出てくる。経営資源に制約のある中小企業が、大企業のように多くの国へ進出することは難しくても、複数国に展開できれば、一国への集中投資よりもリスク分散ができ、成長機会も広がると考えられる。中小企業であっても、複数国展開[10] は以下の点で進めることができる。

　第1に、過去の海外拠点設立の経験が活用できる。国によって法人設立の制度等は異なるが、土地や工場の準備、従業員の採用など、共通している点も多い。

　第2に、海外拠点で新規顧客開拓に成功することができると、海外進出に対する経営者や管理者・従業員の心理的障壁が低くなる。新規顧客の開拓ができれば、投資の回収も早期化できる。

　第3に、ビジネスで外国語、とりわけ英語を用いることに抵抗がなくなる。日本人駐在員の英語力が向上すると、他の国でビジネスをすることへの言語的障壁が下がっていくのである。

　第4に、内なる国際化を進展させ外国人社員を雇用・育成し、日本本社の国際意識が高まると、現地社員の登用も進む傾向にある。従業員数が少ない中小企業であっても、新たな海外拠点に派遣する人的余裕が生まれるのである。

　以上を、販売・技術面と、組織面にわけて総括すると、図表9-1のようになる。このように複数国に展開するにしたがって、販売・技術面、組織面のそれぞれが充実し、企業成長のループが循環するようになるのである。

---

10　ここでは1カ国だけでなく、他の国にも海外拠点を設立することを複数国展開と表現している。複数国への展開については、国際経営論の分野で大企業を中心に研究が進んでいるが、中小企業は経営資源の制約とのバランスを考える必要がある。

図表 9-1　複数国展開による中小企業の成長

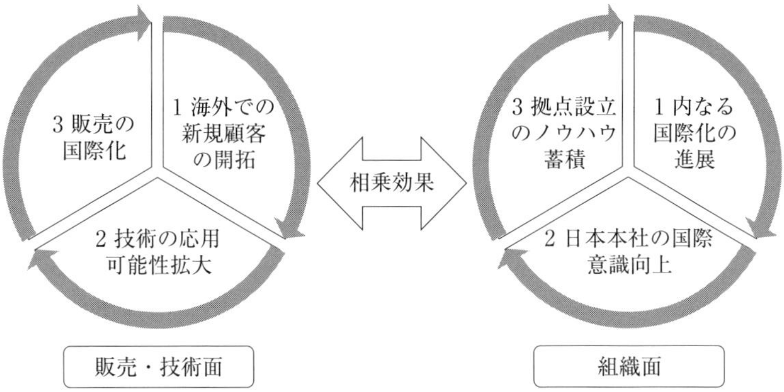

## 7　中小企業ならではの国際化のあり方

　中小企業は、①経営資源に制約がある、②組織が小規模である、という特徴を持つ。例えば中小企業基本法では、中小企業を資本金・従業員数で規定し、資金と従業員数の制約の観点から、中小企業性を判断していることがわかる。

　この 2 つの制約は、もちろん国際化のマネジメントに影響する。資金的制約は、海外拠点への投資規模の制約になり、派遣前の駐在員教育や、現地社員の教育に資金をかけづらいということにもつながる。

　一方、従業員規模が小さいことはメリットにもなる。組織内の密なコミュニケーションが可能になり、1 人の従業員が担当できる仕事の種類が多くなる。また経営者がトップダウンで迅速に意思決定ができ、環境変化に柔軟に対応しやすい。

　実は、国際化においても、中小企業は大企業とは異なるメリットを享受できる。第 1 に、中小企業は「内なる国際化」を大企業より進めやすい。前述のように中小企業の多くがすでに外国人を受け入れている。また中小企業は、経営者の考え方や方針を組織内で浸透させやすい。経営者が内なる国際化を進める意欲を持てば、外国人の強みを活かせるように適材適所に配置できる。帰国のための長期休暇の付与など、外国人社員の個別事情に配慮した社内制

度も整備しやすい。

　第2に、中小企業は、海外拠点の運営に際して長期的な経営方針を持つことができる。経営者がオーナーでもあり、海外拠点のマネジメントにも積極的に関わるからである。大企業の場合には、数年おきの人事ローテーションで拠点トップが交代する。駐在期間のうちに実績を上げなくてはならない場合、どうしても短期志向の運営になる。後任の駐在トップが方針変換をして、それが現地社員のモチベーションを下げてしまうこともある。

　しかし、中小企業の場合には、組織が小さいことから、理念や経営方針も海外拠点に浸透させやすく、駐在トップによって方針が大きく異なるということは稀である。また駐在期間も比較的長いため、長期的に方針を維持しやすい。駐在員が帰任しても、出張等で再度現地拠点を訪問することも多いため、現地社員との関係を継続して保つことができ、現地社員に安心感を与えることができる。

　第3に、海外拠点の日本人駐在員と現地社員の心理的な距離がより近くなる。中小企業の場合、通訳を雇用する費用負担を避けるために、駐在員が英語やローカルの言語を学び使用することが多い。通訳を介さずに直接会話することで、コミュニケーションが密になりやすい。弘中・寺澤（2023）によれば、駐在員と現地社員の距離の近さは、特にアジア諸国では現地社員からの評価も高く、定着率にもよい影響を与えると考えられている。

　第4に、中小企業は大企業よりも現地社員の登用を積極的に進めることができる。というのも中小企業は従業員数が限られていることから、海外拠点に多くの日本人従業員を駐在させることが難しいからである。筆者らのマレーシア調査でも、日本人駐在員は1、2名がほとんどであり、ゼロという会社も散見される。つまり現地社員を登用してマネジャーとして活躍してもらわざるを得ないのである。そして現地社員の登用は「販売の国際化」を進めるうえで、強力な武器になる。

　こうした中小企業らしさを活かすことで、国際化を進めることができれば、さらなる企業成長が期待できるのである。

## 練 習 問 題

1　日本語で書かれている新聞記事を一つ取り上げ、それをやさしい日本語で
　説明してみよう。
2　日本の中小企業が進出している国を調べ、どの国にどのような産業が多い
　のか、それはなぜなのかを考察しよう。
3　日本の中小企業が海外拠点でどのような経営をしているかを調べ、その特
　徴をまとめてみよう。

● 推 薦 文 献

**浅川和宏（2022）『グローバル経営入門（新装版）』日本経済新聞出版**
　企業のグローバル経営について、人事や組織、研究開発、戦略など、広い観点
　から基本的な理論を学ぶことができる。
**弘中史子・寺澤朝子（2023）『中小企業の国際化―「内なる国際化」から「複数
　国展開」へ―』中央経済社**
　中小製造業の国際化について、内なる国際化を経て海外で成長するまでの各
　プロセスについて、データや事例を用いて分析している。

● 引 用 文 献

経済産業省（2016）『「内なる国際化」を進めるための調査研究報告書』経済産業
　省
厚生労働省（2023）『「外国人雇用状況」の届出状況まとめ（令和4年10月末現
　在）』
出入国在留管理庁・文化庁（2020）『在留支援のためのやさしい日本語ガイドラ
　イン』
寺本義也・廣田泰夫・高井透（2013）『東南アジアにおける日系企業の現地法人
　マネジメント―現地の人材育成と本社のあり方―』中央経済社
話し言葉のやさしい日本語の活用促進に関する会議（2022）『在留支援のための
　やさしい日本語ガイドライン―話し言葉のポイント―』
林吉郎（1994）『異文化インターフェイス経営―国際化と日本的経営―』日本経
　済新聞社
弘中史子（2023）「中小企業と外国人技術系社員―技術力の向上をめざして―」
　（一般社団法人産学官連携センター・商工総合研究所共同研究報告：中小企業
　の外国人活用）『商工金融』第73巻第6号、pp.65-75
弘中史子・寺澤朝子（2023）『中小企業の国際化―「内なる国際化」から「複数
　国展開」へ―』中央経済社

吉原英樹編著（1992）『日本企業の国際経営』同文舘出版

Dunning, J. H.（1993）*Multinational Enterprises and the Global Economy.* Addison-Wesley.

Hall, E. T.（1976）*Beyond Culture,* Anchor Books.（岩田慶治・谷泰訳〔1993〕『文化を超えて（新装版)』TBS ブリタニカ）

Meyer, E.（2014）*The Culture Map: Decoding How People Think, Lead, and Get Things Done Across Cultures,* Public Affairs.（田岡恵監訳〔2015〕『異文化理解力—相手と自分の真意がわかる ビジネスパーソン必須の教養—』英治出版）

# 第 4 部

## 社会のなかの中小企業

# 10 章

## 働く場としての中小企業

中原　寛子

●キーワード
雇用創出　規模間格差　人材の多様性　働きがい　創業者育成機能

　中小企業は多くの人が働く場である。将来あなたが中小企業で働くとしたら、中小企業経営者として人を雇うとしたら、あるいは中小企業を支援する立場になるとしたら、あなたは「働く場としての中小企業」をどのように評価し、どのような課題や展開を想定して職場をつくるだろうか。

　第1節では政府統計を主として中小企業で働く人の数や中小企業の人手不足についてみる。第2節では多様な働く立場や高い定年年齢など中小企業の特徴を紹介し、賃金等の労働条件を大企業と比較する。中小企業は地方部の雇用の大部分を担い、個々の企業の地域とのつながりも深い。

　統計だけではつかみにくい中小企業の特徴も知るために、第3節では実際に働く人々を対象とした調査結果から、中小企業の魅力や課題を考える。第4節では労使双方にとって重要となる能力開発についてみてゆく。


## 1　中小企業で働く人の数

　中小企業は多くの人が働く場である。中小企業基本法 (第3条) では、中小企業は「多様な就業の機会を提供し、個人がその能力を発揮しつつ事業を行う機会を提供する」存在と定められている。図表10-1からわかるように、日本の非1次産業に従事する約4700万人の労働者のうち、約70％に相当する約3200万人が中小企業で働いている。産業別にみても、電気・ガス・熱供給・水道業、金融業、保険業、複合サービス事業を除くほとんどの産業で、中小企業従業者の割合が高い。中小企業の雇用創出機能は、日本の労働市場

図表 10-1　産業別規模別従業者数

| 産業 | 従業者<br>総数（人） | 中小企業従業者<br>総数（人） | 中小企業<br>構成比（％） |
|---|---|---|---|
| 建設業 | 3,769,623 | 3,339,900 | 88.6 |
| 製造業 | 9,534,962 | 6,185,371 | 64.9 |
| 電気・ガス・熱供給・水道業 | 212,854 | 60,117 | 28.2 |
| 情報通信業 | 1,913,944 | 1,209,580 | 63.2 |
| 運輸業、郵便業 | 3,137,065 | 2,340,447 | 74.6 |
| 卸売業、小売業 | 10,541,662 | 6,917,684 | 65.6 |
| うち卸売業 | 3,272,188 | 2,455,090 | 75.0 |
| うち小売業 | 7,269,474 | 4,462,594 | 61.4 |
| 金融業、保険業 | 1,256,483 | 228,025 | 18.1 |
| 不動産業、物品賃貸業 | 1,533,858 | 1,242,462 | 81.0 |
| 学術研究、専門・技術サービス業 | 1,605,206 | 1,121,619 | 69.9 |
| 宿泊業、飲食サービス業 | 4,352,412 | 3,401,140 | 78.1 |
| 生活関連サービス業、娯楽業 | 1,987,907 | 1,629,655 | 82.0 |
| 教育、学習支援業 | 692,789 | 574,850 | 83.0 |
| 医療、福祉 | 2,158,607 | 1,930,194 | 89.4 |
| その他（鉱業、採石業、砂利採取業・複合サービス事業・サービス〔他に分類されないもの〕） | 4,785,900 | 2,917,398 | 61.0 |
| 非 1 次産業計 | 47,483,272 | 33,098,442 | 69.7 |

資料：中小企業庁「中小企業の企業数・事業所数」「産業別規模別従業者総数（民営、非一次産業、2021 年)」(2023 年 12 月 13 日)。

において非常に重要である。

　しかし一方では、中小企業では人手不足が長期にわたる問題となっている。一般に、中小企業の離職率[1] は大企業よりも高く、新たな人材の採用も困難である。中小企業基盤整備機構が発表する従業員数過不足 DI[2] でも、コロナ禍における経済活動の停滞期間を除き、中小企業における人手不足感が全産業・全期間にわたって続いていることが確認されている。

---

1　離職率とは、前期末の就業者に対する当期の離職者数の割合で示される値である。離職とは、職業から離れることである。離職率には自己都合のほか、契約期間の満了や経営上の都合による解雇も含まれる。

人手不足の解消などを目的として、中小企業の外国人雇用も進んでいる。厚生労働省によれば、2022年時点で182万2725人の外国人が日本国内で雇用されており、この人数は10年前の約68万人に比べて3倍近くに増加している[3]。中小企業では高度人材や技能実習生など多様な外国人材が働いている。働く期間や仕事内容は在留資格[4]によって規定される。製造業、農業、介護業などの産業では人手不足が顕著であり、政府は新しい在留資格「特定技能」を設けるなどして労働力確保を支援している。外国人材は、中小企業の活性化にも寄与しており、企業の側でも期待をかけて育成している（中原2023）。

## 2　中小企業の労働市場の特徴

### 1）職業上の地位と定年年齢

　中小企業の労働市場には、大企業とは異なる特徴がみられる。特に従業員の職業上の地位と定年年齢に関して顕著な違いがある。大企業ではほとんどの従業員が役員以外の雇用者として働くのに対し、中小企業では自営業主、家族従業者、役員など多様な職業形態が存在する。図表10-2は2022年の就業構造基本調査の結果であるが、従業員数300人未満の企業では15.7％が自

---

2　従業員数過不足DIとは、従業員数の今期の状況について、「過剰」と答えた企業の割合（％）から「不足」と答えた企業の割合（％）を引いたものであり、人手不足や過剰をどのように企業が捉えているかの動向をみるために用いられる。DIはDiffusion Index（ディフュージョン・インデックス）の略で、企業の業況感や各種判断を指数化したものを指す。

3　厚生労働省「『外国人雇用状況』の届け出状況まとめ（2022年10月末現在）」p.2（https://www.mhlw.go.jp/stf/newpage_30367.html）。

4　在留資格とは、日本国籍を持たない者が日本に滞在するための資格をいう。在留資格は大きくわけて、身分・地位に基づくもの（永住者、日本人の配偶者等、永住者の配偶者等、定住者）と、就労が認められるもの（外交、公用や高度専門職、技術・人文知識・国際業務、介護、特定技能、技能実習など）、就労の可否は指定される活動によるもの（特定活動）、就労が認められないもの（文化活動、短期滞在、留学、研修、家族滞在）がある。最後の在留資格は資格外活動許可を受けた場合は一定の範囲内で就労が認められる。詳しくは、出入国在留管理庁の「在留資格一覧表」（https://www.moj.go.jp/isa/applica-tions/guide/qaq5.html）で知ることができる。

図表 10-2　従業者 300 人未満の民間企業の従業上の地位別の従業者数

| 従業上の地位 | 自営業主 | | 家族従業者 | 役員 | 役員を除く雇用者 | 総数 |
|---|---|---|---|---|---|---|
| | | うち起業者 | | | | |
| 従業者数（千人） | 5,084 | 3,309 | 1,015 | 3,086 | 23,111 | 32,296 |
| 比率（％） | 15.7 | 10.2 | 3.1 | 9.6 | 71.6 | 100.0 |

出所：総務省統計局編『令和 4 年就業構造基本調査　全国結果』をもとに作成。

営業主、3.1 ％が家族従業者、9.6 ％が役員で、残りの 71.6 ％が役員以外の雇用者である。なお、雇用者だけをみると、中小企業は縁辺労働力[5] の割合が高い。多様な立場の人が様々な働き方をする場であることは、中小企業に多様性をもたらすが、賃金等の面からみると、次項で述べる労働条件の格差につながっている。

　一方で、中小企業は定年年齢を比較的高く設定する傾向にあり、働く人は大企業よりも長期的な就業が可能となる。人事院の調査[6] によれば、従業員数 50 人以上の企業の 99 ％以上に定年制が存在し、65 歳以上としている企業は中小企業に多い。このように、中小企業は、長く活躍することが可能な場といえよう。

## 2）賃金・休日・福利厚生

　一般に、中小企業は大企業に比べて低賃金で労働時間が長いとされる。中小企業の持つ労働条件の不利も確認しておきたい。ここでは、統計をもとに確認する。

　（1）賃　　金　　平均でみると、中小企業の賃金水準は大企業よりも低い。特に中高年の男性労働者の賃金において企業規模間の差が顕著に表れて

---

5　縁辺労働力とは、パートタイマーやアルバイト、季節労働者など労働市場への参入と退出を繰り返し、労働力になったり非労働力になったりする就業形態が不安定な労働力を指す。これに対して正社員などの常用雇用を基幹労働力と呼ぶ。
6　人事院の「民間企業の勤務条件制度」等調査結果（2021 年）による。なお、人事院の調査は国家公務員の勤務条件検討のための基礎資料としての意味合いが強く、中小企業政策に焦点を当てたものではないが、節のトピックの説明に適した調査結果に限って取り上げた。

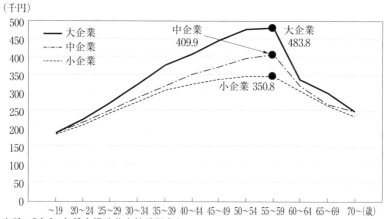

図表 10-3　企業規模、年齢階級別賃金（男性）

(千円)

出所:「令和4年賃金構造基本統計調査」。

図表 10-4　企業規模別の完全週休 2 日制導入比率と年間休日総数

| 企業規模 | 完全週休 2 日制（%） | 平均年間休日総数（日） |
| --- | --- | --- |
| 1,000 人以上 | 65.8 | 115.5 |
| 300〜999 人 | 61.2 | 114.1 |
| 100〜299 人 | 48.2 | 109.2 |
| 30〜99 人 | 47.1 | 105.3 |

資料:「労働統計要覧（令和 4 年度）」「D 労働時間 10 週休制の状況」
（https://www.mhlw.go.jp/toukei/youran/indexyr_d.html）。

いる。図表 10-3 は「令和 4 年賃金構造基本統計調査」の結果であるが、企業
規模が小さいほど大企業との賃金格差が大きいことがわかる。

(2)　休　　　日　　休日数にも企業規模による違いがみられる。図表10-4
をみると、完全週休 2 日制の導入比率と平均年間休日総数は、企業規模が大
きいほど高くなる傾向にある。例えば、従業員 1000 人以上の大企業では 6 割
以上が完全週休 2 日制を導入しているが、従業員数が 30 人以上 100 人未満の
企業では 5 割に届かず、休日数も少ない。

(3)　福　利　厚　生　　福利厚生に関しては、慶弔休暇や慶弔見舞金の導入率
には企業規模による差はないが、財形貯蓄や住宅手当を整備している中小企
業はいまだ少ない。福利厚生にも企業規模による差があるものの、社宅や住

図表10-5 従業員規模別に見た人事評価制度の有無

| 従業員規模 | 人事評価制度なし（%） | 人事評価制度あり（%） |
|---|---|---|
| 5〜20 人（n = 1,383） | 65.0 | 35.0 |
| 21〜50 人（n = 1,277） | 42.8 | 57.2 |
| 51〜100 人（n = 917） | 27.5 | 72.5 |
| 101 人以上（n = 690） | 12.8 | 87.2 |

資料：帝国データバンク「中小企業の経営力及び組織に関する調査」。
出所：中小企業庁編『中小企業白書　2022 年版』。

宅手当については、全国に事業所を持つ大企業では転勤が多いため整備する必要があるが、中小企業では必要性が薄いためと考えられる。

⑷　**人 事 制 度**　　中小企業では、大企業に比べて人事制度が未整備である。図表10-5に示されるとおり、小規模な企業ほど人事評価制度の導入率が低い傾向にある。明文化された評価制度は、評価の公正性や客観性をある程度担保するため、整備することが望ましく思える。しかし、中小企業のなかには経営者が従業員の働きぶりを直接観察することが可能であり、評価制度に頼る必要がないと考える企業もある。実際、小規模企業の多くが、経営者が全従業員の状況を把握していると答えている。

## ３）規模間格差の問題

　以上のような企業規模による労働条件の格差は、学術的な関心の対象となっている。代表的な理論の一つに、二重労働市場仮説がある。1971 年、ドーリンジャーとピオレ（Doeringer & Piore 1971）は、労働市場が内部労働市場（第 1 次労働市場）と外部労働市場（第 2 次労働市場）にわかれており、それぞれの市場での訓練や学習の機会、技能の評価と処遇の違いが賃金格差を生じさせると説明した。また、内部労働市場でも採用時の選別や職業訓練の機会の違いが格差を生む要因とされる。中小企業では、外部労働市場の労働力の比率が高いので、大企業との格差が生じる。

　このほか、第 2 節でみた縁辺労働力の多さなどの中小企業で働く人材の多様性は、平均的な労働条件を引き下げる要因の一つであると考えられる。

## 3　地域密着型の中小企業

　中小企業の特徴の一つに、地域社会との密接な関係がある。特に地方では、雇用の多くが中小企業によって支えられている。中小企業では地域の祭りや行事への参加が一般的で、これが地域社会への貢献となっている。転勤の少なさも中小企業の特徴である。

　全国平均では 68.8 ％の雇用が中小企業によるものであるが、地方部では 90 ％以上にのぼる地域も多い。また、約 8 割の大企業では転勤があるのに対し、中小企業では 3 割に満たない[7]。中小企業の従業員は地元での生活を維持しやすくなっている。しかし、テレワークの普及により、大企業でも地方に住みながら働くことが可能になりつつある。

　以上のように、中小企業の労働条件は大企業とは異なる特徴を持つ。賃金や休日数だけを考慮すれば大企業の方が魅力的に映るかもしれないが、中小企業にはそれ以外の魅力が見出せる。次の節では、中小企業の働きがいなどの魅力と課題を検討する。

図表 10-6　都道府県別従業者数（抜粋）

| 都道府県名等 | 【従業者総数】 中小企業 | うち小規模 | 大企業 | 規模合計 | 中小企業の占める割合 |
|---|---|---|---|---|---|
| 都道府県総計 | 33,098,442 | 9,725,922 | 14,384,830 | 47,483,272 | 69.7% |
| 東京都 | 6,187,709 | 1,147,927 | 7,782,073 | 13,969,782 | 44.3% |
| 大阪府 | 2,894,237 | 763,692 | 1,328,011 | 4,222,248 | 68.5% |
| 愛知県 | 2,255,826 | 578,466 | 879,067 | 3,134,893 | 72.0% |
| 神奈川県 | 1,761,827 | 523,524 | 654,363 | 2,416,190 | 72.9% |
| 宮崎県 | 242,586 | 89,683 | 15,502 | 258,088 | 94.0% |
| 長崎県 | 286,875 | 108,287 | 15,924 | 302,799 | 94.7% |
| 奈良県 | 233,393 | 85,971 | 10,637 | 244,030 | 95.6% |
| 鳥取県 | 126,810 | 41,891 | 5,096 | 131,906 | 96.1% |

資料：中小企業庁「中小企業の企業数・事業所数」「都道府県・大都市別企業数、常用雇用者数、従業者総数（民営、非一次産業、2021 年）」（2023 年 12 月 13 日）。

---

7　人事院「民間企業の勤務条件制度」等調査結果（2021 年）。

## 4　中小企業の働きがい

### 1）中小企業で働くことの長短と働きがい

　中小企業の平均的な低賃金、労働時間の長さ、福利厚生の限定性などは、働く場としてのデメリットとなりうるが、メリットとしてはどのような特徴が期待できるだろうか。すでに挙げた定年年齢の高さや転勤の少なさに加えて、一般に、中小企業は、経営者との距離の近さ、仕事の幅と裁量の大きさ、地域とのつながりの強さ、昇進昇格の機会の多さ、などのメリットを持つとされる。これらを順にみていこう。まず、中小企業では経営者との距離が近いため自分の意見やアイデアを直接伝えやすい。次に、中小企業では従業員数が少なく、1人の働き手が様々な役割や業務をこなすこととなり、これが従業員にとっては幅広いスキルや知識を得る機会となる。また、中小企業は自己の判断で業務を進めるなどの裁量が比較的大きく、自主性を発揮できる環境といえる。地域とのつながりの強さについては地元での生活設計を可能とする以外にも自社の地域社会への影響を直接感じられる。また、中小企業では大企業と比べて昇進や責任ある役割への移行のチャンスが得られる場合が多い（ただし、中小企業には同族経営[8]が多く、そのために昇進などが制限される場合もある）。こうした特徴は、中小企業ならではの働きがいや充実感を提供する要因となりうる。

　では、実際に中小企業で働いている人々が、自分の仕事や環境をどのように捉えているかを、中小企業の従業員に対する調査[9]のデータから確認してみよう。図表10-7は、就職時に中小企業と大企業の従業者が何を重視したかを比較している。中小企業で働く人々は「経営者との距離の近さ」「遠隔地転勤の少なさ」などを重要視している。一方、大企業で働く人々が重視するのは「知名度の高さ」「世間や周囲からの評判」などである。

---

8　同族経営とは、創業者とその子孫など、特定の親族が中心となって行われる企業経営を指す。
9　アンケートは2013年に製造業・小売業・卸売業の中小企業と従業員1000人以上の大企業の就業者3313人から回収され、うち20名にはインタビューが行われた。

図表 10-7　就職時に重視した点（中小企業就職者と大企業就職者の比較）

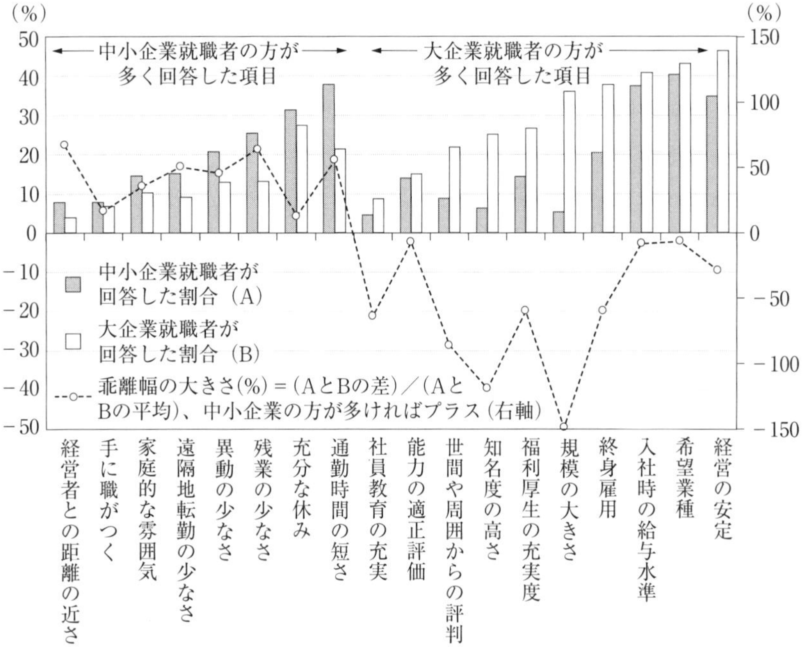

(%)　　　　　　　　　　　　　　　　　　　　　　　　　　　　　　　(%)

```
50 ┌─────────────────────────────────────────────┐ 150
   │  ←中小企業就職者の方が→   ←大企業就職者の方が→  │
40 │    多く回答した項目         多く回答した項目    │
30 │                                               │ 100
20 │                                               │
10 │                                               │ 50
 0 │                                               │ 0
-10 │  ■ 中小企業就職者が                            │
-20 │    回答した割合（A）                           │ -50
-30 │  □ 大企業就職者が                              │
-40 │    回答した割合（B）                           │ -100
   │ --○-- 乖離幅の大きさ(%) =（AとBの差）／（Aと     │
-50 └─    Bの平均）、中小企業の方が多ければプラス（右軸）┘ -150
```

経営者との距離の近さ　手に職がつく　家庭的な雰囲気　遠隔地転勤の少なさ　異動の少なさ　残業の少なさ　充分な休み　通勤時間の短さ　社員教育の充実　能力の適正評価　世間や周囲からの評判　知名度の高さ　福利厚生の充実度　規模の大きさ　終身雇用　入社時の給与水準　希望業種　経営の安定

出所：海上泰生（2015）報告の「就業意識アンケート調査」より、海上泰生（同調査担当者）作成・提供。

図表 10-8　働く人が考える役員や部長などへの昇進期待

| 企業規模 ＼ 部長や役員になる難易度 | ある程度、なれる見込みがある ＋ なれる見込みも少しある（%） | かなり難しい ＋ やや難しい（%） |
|---|---|---|
| 中小企業 | 36.7 | 63.3 |
| 大企業 | 21.9 | 78.1 |

出所：図表 10-7 に同じ。

　図表 10-8 は、大企業と中小企業それぞれで働く人の昇進期待の度合いを比較したものである。大企業では役員や部長になれる見込みがあると答える人が 2 割程度しかいない一方で、中小企業では約 4 割の人が見込みがあると答えている。これは、中小企業の昇進競争が比較的少なく、昇進ルートが柔軟であることに起因すると考えられる。

## 2）動機づけ−衛生理論を用いた整理

　中小企業で働くメリットとして挙げた要素は、モチベーション向上に役立つものであるともいえる。よい給与や労働条件も大切だが、仕事そのものが楽しくてやりがいのあるものであることが、モチベーションを引き出す鍵となるからである。これを、ハーズバーグ（F. Herzberg）の理論からみてみよう。

　ハーズバーグは、1959年に「動機づけ−衛生理論（二要因理論）」を提唱した。そこでは、仕事に関連する要因が2つのグループに大別され、①従業員の不満のもととなる要因と、②従業員の満足およびモチベーションに影響を与える要因に整理された。①は「衛生要因」と呼ばれ、雇用保障・給与・作業条件・対人関係・休暇など職務の物的環境条件に関するものであり、これらが不十分な場合には不満のもととなるが、これらが十分満たされていても仕事の満足を直接高めるものではないとされる。②は「動機づけ要因」と呼ばれ、職務内容・達成の承認・責任・意思決定への関与など職務に直接関連するものであり、労働者の仕事満足度やモチベーションに直接的な影響を与えるとされた（図表10-9）。

　中小企業は、賃金などの衛生要因では平均して大企業より不利であるものの、動機づけ要因となりうる要素を多く持ち、これが中小企業で働く人の仕事に対する熱意と満足度を高めている可能性がある。衛生要因を高く保つことはもちろん重要であるが、それだけでは創造性や生産性の向上は期待できない。ハーズバーグによれば、具体的には、動機づけ要因志向に関する再教育と、職務拡大のほか経営管理上の問題解決に取り組む必要がある。ここでいう職務拡大については、図表10-10に示すように、動機づけ要因と、仕事

図表10-9　動機づけ−衛生理論に分類される主な要因

| 分類 | 分類の説明 | 要因 | 従業員への影響 |
|---|---|---|---|
| 衛生要因 | 職務の物的環境条件に関する要因 | 雇用保障・給与・作業条件・対人関係・休暇など | 不十分な場合、不満足の原因となる |
| 動機づけ要因 | 職務に直接関連する要因 | 職務内容・達成の承認・責任・意思決定への関与など | 満足度を高めるモチベーションを高める |

出所：Herzberg（1966）を参考に作成。

図表 10-10　動機づけ要因と継続的に満足を得るのに必要な職務内容

| 動機づけ要因 | 成長原理 | 関連する職務内容 |
|---|---|---|
| 達成と達成の承認 | 知識を増進する機会 | 達成の承認により、自らの職種や職務についてより多くの知識を得るよう動機づける。 |
| 責任 | 理解を増進する機会 | より複雑な課業により、仕事の構成要素間の関係づけを理解する機会を与える。 |
| 成長の可能性 | 創造性の機会 | 担当職務の範囲に融通を持たせ、創造性を発揮する機会を与える。 |
| 昇進 | 意思決定においてあいまいさを経験する機会 | より高度な仕事を与え、あいまいさのなかで成功する機会を与える。 |
| 興味 | 個人化し、現実的成長を追求する機会 | 仕事そのものから直接的な興味を引き出せるようにする。 |

出所：Herzberg（1966 pp.200-201）を参考に作成。

を通じた個人の成長に関わる職務内容を指す。中小企業は、自分のする仕事が社内に与える影響や、取引先との関係までを知りやすい環境でもある。また、中小企業は大企業に比べて自分の提案がトップに伝わりやすく、こうした機会からは創造性の発揮や達成感の獲得の機会が得られる。

　大阪府の小型産業機械の製造企業である株式会社ナオミは、経営者と従業員の意見交換の場を多く設けることで人材育成に取り組んでいる。また、従業員のやりがいのため、年齢や入社年数に関係なく仕事を任せており、例えば、新卒 1 年目の従業員の提案で新部署を立ち上げ、社内 ICT システムの運用を任せるなどの実績がある（中小企業庁 2018）。このように、自身の意見やアイデアが経営に反映される経験は、強力な動機づけ要因となりうる。同社では、このような取組の成果として従業員のモチベーションが上がり、生産性向上につながったとしている。

## 3）中小企業で働く人の意識の変化

　就職後の仕事経験は、働き手の価値観に変化をもたらす。図表 10-11 からは、中小企業で働く人が重視するポイントが、仕事経験を通じて変わっていることがみてとれる。就職前と後では「異動の少なさ」「通勤時間の短さ」といった衛生要因に当たる労働条件の重要度が低下している。一方で、「能力

図表 10-11　就職先企業に対して重視する点（就職時と現在の比較）

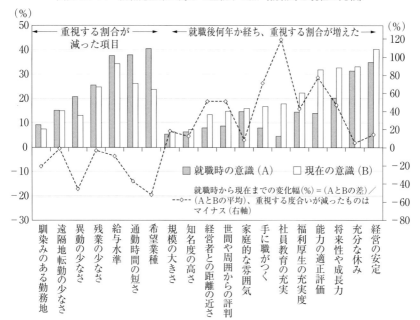

出所：図表10-7に同じ。

の適正評価」「社員教育の充実」「手に職がつく」など、動機づけ要因に当た
る職務に直接関連する要因が重視されるようになっていることがわかる。中
小企業で、経営者と近い関係のもと、責任があり幅のある仕事を経験するこ
とにより、働き手の関心が、生活の便利さから能力開発や自己成長にシフト
したのかもしれない。

## 5　中小企業の能力開発

従業員の能力開発[10] は、従業員自身だけでなく、経営にとっても重要な要

---

10　能力開発とは、短期的には、職務遂行上必要とされる能力の育成を、長期的には、組
織が期待する人材像と従業員が目指す人材像をすり合わせてキャリア開発を図ることを
指す。

素となる。大企業に比べて各従業員の役割が重要な中小企業ではことさら、個々の能力が企業経営に与える影響が大きい。本節では、中小企業における能力開発がどのようなものかをみていく。

## 1）中小企業の人材ニーズと能力開発の方法

　中小企業は人手不足や離職率の高さに対応するため、職場環境の改善や従業員の能力開発に取り組む必要がある。帝国データバンクの調査によると、中小企業が求める主要なスキルは「チームワーク」「コミュニケーション能力」「職種特有の技術力」である。能力開発の方法として、多くの中小企業では経営資源の制約から、OJT（職場内訓練）[11] を中心とした訓練を行うことが主

図表 10-12　人材育成策別実施状況と人材育成の順調度合い

| 具体的な人材育成策 | 実施した企業の割合（%） | 人材育成が「順調」＋「やや順調」と回答した企業の割合（%） |
| --- | --- | --- |
| 技能向上や昇進のためのキャリアパスや成長モデル設定 | 8.7 | 52.7 |
| 従業員1人1人の適性を踏まえた個人別育成プラン | 22.2 | 45.0 |
| 階層別・職能別で体系的な人材育成カリキュラム | 17.0 | 44.5 |
| 計画的なジョブローテーション | 25.0 | 43.2 |
| スキル習得の段丘性や点数制・社内資格・表彰制度等 | 21.7 | 41.4 |
| 育成を主眼にした大学・職業訓練校等への派遣 | 5.8 | 40.2 |
| 技能承継のためベテランと後継者を組合わせて配置 | 53.5 | 39.7 |
| 国家資格・免許などの計画的取得プログラム | 37.4 | 39.4 |
| 育成を主眼にした海外長期出張や派遣 | 4.4 | 37.1 |
| 上記のような育成策は、実施していない | 22.0 | 21.1 |

出所：図表 10-7 に同じ。

---

11　OJT（On-the-Job Training：職場内訓練）とは、仕事をしながらの訓練を指す。職場での仕事を通じて必要な知識や技能を習得させる方法である。職業内教育とも呼ばれる。働きながらの訓練であるので、Off-JT に比べて労使双方のコストが少ないこと、実地での経験を通して教育できるなどのメリットがある。デメリットとしては、仕事と区別しにくいこと、計画的な訓練となりにくいこと、指導役の能力に左右されやすいことなどがある。

流である。図表10-12に示す日本政策金融公庫の調査では、最も一般的な人材育成策として「技能承継のためベテランと後継者を組合わせて配置」する方法が挙げられ、約半数の中小企業がこれを実施している。さらに、従業員の希望や適性に基づいた個別の能力開発に取り組む中小企業も存在する。中小企業がOJTから長期的なキャリア開発に至るまでの様々な能力開発を行っていることがわかる。能力開発の効果の測定は、多様な要因が絡むため難しい。しかし、経営者の主観的な評価からは「従業員1人1人の適性を踏まえた個人別育成プラン」や「技能向上や昇進のためのキャリアパスや成長モデルを設定」などを行う企業において育成が順調であり、こうした長期的な人材育成の手法が効果的であることを示唆している。

## 2）中小企業の創業者育成機能

　中小企業は自社内で活躍する人材の育成に取り組むが、同時に、創業者を育成する環境としての役割も果たしている。まず、中小企業は、経営者との距離が近く、経営の実態を直接学ぶ機会が豊富な環境である。販路開拓や資

図表10-13　開業直前の勤務先従業者規模

n＝1920

| | 従業員数 | 比率（％） | |
|---|---|---|---|
| 中小企業 | 1-4 | 13.3 | 84.4 |
| | 5-9 | 17.7 | |
| | 10-19 | 19.2 | |
| | 20-29 | 7.6 | |
| | 30-49 | 7.9 | |
| | 50-99 | 9.2 | |
| | 100-299 | 9.5 | |
| 大企業 | 300-999 | 6.6 | 14.9 |
| | 1000- | 8.3 | |
| 公務員 | 公務員 | 0.7 | 0.7 |
| 計 | 計 | 100.0 | 100.0 |

資料：日本政策金融公庫総合研究所（2020）から作成。

金繰りなどの経営手法や、自身の業界の状況を学ぶことができるほか、仕事を通じた人的なネットワークの形成も可能である。次に、低賃金などの経済的な要因が創業の動機となると考えられる。

　図表10-13をみると、新規創業者の8割以上が300人未満の企業で働いており、この割合は、第1節でみたように中小企業で働く人の割合が7割程度であることを考えても高い。このことから、新規創業者には中小企業出身者が多いことがわかる。

## 中小企業の外国人雇用と活用

　本章では、大企業に比べて仕事の幅が広く、昇格の期待を持てることを中小企業で働くことの魅力の一つとして挙げた。また、中小企業では多様な人材が活躍しており、外国人材も活躍している。このコラムでは、優秀な外国人材の能力を評価して昇格・活用につなげる中小企業の事例を紹介する。

　大阪府東大阪市に本社を置く木田バルブ・ボール株式会社（以下、KVB）は1972年に設立され、ボールバルブ用弁体ボールなどを製造する従業員数60名の精密機械部品製造企業である。KVBは2008年から延べ30名近くの外国人材を雇用し、その能力進展に期待をかけている。本人の能力に応じて昇格もさせており、これまでにベトナム人T氏とC氏の2名を係長に任命している。2名は技能実習を経て、在留資格を変更して エンジニアに転向した。2名とも、日本人との結婚により活動制限のない在留資格に切り替わった。それぞれ採用から数年後にはリーダーに、2018年には同時に係長に昇格している。社長は、T氏の「NC旋盤の加工精度・スピードが素晴らしく、リーダー的気質で彼の周りには自然と人の輪ができる」こと、C氏の「人を育てるのに必要な厳しさを持ち、信念を持って仕事に励んでいた」ことを高く評価した。昇格後もT氏がベトナム人チームをまとめる一方で、C氏は部下をよく指導育成した。その後T氏は他社に転職したが、社長はこれを惜しみながらも、C氏の高い語学力が会議での議論や部下の指導育成に有利に働き、ライバル関係にあったT氏が差を感じる要因になったのではとみている。C氏は現在も同社で活躍し、社内の外国人材のキャリアパスの手本となっている。このように、国籍や雇用形態などで一律に扱わず、経営者が1人1人の社員をよく観察して活躍を促せるのは、働く場としての中小企業の魅力ではないだろうか。

この章では、中小企業を、働く場としての側面からみてきた。統計的な数値などを参考に全体としての中小企業全体の傾向を学んだことで、中小企業で働くこと、あるいは中小企業経営者や管理職として人を雇用・管理することが少しでもイメージできただろうか。働く場としての中小企業には、良い面も悪い面もあり、大企業との格差は依然としてあるものの、中小企業ならではの魅力もまた多い。

　中小企業は個別にみれば多種多様であり、本来一括りにはできない。中小企業には、社員が数名以下の企業も数百人いる企業も含まれる。また、業種やどれほど若い、あるいは老舗の企業であるかでも異なる。こうした中小企業の異質多元性は中小企業の魅力であるが、つかみにくさにも通じる。労働の面でも、本章で述べた平均的な中小企業とは異なる企業も少なくない。例えば、平均的な大企業より高い賃金や福利厚生を誇る中小企業も存在する。本章で紹介した中小企業の働きがいなどの要素を、個別の中小企業をみる際の手掛かりとして活用してみよう。

---

### 練 習 問 題

1　大企業と中小企業の間で賃金などの労働条件がどのように違うのか、政府統計などを調べ、なぜそのような違いが生まれるのか考えてみよう。

2　あなたの地域にある中小企業1社について、その企業が取り組む人材育成がどのようなものか調べてみよう。

3　大企業または中小企業で働く場合のメリット・デメリットを能力開発の視点から自分なりに整理して、自分の希望する働き方を考えてみよう。

---

●推 薦 文 献

渡辺幸男・小川正博・黒瀬直宏・向山雅夫（2022）『21世紀中小企業論─多様性と可能性を探る─（第4版）』有斐閣
　働く場としての中小企業に関わる多数の統計データが収録されており、より詳しく学ぶことができる。中小企業の工場の技術者が語る働きがいの詳細な記述も紹介されている。

髙田亮爾・上野紘・村社隆・前田啓一編著（2011）『現代中小企業論（増補版）』

同友館
第6章「中小企業と労働問題」では、中小企業で働くことの厳しい面に焦点が当てられている。大企業との賃金格差などを理論的に捉えるために、労働市場や賃金構造に関する理論を学ぶことができる。

●引用文献

海上泰生（2015）「働く場としての中小企業の魅力―中小企業就業者の特性分析と企業の対応―」『日本公庫調査月報』No.078、pp.5-7

人事院（2021）「民間企業の勤務条件制度（令和3年調査結果）」

総務省統計局編（2022）『令和4年就業構造基本調査　全国結果』

中小企業基盤整備機構（2023）「第172回中小企業景況調査」

中小企業庁編（2018、2021、2022）『中小企業白書』2018年版、2021年版、2022年版

中原寛子（2023）「中小企業における未熟練から中熟練の外国人労働者活用―経営者の期待と育成工夫―」『商工金融』第73巻第6号、pp.37-53

日本政策金融公庫総合研究所編（2020）『2020年版新規開業白書』佐伯印刷

Doeringer, P. B. & Piore, M. J.（1971）*Internal Labor Markets and Manpower Analysis*, Heath Lexington Books（白木三秀監訳〔2007〕『内部労働市場とマンパワー分析』早稲田大学出版部）

Herzberg, F.（1966）*Work and the Nature of Man*, World Publishing（北野利信訳〔1968〕『仕事と人間性―動機づけ衛生理論の新展開―』東洋経済新報社）

# 11 章

# 中小企業のダイバーシティとインクルージョン

額田　春華

> ●キーワード
> 人口オーナス期　インクルージョン　WLB　働き方改革　ウェルビーイング

　中小企業は日本の雇用全体の約7割を提供する重要な役割を果たしてきたが、一方で大企業に比べて人材獲得において不利な立場に立ちやすく、人手不足に悩まされてきた。その切り札として注目されるようになったのが、従来「就職弱者」になりがちだった多様な人々の雇用と活用である。

　まず第1節で多様な雇用が拡大してきた社会的背景について説明し、第2節で多様な雇用を捉える理論を紹介する。そのうえで女性労働に焦点を絞り、第3節で日本経済のジェンダー不平等の実態を確認し、第4節で中小企業における女性労働のダイバーシティ経営についてまとめる。

## 1　日本の人口構造の変化と多様な雇用の拡大

　日本の生産年齢人口（15～64歳）は1995年をピークとして減少に転じ、1995年の約8800万人から2015年の約7700万人へと20年間で約1000万人減少した（中小企業庁『中小企業白書　2018年版』pp.121-122）。出生・死亡の中位推計の予測のもとで、日本の生産年齢人口は2060年にはさらに約4800万人にまで減少することが見込まれている。

　図表11-1は1950年から2022年までの従属人口指数、年少人口指数、老年人口指数の推移である。実線が従属人口指数で、何人の働き手で年少者や高齢者を支える社会かを示しており、破線が年少人口指数、点線が老年人口指数である[1]。戦後1968年まで下がり続けた従属人口指数は1992年まで43.30から48.71の間の値に落ち着いていたが、その後上昇トレンドに転じ、2022

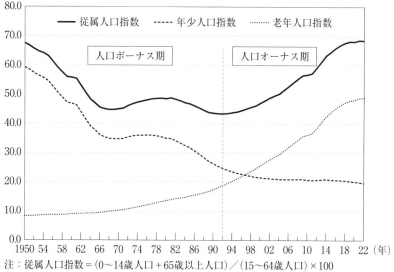

図表 11-1　人口ボーナス期と人口オーナス期

注：従属人口指数＝（0〜14歳人口＋65歳以上人口）／（15〜64歳人口）×100
　　年少人口指数＝（0〜14歳人口）／（15〜64歳人口）×100
　　老齢人口指数＝（65歳以上人口）／（15〜64歳人口）×100
出所：総務省「人口推計」より筆者作成。

年には 68.37 まで高まっている。人口問題研究所の推計では今後、ますます
この数値が高まることが予測されている。1950 年代から 1960 年代前半にか
けての従属人口指数の高さの主たる要因は年少人口指数の高さにあり、子ど
もの養育・教育費等の大きな負担を背負ってはいたが、子どもたちが近い将
来、労働力へと育ち、国を支える側にまわる明るい従属人口指数の高さで
あった。これに対し、1990 年代半ば以降の従属人口指数の高さの主たる要因
は老年人口指数の高さにある。出生率が回復しなければ、従属人口指数はま
すます高まり続けることになる。

　このような変化を小室淑恵は、ハーバード大学のブルーム（D. Bloom）の研

1　年少人口指数は、何人の働き手で年少者を支える社会かを示し、老年人口指数は、何人
　の働き手で高齢者を支える社会かを示す指標である。この 2 つの指数は従属人口指数を 2
　つに分解し、どちらの要因が人口指数に大きく影響しているかを捉えることを可能にす
　る。

究を引用し人口ボーナス期から人口オーナス期への変化として整理する。人口ボーナス期とは、生産年齢人口の比率が高まり、高齢者などの支えられる側の人口が非常に少ない、従属人口指数の低い人口構造の状態を指す。若い労働力にあふれ人件費の面で国際競争力を持ち、早く・安く・大量に仕事をこなしながら経済成長を謳歌でき、一方で社会保障費の負担が軽く、国内の利益を投資へ潤沢にまわすことができる。一方、人口オーナス期とは、逆に高齢者などの支えられる側が支える生産年齢人口に対して増大し、従属人口指数の高い人口構造の状態を指す。人件費の安さで勝負することは困難になり、社会保障制度の維持の困難に直面しやすくなる（小室 2016 pp.25-29）。

　日本はバブル経済が崩壊した1992年頃から人口オーナス期へ移行し、その後急速に従属人口指数が悪化した。人口ボーナス期であっても人手不足に悩まされてきた中小企業は、人口オーナス期に入ってますます、その悩みを深めることとなり、女性、高齢者、外国人等の活用への注目度が増していった。

　多様な雇用に関わる中小企業研究はどのように進められてきたのだろうか。1970年代・1980年代は労働問題の扱いとして、多様な雇用が取り上げられた。1990年代に入ると、雇用形態の多様化の進展、非正規雇用の浸透、労働力の高齢化、外国人労働問題、女子労働力の活用の必要性が浮上し、ユニバーサルな労働環境は若年労働力にとっても魅力的であることの指摘もなされるようになった。2000年代には一段と雇用形態の多様化が進行し、ワーク・ライフ・バランス（WLB）[2]、労働時間、最低賃金制度問題等が議論の中心となり、労働市場の流動化が進んだ（許 2022 p.19）。

　さらに2010年代に入ると、多様な雇用は人手不足の労働問題解決の量的手段として単に捉えられるのではなく、多様な人材のミックスが生み出す新価値創造に焦点を当てられ、それを可能にする人材マネジメントや組織変革推進の課題を考える研究が中心になっていった。

---

2　WLBとは、仕事と生活の調和のことである。ここでの生活には家事や育児、介護だけでなく、自己研鑽や地域活動、運動など様々な生活要素が含まれ、その対象は育児者や介護者だけでなく、全従業員が対象となる。

一口で多様な雇用といっても、高齢者、外国人、女性、障がい者の間で、企業規模とそれらの人々の構成比率の間の傾向には違いがある。高齢者と女性が全従業者に占める比率は、どちらも規模が小さくなるほど高くなる傾向がみられる[3]のに対し、外国人と障がい者の全従業者に占める比率は、逆にどちらも規模が小さくなるほど低くなる傾向がみられる[4]。資源制約が大企業に比べて相対的に大きい中小企業にとって活用のハードルが比較的に低かったのは高齢者と女性であり、逆に雇用のハードルを克服する仕組みの整備が、各企業単独での工夫だけでは難しい状況にあるのが外国人と障がい者の雇用であることが推測される。

　なぜこのような差が生じるかについての探究は将来の課題とし、次節では多様な労働をどのような視点で捉えるかについて考えてみよう。

## 2　多様な労働をどのような視点で捉えるか

### 1）ダイバーシティとインクルージョン

　まず最初に、多様な労働のマネジメントを考えるときに使われることの多い「ダイバーシティ」と「インクルージョン」の概念について整理する。

　経済産業省は、多様な雇用をマネジメントするダイバーシティ経営を「多様な人材を活かし、その能力が最大限発揮できる機会を提供することで、イノベーションを生み出し、価値創造につなげている経営」と定義する。ここでの「多様な人材」には性別、年齢、人種や国籍、障がいの有無、性的指向、宗教・信条、価値観などの多様性だけでなく、キャリアや経験、働き方などの多様性も含み、また「能力」には、多様な人材それぞれの持つ潜在的な能

---

3　規模と女性比率の関係については、例えば中小企業庁『小規模企業白書　2020年版』第2部第3章第2節　第2-3-15図で示されている。一方、規模と高齢者比率の関係については、中小企業庁『小規模企業白書　2020年版』第2部第3章第2節　第2-3-16図で示されている。

4　規模と障がい者雇用の関係については、例えば内閣府『障害者白書　2023年版』第3章の図表3-8で示されている。一方、規模と外国人雇用比率の関係については、中小企業庁『小規模企業白書　2022年版』第1章第3節　コラム1-1-2①図で示されている。

力や特性なども含むとする[5]。

　このようなダイバーシティの捉え方は、ダイバーシティ経営に関する昨今の研究の到達点が反映された内容になっている。経営学におけるダイバーシティ経営の研究は、1960年代にアメリカで肌の色や性別といった表層的な違いによる差別や格差是正のための法対応から始まっている。1980年代以降は、それらを職場や組織にいかにプラスに作用させるかに着眼点が移り、1990年代以降になると、カルチャルアイデンティティ、すなわち社会文化的に区別可能なグループに自ら区分して認識することによって生じる違いに着目されるようになった。単なる表層的な違いではなく、「何かしらの共通アイデンティティを持つグループ化された人々」の違いを尊重するマルチカルチャリズムへの着眼は、次に説明するインクルージョン概念への注目を高めることにつながった（船越 2021 pp.12-24）。

　インクルージョンは、経営学の領域において1990年代からダイバーシティ研究のなかでみられるようになった概念である。ここでは、インクルージョンを「社員が仕事を共にする集団において、その個人が求める帰属感と自分らしさの発揮が、集団内の扱いによって満たされ、メンバーとして尊重されている状態」（Shore, *et al.* 2011、船越 2021）と定義する。

　図表11-2は、多様な人々が参加している状況を、横軸にて集団への帰属感が高いか、低いか、また縦軸にて集団での自分らしさの発揮の価値が高いか、低いかで整理し、以下の4つに分類する。

　①エクスクルージョン（Exclusion：排除）：帰属感低い×自分らしさの価値低い

　②アシミレーション（Assimilation：同化）：帰属感高い×自分らしさの価値低い

　③ディファレンシエーション（Differentiation：差別化）：帰属感低い×自分らしさの価値高い

　④インクルージョン（Inclusion）：帰属感高い×自分らしさの価値高い

---

5　経済産業省「ダイバーシティ経営の推進」（https://www.meti.go.jp/policy/economy/jinzai/diversity/index.html〔2023年10月15日参照〕）。

図表 11-2　インクルージョン概念のフレームワーク

集団への帰属感

| | 低い | 高い |
|---|---|---|
| 集団での自分らしさ　価値が低い | エクスクルージョン（排除）<br>Exclusion<br>仕事をともにする集団において、自らは価値ある個としても内集団メンバーとしても認識されていないが、他者は内集団メンバーとして扱われている。 | アシミレーション（同化）<br>Assimilation<br>仕事をともにする集団において、その集団における支配的で標準的な雰囲気に従うことで内集団メンバーと認識され、自分らしさの発揮が軽視されている。 |
| 価値が高い | ディファレンシエーション（差別化）<br>Differentiation<br>仕事をともにする集団において、内集団メンバーとしては扱われていないが、個人としてその価値を認められており、その集団の成功には欠かせないと考えられている。 | インクルージョン<br>Inclusion<br>仕事をともにする集団において、内集団メンバーとして扱われており、価値ある個として自分らしさの発揮が許されている、または奨励されている。 |

出所：Shore *et al.*（2011 p.1266）をもとに船越により加筆訂正、翻訳された船越（2021）図 2.1 の引用。

　例えば、女性社員の比率が高い組織でも、仕事をともにする集団においてその集団における支配的で標準的なものの考え方や雰囲気に従って同化しなければ居場所を得たり、昇進したりができない状態は「アシミレーション」であり、性別構成の多様性は高くても「インクルージョン」の状態ではない。ダイバーシティとインクルージョンは関連あるが、明確に区別して理解すべき概念である[6]。

　それでは、最近の中小企業研究では、ダイバーシティやインクルージョンをどのような視点で捉えているだろうか。

## 2）中小企業とダイバーシティ経営

　中小企業の多くは株式会社の組織形態をとっていても非上場の場合が多い。

---

6　図表 11-2 は、ある集団が今の段階でどの状況にあるかを捉えるのに使えるだけではなく、今まで少なかったカテゴリーの人たちの雇用を拡大したときに、集団の状況が最初は「エクスクルージョン」だったものが数年を経て「アシミレーション」に移行し、さらに様々な組織変革を進めるなかで「インクルージョン」へ移行したというような、時間を追った変化を整理するのにも役立つ図である。

このような企業では所有と経営が分離しておらず、経営者の経営の自由度が上場企業に比べて高い。株主からの短期的な利益重視の圧力を受けずに自社の理念や経営の目的を長期的視点で実現していく経営の裁量を持つ。

　池田潔は中小企業のダイバーシティ経営について共生性の観点から整理する（池田 2022）。共生とは「互いにその存在を認め合って、共に生きる」ことであり、中小企業は、地域・社会を構成する様々なステイクホルダー（従業員、顧客、供給業者など）と深く関わりながら事業活動を行い、同じ風景を共有しながら経営者も従業員やその家族も生活をしている。当該地域・社会に恩義を感じ、短期的な見返りが期待されなくても、就職弱者となりがちであった層を雇用し、地域コミュニティの幸せ拡大に貢献しようとする行動をとる経営者たちがいる。例えば障がい者雇用に早い時期から取り組んできたレッキス工業（本社工場：東大阪）では、具体的に次のようなことが生じたという。

　　同社の製造ラインの障がい者は聾者であるため、非常の際の警報が聞こえない。このため、警報に加えて赤色灯を取り付けているほか、新入社員の入社時には手話の訓練、障がい者の保護者には年数回、懇談会（勤務状況などの説明会）を開催するなど、健常者だけの会社には見られないことを費用をかけて対応している。こうした障がい者雇用を何十年もやっていることもあり、従業員の中に障がい者を思いやる心や、障がい者がいてもこれまでと変わらない売上をあげようとする意識、障がい者を見守る企業文化の醸成、さらには、それを前提とした経営計画が策定され、売上・利益も順調に推移している（池田 2022 p.163）。

　レッキス工業では障がい者も単にあてがわれた仕事をこなすのではなく、自分の思いを企業や周囲の従業員に伝えることで、本来有する能力や創意工夫する想像力が発揮されることを大事にする働き方がなされていて、図表11-2の4つの分類のなかでもインクルージョンが目指されたマネジメントが行われていると捉えることができる。当社では、短期的な見返りを求めすぎない利他性を大事にする経営行動が、まわりまわって長期的な意味で自社の

業績にプラスの効果を与えていることも興味深い。

　このような少数事例の事例研究からの仮説発見として、障がい者を雇用したときの利益や売上の推移について、初期は設備投資や教育などの面で追加費用がかかり、いったん利益や売上が下がる谷を経験するが、長期的には従業員の努力や生産性向上により売上や利益は向上するというU字型を描くことが指摘されている（池田 2022）。

　女性雇用の文脈では、量的研究の成果としても同様の傾向が指摘されている。例えば阿部（2014）は、WLBに配慮した制度を導入すると短期的には企業業績が減少したが、長期的にはむしろ業績が伸びる効果があったことを示している。

　企業を取り巻く様々なステイクホルダー（従業員や供給業者、地域コミュニティなど）の幸せを拡大したいという共生性や利他性に基づいた企業の目的があって、それが結果として企業業績を向上させるという順序の大切さを、池田による研究は主張していると考えられる。これは最新のウェルビーイング研究の指摘と重なっているところが興味深い[7]。例えば矢野和男は、人々の幸せ拡大を目的とした利他的行動が、心理的安全性が高く多様性を受容する組織を育み、そのことが人々の創造的な挑戦を促し、結果として組織の高い経済価値の創出が可能になると指摘する（矢野 2021）。

## 3　女性労働のダイバーシティ・インクルージョン

　次にダイバーシティ経営のなかでも、日本が先進国のなかでの大きな立ち遅れをしばしば指摘される女性労働に焦点を絞り、より具体的に問題を検討

---

7　ウェルビーイングとは、身体的・精神的・社会的に安定して良好な状態にあることを意味する。

　　金銭やモノ、社会的地位のようなものを獲得する幸せは「地位財」による幸せと呼ばれ、獲得したときには気分がハイになるが長続きせず、常に次の幸せを追い求めなければならなくなる。一方の健康や安心、愛情や感謝の気持ちを受けることにより感じる幸せは「非地位財」と呼ばれ、持続していくものである（前野ほか 2018 pp.33-35）。ウェルビーイングであるためには、地位財と非地位財のバランスをとることが大事になる（前野 2013 pp.70-76）。

していこう。

## １）ジェンダー平等の面で課題の大きい日本経済

　世界経済フォーラム（WEF）が毎年公表しているジェンダーギャップ指数の2023年の値をみると、日本は146カ国中125位、特に政治と経済の面での順位が低い。この項ではまず、日本経済における女性労働の状況についてみていこう。

　図表11-3は日本女性の年齢階級別の労働力率の推移を示したものである。女性が結婚・出産を迎える時期に女性の労働力率がいったん下がり、子育てが落ち着いてくる時期に再び上昇するというM字カーブを描くことが、日本の女性労働の特徴の一つである。このM字の谷が深い問題は、1980年から2000年へ、そして2020年へと改善してきていることが読み取れるが、欧米諸国でほぼ台形であるのに対し、日本は現在もまだ浅いM字の状況にある。

　図表11-4は、就業者に占める女性比率と管理的職業従事者に占める女性比率の国際比較をしたものである。日本と韓国は他国に比べて、就業者のな

図表11-3　日本女性の年齢階級別労働力率の推移

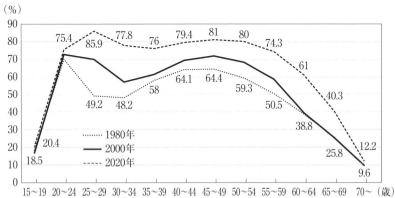

注：労働力人口（就業者＋完全失業者）」／「15歳以上人口」×100
出所：総務省「労働力調査（基本集計）」より、男女共同参画局「男女共同参画白書 令和3年版」I-2-4図。

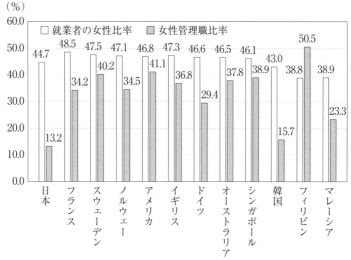

図表 11-4　就業者および管理的職業従業者に占める女性の比率の国際比較

注：1　総務省「労働力調査（基本集計）」（令和3〔2021〕年）、その他の国
　　　はILO "ILOSTAT" より作成。
　　2　日本は2021年、アメリカと韓国は2020年、オーストラリアは2018年、
　　　その他の国は2019年の値。
　　3　総務省「労働力調査」では、「管理的職業従事者」とは、就業者の
　　　うち会社役員、企業の課長相当職以上、管理的公務員等。また「管理
　　　的職業従事者」の定義は国によって異なる。
出所：男女共同参画局『男女共同参画白書令和4年版』1-18図を筆者が表記
　　　を一部修正。

かの女性比率と管理的職業従事者に占める女性比率の間のギャップが非常に
大きく、かつ管理的職業従事者に占める女性比率が大変低い。日本は、性別
に関係なく活躍する機会がある社会の実現にとって、非常に遅れをとってい
ることがわかる。

　この背景には、職場において男性・女性で向いている仕事を区別しがちで
あったり、家庭において育児や介護、家事の責任を女性任せにしたりする日
本社会の性別役割分業意識がなかなか変わらないできたことがある。ジェン
ダー平等を本格的に進めていくには、職場と家庭の両方でこのような仕事の
役割分担に関するパラダイム[8]を変えていくことが必要になっている。

## 2）どのような視点で全体像を捉えるか

　図表11-5は、ジェンダーの面でのダイバーシティ経営を推進するマネジメントの全体像を整理したものである。このようなマネジメントが成果を上げるためには、WLB支援・働き方改革と男女均等施策の整備を両輪として進めていく必要がある。またその背景で、前述したように企業と家庭の両方で従来の性別役割分業意識を変えていくパラダイム変革が必要になっている。

　この図の重要な特徴の一つは、WLB支援や男女均等施策の整備などのダイバーシティ推進の取組と経営効率の向上・新価値創造を直接つなげようとしてきた従来のやり方の反省のうえに立って、両者の間に「多様性を許容するウェルビーイングな働き方」を挟んだところにある。このような新しい働き方への移行が、人口オーナス期を迎えた日本社会にとって今後、ますます重要になると考えるからである。新しい働き方が経営効率の向上と新価値創

図表11-5　ジェンダーの面でのダイバーシティ経営を捉える視点

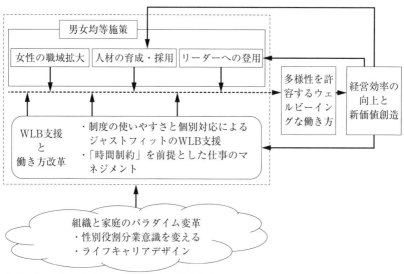

出所：額田（2019）図1に修正を加えて筆者作成。

---

8　「パラダイム」とは、集団のなかで支配的な価値観やものの見方、考え方のことを指す。

造を可能にし、そこで獲得された利益や経験、ブランドといった経営資源が
さらに人材を育て、WLB 支援策を充実することを可能にする好循環を生む[9]。

　育児経験のある女性管理職のロールモデルがまだまだ不足する日本社会の
なかで特にここで伝えたいのは次の 2 点である。第 1 は、WLB 支援に関す
る制度の利用しやすさと個別対応を組み合わせて、「ジャストフィットの
WLB 支援」を行うことが男女ともに生活を大事にしながら自分らしくキャ
リアアップしていくために大切になっている。そこで目指されるウェルビー
イングは、特定の従業員が「楽する」幸せの追求ではない。互いが助け合い
ながら、組織全体として様々な課題に前向きに向き合い、新しい仕事のやり
方をともに創造し、成長していこうとする幸せの追求である。

　第 2 に、職場のまわりの人や自分が実際に課題に直面したときに、1 人で
それを抱え込まず、組織内外の人に相談し、ともに問題を解決することが大
切になる。よかれと思って始めたジェンダー平等のための取組が、逆に優秀
な女性社員の退職を生むなどの様々な失敗も生んできた。WLB に関する課
題や矛盾に直面したときに、すぐに退職を考えるのではなく、組織内外の人
に相談し、情報を得、課題解決の方法を見出そうとする努力の積み重ねが、
日本社会を変えていくことに貢献する。


## 4　中小企業における女性労働のダイバーシティ経営

　第 1 節で述べたように、企業規模が小さくなるほど就業者のなかの女性比
率は高くなっている。中小企業の世界で女性労働はなくてはならない存在で
あり、現実の日本社会のなかにはインクルージョンを達成している中小企業
がある一方、ダイバーシティではあるが図表11-2のその他3つのどこかに属
する中小企業も多いと考えられる。中小企業論では、これまで明確にダイ
バーシティとインクルージョンを区別して女性労働を考える研究が行われて
きておらず、この分布の状況は現段階では把握できない。ここでは、中小企

---

9　この図の様々な項目を連動させた組織変革の方向性と具体的な人材マネジメントの手
　法については、岩田・菅原（2015）がわかりやすく参考になる。

## ダイバーシティがダイバーシティを生むインクルージョン経営

「仕事ありきではなく、人ありきで仕事をつけるための工夫をする」「多様な人材が組織に入り、その人材が会社を変えていくという相互作用が起き、それが次のダイバーシティを呼ぶ」ということが、許伸江による中小企業の少数事例研究に基づく仮説発見として指摘されている（許 2022）。

中小企業のなかには、ダイバーシティやインクルージョンという概念を知らなくても、「人を生かす」ことを大事にしたインクルージョン経営を実践してきた企業がある。実はインクルージョン経営の先進事例があちらこちらに存在するのだ。ここでは、許の研究でも取り上げられた協和精工（埼玉県）を紹介する。

協和精工は従業者規模200人のプラスチック製品の製造企業である。女性活躍の程度を評価する「えるぼし認定」で3段階目という非常に高い評価を受けている。正社員の48％が女性、非正規社員の98.8％が女性、そして女性管理職比率は55％である。「手のぬくもりをモノづくりに生かす」をコンセプトに、産業用ロボットだけでは対応し切れない技能と感性が求められる、医療用・化粧品・精密部品用のプラスチック製品で強みを発揮する。

1976年の創業時は、ガスライターの組立を行う企業だった。人材を募集しても当初想定していた男性が集まらず、応募してきた近所の主婦（20代から30代）たち18名を採用し、事業をスタートした。社長（現：会長）自ら、ドライバーの持ち方から女性たちに指導してきた。現在では、プラスチック成型工程については金型が大きく重いため男性中心となっているが、組立と検査の工程はほぼ女性が担っている。子育てや介護などの事情があっても働きやすいように短時間勤務や臨機応変な勤務体制を整え、多能工を育成し、ラインを柔軟に調整する仕組みも構築してきた。残業時間も大変少ない企業である。

誰もが働きやすく「一人ひとりを伸ばしていく」組織の仕組みをつくってきた当社には40名弱の外国出身の従業員も活躍している。さらに、発達障がいや知的障がいのある方の雇用にも近年、取り組んできた。18名の女性たちと誕生した当社は、ダイバーシティがダイバーシティを生む連鎖のなかで、現在ではアメリカ、ヨーロッパ、インドなどの海外企業からも高く評価されるグローバル企業へと成長した。

業のダイバーシティ経営の状況についてわかっていることを確認してみよう。

　WLB 支援については、①従業員規模が大きいほど制度の整備により対応し、規模が小さいほど制度という形をとらずに個別に柔軟に対応する傾向があること、そして②大企業と小企業の間に挟まれた中企業における従業員満足が低下する U 字型の傾向が観察されることが指摘されている（中小企業庁『中小企業白書　2006 年版』pp.221-226、中小企業庁『中小企業白書　2007 年版』pp.17-23）。

　また日本政策金融公庫が国内の中小企業および大企業で働く 20 歳から 59 歳までの女性就業者を対象に実施したインターネットによるアンケート調査でも、WLB と直接関係があると考えられる「柔軟な働き方」だけでなく、「職場の雰囲気」「仕事のやりがい」「能力の発揮」「技能の発揮」等の項目でも小企業の方が中企業よりも女性従業者の満足度が高い結果となった（深沼・野中 2012）。

　国内でも女性活躍推進に早い時期から取り組んできた地域の一つ、富山県を事例とした調査研究では、中規模・中堅企業を「21〜50 人規模」「51〜100 人規模」「101〜300 人規模」「301〜999 人規模」にさらにわけて結果を分析すると、「101〜300 人規模」が、柔軟な働き方についての従業員満足だけでなく、男女均等推進の程度を示す女性の職域拡大の程度や女性管理職比率の面でも成果が底になる U 字型の結果となることが示された（額田 2017）。

　なぜ、これらの規模の間で違いが出たのだろうか。「①柔軟な働き方に関する満足度」については、「301〜999 人規模」になると「時間単位で有給休暇を取得したい」というような現場の要望を反映した制度の充実をすることにより満足度が高まっていた。一方、「21〜50 人規模」では、個人の特殊な状況に対して相談しながら柔軟に個別対応することによって満足度が高まっていた。両者の中間に位置する「101〜300 人規模」では、それ以下の規模と違い従業員間や職場間の公平性が重要視されるようになり個別対応しづらいが、それを補う制度の充実がまだ追いついていない状況にあることが確認された。一方、「②職域拡大」については、「21〜50 人規模」では女性には難しいという常識のあった職域に、トップの意識改革によって主婦や異業種から

転職してきた未経験の女性の登用が積極的に進んできていた。これに対して、51人以上の3つの階層の規模では、トップだけでなく中間管理職も巻き込んで、性別役割分業意識を変える新しい価値観形成のためのステップを踏むことが必要になり、変化に時間と工夫が求められた（額田 2019）。

　このように規模によって、女性活躍のあり様も、ダイバーシティ経営の課題の中身も異なる。規模が大きくなるほど、女性が働きやすい組織、自分らしく活躍しやすい組織であるというような単純なことがいえないことがわかる。

　上述のような規模別の分布の違いは確認されるが、性別にかかわらず従業員がその人らしく活躍できる組織は、もちろんどの規模層にも存在する。そのような企業を探すうえで参考になる情報源の一つに、「女性の活躍推進企業データベース[10]」がある。女性活躍推進法（女性の職業生活における活動の推進に関する法律）のもとで作成されたデータベースで、オンライン上で、男女別の賃金の差異、管理職比率、1人当たりの月平均残業時間、平均勤続年数の差などの様々なデータを、業種別、規模別、地域別に検索し、気になる企業をピックアップして表にして比較することができる。


　本章では多様な雇用とその活用について考えてきた。この章での学びのポイントを次の2点にまとめる。第1に、人口オーナス期を迎えた日本経済のなかで中小企業が家族規模を超えて経営しようとする場合、それが持続可能なものとなるためには、ダイバーシティ経営に真剣に取り組むことが必須の課題となっている。第2に、多様な雇用を量的不足の補完として位置づけるだけでは、新しい経済価値の創出には結びつきにくい。それが可能になるには、多様性を許容するウェルビーイングな働き方をつくり出すために必要になる課題を解決していく必要があるが、その課題の中身も女性活躍のあり様も規模によって異なっている。

　規模が大きいほど、自分らしく働きやすい場や活躍しやすい場というわけ

---

10　https://positive-ryouritsu.mhlw.go.jp/positivedb/（2023年10月15日参照）

ではない。人々が幸せな生き方をデザインする選択肢を広げるために、中小企業が社会において果たす役割は大きいと考えられる。

---

### 練習問題

1　多様な人々が参加する身近な集団が、図表11-2の4つのカテゴリーのどれに該当するか、そこで活動する人々の活動のモチベーションが上がるためにどんなことが課題となっているか、考えてみよう。
2　「女性の活躍推進企業データベース」で気になる条件を入れて検索して3社をピックアップし、それぞれの企業のホームページ等の追加情報も合わせて確認したうえで3社を比較しながら気づいたことをまとめてみよう。
3　中小企業がインクルージョン経営を実現することが、どのような社会的意義を持つのか、自分の考えをまとめてみよう。

---

●推 薦 文 献

**池田潔（2022）『地域・社会と共生する中小企業』ミネルヴァ書房**
地域・社会との共生という観点から、中小企業の社会的責任を幅広く論じ、中小企業の本質を考察した本である。ダイバーシティ・インクルージョンの面からも学びが多い。

**小室淑恵（2016）『労働時間革命—残業削減で業績向上！その仕組みが分かる—』毎日新聞出版**
ウェルビーイングな働き方の実現のために、どう根拠を示しながら説得すると社会を変える力になるのか、そのなかで自分は何ができるのかを考えさせてくれる本である。

●引 用 文 献

阿部正浩（2014）「女性活用の効果」経団連出版編『企業力を高める—女性の活躍推進と働き方改革—』経団連出版、pp.13-23

池田潔（2022）『地域・社会と共生する中小企業』ミネルヴァ書房

岩田喜美枝・菅原千枝（2015）『女性はもっと活躍できる！—女性活躍推進の課題とポイント—』21世紀職業財団

許伸江（2022）「中小企業のダイバーシティ・マネジメント」『日本中小企業学会論集』第41号、pp.17-30

小室淑恵（2016）『労働時間革命—残業削減で業績向上！その仕組みが分かる—』毎日新聞出版

中小企業庁編（2006、2007、2018、2020）『中小企業白書』『小規模企業白書』

内閣府男女共同参画局（2023）『男女共同参画白書』

額田春華（2017）「中堅・中規模ものづくり企業におけるジェンダー・ダイバシティ推進の課題―富山県を事例として―」『日本中小企業学会論集』第36号、pp.122-134

額田春華（2019）「中堅・中小ものづくり企業におけるジェンダー・ダイバシティ・マネジメント―規模により変わる女性活躍の姿と課題―」『日本中小企業学会論集』第38号、pp.3-16

深沼光・野中卓人（2012）「女性従業員による中小企業の評価」『日本政策金融公庫論集』第16号、pp.1-19

船越多枝（2021）『インクルージョン・マネジメント―個と多様性が活きる組織―』白桃書房

前野隆司（2013）『幸せのメカニズム―実践・幸福学入門―』講談社

前野隆司・小森谷浩志・天外伺朗（2018）『幸福学×経営学―次世代日本型組織が世界を変える―』内外出版社

矢野和男（2021）『予測不能の時代―データが明かす新たな生き方、企業、そして幸せ―』草思社

Shore, L. M., Randel, A. E., Chung, B. G., Dean, M. A., Ehrhart, K. H. & Singh, G. (2011) Inclusion and Diversity in Work Groups: A Review and Model for Future Research, *Journal of Management*, 37(4), pp.1262-1289

# | 12 章 |

# 中小企業の社会的責任

木下　和紗

---

●キーワード
CSR（企業の社会的責任）　オーナー経営　地域社会　ソーシャル・キャピタル　共生性

---

　2000年代初頭まで、「CSR（企業の社会的責任）研究＝大企業の社会的責任研究」といっても過言ではないほど、大企業を中心にCSR研究は展開されてきた。しかし2000年代半ば頃以降、中小企業を対象とした社会的責任研究は増えつつあり、今日では、「中小企業の社会的責任」は中小企業研究における重要な一研究テーマとして位置づけられるようになっている。

　本章では、近年注目を集める「中小企業の社会的責任」について考えていくが、これに当たり、まず「CSRとは何か」や、CSRに関する思想や研究の歴史的背景について検討し、中小企業に焦点を当て社会的責任を考える意義について確認する。そのうえで、大企業とは異なる中小企業の様々な特性について検討し、それらの特性が社会的責任のあり様にどのような影響をもたらしているのかをみる。

## 1　CSRとは何か

　CSRとは "Corporate Social Responsibility" の頭文字をとった略語であり、日本語では、一般に「企業の社会的責任」と訳される概念である。第4節で述べるように、「中小企業の社会的責任＝中小企業のCSR」なのかという問題はある。しかし、本章で「中小企業の社会的責任」について考えるに当たり、「CSRとは何か」を把握することは不可欠であると考えられる。そこで本節ではこの問いについてまず検討し、CSRに関連する概念（CSV、社会貢献

活動、SDGs）と CSR の関係性について確認する。

## 1）「CSR とは何か」をめぐる代表的な見解

　「CSR とは何か」という問いをめぐっては、大きくは、CSR 否定論（CSR 消極論）と CSR 肯定論（CSR 積極論）の 2 つの見解がある（田中 2019 pp.27–28）。CSR 否定論とは、1976 年にノーベル経済学賞を受賞したアメリカの経済学者であるフリードマン（M. Friedman）に代表される主張であり、法律や社会規範の遵守を前提としつつも、企業はもっぱら経済的責任たる利潤の追求だけでよいという考え方である。これに対し、CSR 肯定論とは、企業は利潤（経済的責任）だけを追求すべきではなく、社会に存在する一員として、それを超える役割を担うのが当然だという考え方である。

　CSR 否定論と CSR 肯定論を中心としつつ、「CSR とは何か」をめぐる論争が行われるなかで、アメリカにおける CSR 研究の草分け的存在とされるキャロル（A. B. Carroll）は、様々な見解の整合性を図る、CSR ピラミッド（図表 12-1）と呼ばれる CSR の統合モデルを提示している（Carroll 1991）。

図表 12-1　キャロルの CSR ピラミッド

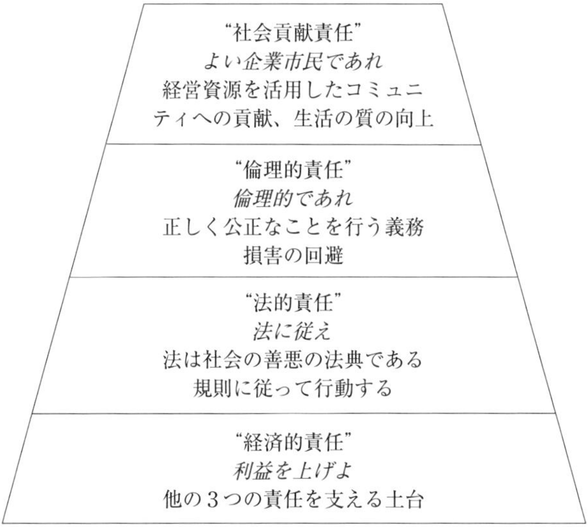

"社会貢献責任"
よい企業*市民*であれ
経営資源を活用したコミュニ
ティへの貢献、生活の質の向上

"倫理的責任"
*倫理的であれ*
正しく公正なことを行う義務
損害の回避

"法的責任"
*法に従え*
法は社会の善悪の法典である
規則に従って行動する

"経済的責任"
*利益を上げよ*
他の 3 つの責任を支える土台

出所：Carroll（1991 p.42）Figure3より筆者作成。

キャロルは、CSR とは経済的責任を土台として、法的責任、倫理的責任、社会貢献責任という 4 つの階層の責任で構成される複合的な概念であるとし、企業は自社が置かれた時代や社会背景、経営体力、経営上の重点課題などを考慮したうえで CSR を行っていくことを提唱している。

　CSR を大局的に捉えるキャロルの CSR ピラミッドは、「CSR とは何か」を説明する際に用いられる、代表的な一つの枠組みとなっている。

## ２）CSR の関連概念——CSV・社会貢献活動・SDGs と CSR の関係性

　⑴　**CSV**　　CSV（Creating Shared Value：共通価値の創造）とは、経営戦略論で有名なアメリカの経営学者のポーター（M. E. Porter）らによって 2011 年に提唱された、「企業が事業を営む地域社会や経済環境を改善しながら、自らの競争力を高める方針とその実行」と定義される概念である（Porter & Kramer 2011）。「社会のニーズや問題に取り組むことで社会的価値を創造し、その結果、経済的価値が創造されるべき」というアプローチを特徴とする。

　従来の捉え方では CSR は企業にとってコストであり、企業の経済的価値（利益創出）と社会的価値（社会への貢献）はトレードオフの関係にあるとみる。これに対し、CSV ではこれら 2 つの価値を両立可能な関係と捉えるだけでなく、むしろこの 2 つを両立することによってこそ、企業は新たなビジネスチャンスをつかむことができるとする。つまり、企業の利益創出に向けた経営戦略の観点から、CSR における戦略性の追求とその必要性を明確に主張している点に CSV の特徴があり、従来の CSR との違いがある。

　⑵　**社会貢献活動**　　社会貢献活動はフィランソロピー（Philanthropy：慈善、博愛）とも呼ばれるように、従来は余力のある企業による寄付行為や慈善事業など、事業活動（本業）以外で、直接的な対価を求めることなく、純粋に社会のために貢献する活動を指す場合が多かった。しかし近年では、企業の経営資源を活用した社会的課題の解決への自発的な取組も社会貢献活動とする見方が多くなっているほか、企業が何らかの経営的な効果や、見返りを意図して取り組む投資的な社会貢献活動というあり方も提唱されている。

　なお、社会貢献活動は、キャロルの CSR ピラミッド（図表 12-1）において

CSRの一次元として位置づけられているが、キャロルと同様に位置づけている研究が大多数である。つまり、CSRと社会貢献活動は別々のものではなく、社会貢献活動はCSRに包摂されるものと位置づけることができる。

(3) SDGs　　SDGs（Sustainable Development Goals：持続可能な開発目標）とは、2001年に策定されたMDGs（Millennium Development Goals：ミレニアム開発目標）の後継として、2015年9月の国連サミットで加盟国の全会一致で採択された「持続可能な開発のための2030アジェンダ」に記載された、2030年までに持続可能でよりよい社会を目指す、17のゴール・169のターゲット・231の指標から構成される国際目標である。

　SDGsの取組主体はすべてのステイクホルダーとされ、あらゆる主体が想定されているほか、明確な定義や目標、達成年限が示されている。これに対しCSRの取組主体は企業という単一の主体であり、CSRに関する統一的な定義は確立されていない。また、達成年限も設定されていない。このようにSDGsとCSRには違いがあるものの、両者の大きな一つの目的、または方向性として、よりよい社会の実現を目指すという点は共通点として挙げられる。

　ただし、上記の共通点があるのであれば、企業にとってSDGsとCSRはどのように違うのか。この点については、CSRを通じてSDGsに取り組む旨を示している企業が多くみられ、CSRは企業のSDGsを支える軸として位置づけられている。つまり、企業において、SDGsとCSRは重複の度合いが大きい、または密接に関連する取組とみる向きが少なくないことがわかる。


## 2　CSRに関する動向──日本を中心に

　日本では特に2000年代に入って以降、本格的にCSRが注目されるようになり、いまや、企業経営において無視しえない重要な一要素として位置づけられている。本節では、今日に至るまでのCSRに関する議論の流れをまず概観する。そのうえで、CSRのなかでも本章のテーマである中小企業の社会的責任に焦点を当て、その議論の動向を概観し、本章があえて中小という企業規模に着眼し、社会的責任を検討する意義について述べる。

## 中小企業の社会的責任と SDGs

　1943 年、機械工具の町・大阪市立売堀に創業した岡本機工株式会社（以下、岡本機工）は、様々な産業分野に不可欠な動力伝動機器を主力とし、それに関連する機械と工具を取り扱う専門商社である。2019 年 8 月に筆者が岡本機工にインタビュー調査を行った際、「CSR には取り組めていない」との返答であった。ところが 2022 年の夏、ふと岡本機工のホームページをみると、「SDGs 活動への取り組み」が新たなコンテンツとして設けられ、SDGs の取組が以下のとおり公表されていた。

　岡本機工では、「7　エネルギーをみんなに、そしてクリーンに」「8　働きがいも経済成長も」「9　産業と技術革新の基盤をつくろう」「12　つくる責任、つかう責任」という SDGs の 4 つのゴールを、すでに社内に存在していた事業や取組と紐づけて SDGs 活動に取り組んでいる。また、既存の活動や取組に SDGs という名前をあえてつけることで、それらをよりいっそう加速させ、持続可能な社会の実現に貢献することが自社でできる SDGs であり、持続可能な企業活動であると位置づけていた。

　そこで、改めて 2023 年 6 月に岡本機工に実施したインタビュー調査によると、同社は SDGs 活動への取組が三井住友銀行より認められ、特別融資を受けたほか、他の銀行からも SDGs の活動実績を認められ、記念盾を授与されていた。なお、同社は SDGs に関しては、基本的には企業としての営利目的から外れない範囲で行うことを方針としており、SDGs の 17 のゴールのうち、経済に関するゴールを選択して取り組んでいくとの考えを持っていた。また CSR については、中小企業では大きなことはできないため、社業に徹して雇用を守り、納税することが第一義だと考えていた。

　本章の第 1 節でもみたように、SDGs と CSR は重複の度合いの大きい、または密接に関連する概念である。つまり、岡本機工の SDGs 活動は同時に CSR でもあるといえる。しかし、同社では SDGs と CSR を関連づける視点が希薄である。それはなぜか。CSR は SDGs のように具体的なゴールやターゲットが定められておらず、漠然とした概念であることがその一因として挙げられる。概念のあいまいさが両者を結びつけることを難しくしている側面があるのではないか。

　そのように考えると、SDGs は CSR に比べて具体性があり、中小企業にとって CSR よりもわかりやすく、取り組みやすいといえる。この点を踏まえれば、中小企業では SDGs を入口とすることが CSR の体系化につながる可能性があり、この点において、中小企業では SDGs は CSR を促進する一つの鍵とみることができるのではないだろうか。また、岡本機工の社長は CSR について「中小企業では大きいことはできない」といっていたほか、「どこか他人事のような、大企業がやること」との印象を受けているともいっており、CSR という用語の使用が、中小企業の社会的責任の実態をみえにくくしていることもうかがえる。

## 1）CSRへの注目の高まりとその背景

　経営学分野では、欧米で 1920 年代に CSR に関する研究がスタートしたが、CSR という概念が普及し、広く議論されるようになったのは 1950 年代以降のことである。なかでも、そのきっかけとされるのがボーエン（H. R. Bowen）の『ビジネスマンの社会的責任』（1953 年）の出版である。日本でもこの著書の翻訳・出版を契機に CSR の概念が広まり、1955 年頃から、企業のあり方に関連して CSR が説かれるようになった（森本 1994 pp.77-79）。その後も、公害問題に直面した 1960〜70 年代には社会の一員としての企業の社会的責任のあり方が問われたほか、1990 年代にはフィランソロピー（社会貢献活動）ブームが到来したように、CSR に関する議論は行われてきた。

　しかし、日本で CSR をめぐる本格的な議論がスタートしたのは 2000 年代に入ってからである。これには、国際的な動向が大きく関わっている。具体的には、1990 年代以降における経済のグローバル化の進展とそれに伴う貧困、差別をはじめとする様々な社会問題の発生や、エンロンやワールドコムといったアメリカ巨大企業の不正会計処理に代表される、2000 年代初頭の世界各国での企業不祥事の続発である。これらの問題に対し、積極的な対応を企業に求める動きが国際社会で高まったのである。

　こうして日本では、リコーやソニーを先陣とする有名企業が CSR の専門部署を設置するなど、CSR に関する本格的な議論が開始するが、前年までにはなかったこうした動きがみられたのが 2003 年であった。このことから、2003 年は日本における「CSR 元年」、または「CSR 経営元年」と称される。

## 2）日本における CSR に関する思想の歴史と近年の動向

　日本で CSR の概念が広まり始めたのは 1950 年代半ば頃であるが、現代の CSR に通じる概念は、それよりずっと前の江戸時代から存在していたといわれている。実際、江戸から明治にかけて活躍した日本三大商人（大阪商人・近江商人・伊勢商人）の一つである近江商人の経営哲学「三方よし（売り手よし、買い手よし、世間よし）」は、日本における CSR の源流とされる。「三方よし」とは、商売は売り手（企業や事業者）も買い手（消費者）も適正な利益を得、満足

する取引であると同時に、その取引は地域社会全体の幸福に資するものでなければならないという共存共栄の精神を表している。

　また、松下電器産業（現：パナソニック）の創業者である松下幸之助は「企業は社会の公器である[1]」としたうえで、企業本来の事業を通じて人々の共同生活の向上に貢献することこそが企業の社会的責任であり、使命だと述べている。なお、松下幸之助による企業は「社会の公器」という発言の初出は1930年代初期とされるが、企業を「社会の公器」とする企業観は明治から大正にかけて活躍し、「日本資本主義の父」と呼ばれた渋沢栄一、ひいては江戸中期の思想家である石田梅岩にさかのぼるともいわれている。

　1）で述べたとおり、日本では2000年代に入り、国際的な動向に呼応する形でようやくCSRに関する本格的な議論が始まったが、その後も2010年のISO26000（組織の社会的責任に関する国際規格）[2]の発行や、2011年にポーターらにより提唱されたCSVなど、国際的な動向に大きく影響を受けつつ議論が展開されてきている。また今日では、2015年の国連サミットで加盟国の全会一致で採択されたSDGsへの世界的な関心の高まりとあいまって、企業におけるCSRの位置づけやあり方はいっそう問われるようになっている。

## 3）“中小”企業の社会的責任への学術的関心の高まりとその背景

　経営学分野ではすでに1920年代からCSRに関する研究が展開されてきている一方、その主たる対象は大企業であった。しかし企業数や従業者数をみればわかるように、中小企業は各国経済社会で重要な位置を占めている。しかも、中小企業は大企業の単なる縮小版ではない。つまり、大企業とは異なる中小企業の特性に応じた社会的責任に関する基準や、理論の構築が必要とされる。こうして、中小企業における社会的責任の実態や特徴を明らかにしようという動きが高まり、2000年代半ば頃から、ヨーロッパを中心としつつ

---

1　「企業は社会の公器である」とは、企業とは、社長や株主といった特定の個人だけのものでなく、その人たちも含めた社会全体のものであるという企業観である。
2　ISO26000とは、ISO（International Organization for Standardization：国際標準化機構）が2010年11月に発行した、官民両セクターにおける社会的責任に関する国際規定ガイドラインである。

中小企業を対象とした社会的責任研究が本格的に開始した（木下 2018 pp.1-3）。

　日本の中小企業研究を代表する学術研究団体である日本中小企業学会の2014 年と 2015 年の全国大会の統一論題において、中小企業の社会的責任を強く意識した論題（2014 年「多様化する社会と中小企業の果たす役割」、2015 年「地域社会に果たす中小企業の役割―課題と展望―」）が設定されたことに象徴されるように、日本でも、特に 2010 年代に入って以降、中小企業の社会的責任への学術的関心は高まった。この背景には、社会を取り巻く諸課題の多様化、深刻化といった社会動向もあるが、直接的な契機として挙げられるのが、2010 年6 月 18 日に閣議決定された「中小企業憲章[3]」である。同憲章では中小企業の地域および社会への貢献と併せて、政府がそうした中小企業の貢献活動を政策的に支援するという画期的な視点が示されたのである。

## ４）"中小" 企業の社会的責任に着眼する意義

　3) でみたように、中小企業の社会的責任が注目される背景には複数の要因が存在するが、中小企業に焦点を当て社会的責任を検討する最大の意義は中小企業と地域社会との間にみられる特徴的な関係性に見出すことができる。

　中小企業といってもその規模は様々であるが、一般的に、規模が小さくなるほど、企業の考えと経営者や従業員などの個々人の考えとの重複の度合いは大きくなり、企業の人間的要素は強くなっていく。こうした人間的要素の強い業態は生業的経営と呼ばれ、この業態をとる生業的企業は地域社会への同化による充足感の獲得など、経済的な合理性や効率性の観点からだけでは説明できない独自の行動原理を持つことや、地域共同体における人と人を結びつける重要な役割を果たしていることが指摘されている（太田 1981）。

　また、中小企業をめぐる社会問題の一つに住工混在問題[4]がある。日本で

---

3　中小企業憲章とは、日本政府としてはじめて、中小企業の歴史的な位置づけや経済的・社会的役割などについての考え方を基本理念として示すとともに、それを踏まえたうえで、中小企業政策の実施に当たっての基本原則や行動指針を示した文書である。
4　住工混在問題とは、住宅と工場が、ある限られた地域のなかで混在している状態により生じる様々な問題のことである。騒音、振動、臭気、埃といった公害の発生や、工場の大型車の積降作業に伴う交通渋滞などが問題として挙げられる。

はこの問題が顕在化して久しいが、いまだ解決をみない地域も多いうえ、住工混在については、工場側が近隣住民に与える負の影響に焦点が当てられがちである。しかし中小零細工場が集積し、住商工混在地域を形成している東京都墨田区や大田区では、住工混在が「住工調和」という形で地域的一体化をもたらすことによりインナーシティ問題[5] の深刻化防止に寄与するなど、地域の生活環境にプラスの影響を与えていることもかねてから指摘されている（関 1995）。

　このように、中小企業は地域社会や地域住民との共生や調和を図りながら存立している点に大きな特徴がある。こうした地域社会との関係にみられる特徴は、第3節でみる中小企業の組織特性とあいまって、大企業とは様々に異なる中小企業の社会的責任のあり様をもたらしているのである。


## 3　中小企業と社会

　中小企業は大企業の単なる縮小版ではなく、大企業とは異なる様々な性質を有しており、この点は両者における社会的責任の相違を生み出す要因となっている。本節では、中小企業が持つ組織特性について検討し、そうした特性が中小企業と社会との関係に与える影響や、その特徴について述べる。

### 1）中小企業の組織特性

　中小企業の組織特性は、オーナー経営や経営資源の制約をはじめ、同時に複数の業務に従事するマルチタスク、短期的視点に陥りがちであるという近視眼性など、様々に指摘されているが、これらのなかでも、中小企業の多くに共通する、最も特徴的な性質として挙げられるのがオーナー経営である。

　オーナー経営とは企業の所有と経営が分離していない状態であり、端的には、企業の所有者（オーナー）と経営者が同じ人物である状態を指す。中小企

---

5　都市の拡大の過程において、都心周辺の地域の衰退・退廃が進み、地域社会として成り立たず、運営そのものが難しくなるという問題である。原因としては、人口の減少、少子高齢化、経済低迷、建物の老朽化などが挙げられる。

業は大企業とは異なり、株式会社でも株式を公開していないケースが多いため、所有と経営は分離しておらず、企業の所有者が経営者も兼ねているのが一般的である。つまり、中小企業における意思決定はオーナー経営者に委ねられており、大企業のように株主など、外部からコントロールを受けない点で経営者の意思決定の独立性が高く、彼ら個人の裁量で企業のあり方が左右されるという経営者依存的な組織特性を持っている（木下 2018 pp.5-6）。

　また、自社を取り巻く不確実性への対処は規模に関係なく、すべての企業にとって存続を左右する重要な経営課題であるが、ヒト、モノ、カネといった経営資源が限られている中小企業が大企業と同様に戦略的、計画的に対処することは現実的に困難である。そこで中小企業の場合、自社にとって特に重要なステイクホルダーを選定し、その選定したステイクホルダーと信頼関係を構築することで不確実性やそれに伴うリスクに対処しようとするが、この点も大企業とは異なる特徴として挙げられる（木下 2018 p.7）。

## ２）中小企業のステイクホルダー

　ステイクホルダーとは、企業が経営を行っていくうえでその影響を直接的、もしくは間接的に受ける利害関係者のことである。つまり、企業にはステイクホルダーの利害を考慮した経営が求められるが、対応すべきステイクホルダーや、ステイクホルダーとの関係性は大企業と中小企業では異なってくる。

　まず、ステイクホルダーの範囲である。オーナー経営の中小企業では、企業の経営方針に最も大きな影響を与える最大株主はオーナー経営者自身である。そのため、所有と経営が分離しているケースが多い大企業では株主への対応が重要となってくるのに対し、所有と経営が分離していない中小企業では株主への対応を考慮する必要性は基本的にはない。

　また、グローバルに企業活動を展開する大企業の場合、広範囲に分散する株主や従業員、取引先をはじめとする多様なステイクホルダーへの対応が求められる。これに対し中小企業の場合、事業所は１カ所にとどまり、従業員や取引先も各企業が基盤とする地域内におさまっているケースが多いことに加え、経営資源に制約を有している。こうした特徴から、中小企業では現実

的にも、対応可能なステイクホルダーは各企業の立地する地域や従業員、取引先などに自ずと限定されてくる（木下 2018 pp.10-11）。

次に、ステイクホルダーとの関係性である。多様なステイクホルダーが広範囲に分散する大企業では、ステイクホルダーとは必然的に距離のある、公式的な関係となってしまう。一方、経営資源に制約があるうえ、ビジネス上のネットワークと経営者の個人的なつながりを含めた社会的なネットワークが重複しているケースも少なくない中小企業ではステイクホルダーとの距離が近く、それらのステイクホルダーと信頼をベースとした、個人的な関係を構築している点に特徴がある（木下 2018 pp.11-12）。

### 3）中小企業と地域——中小企業にとっての社会とは？

すべての企業は社会のなかで企業活動を行っている。しかし一概に社会といっても、大企業と中小企業では想定する社会が必ずしも同じではない。事実、2）で述べたステイクホルダーの範囲からも示唆されるように、中小企業にとっての社会とは、自社が立地する比較的狭い範囲の地域社会が想定されている場合が少なくない。これには、中小企業の本質が関係しているとされる。

一般に企業規模が小さくなるにつれ、取引の範囲は立地地域を中心に比較的狭い範囲におさまり、立地場所も同じ地域にとどまりやすい（地域への粘着性）。また、経営者や従業員の居住場所と事業場所は同じか、近接している場合が多い（職住の近接性）ことに加え、経営者や従業員の顔が地域住民からみえやすく、同じ住民として地域から捉えられやすくなる（人間との一体性）。こうした本質的性質を持つため中小企業では、相対的に狭い範囲での社会（地域コミュニティ）の維持・発展への貢献意欲が生まれやすく、社会活動が"地域"社会活動として具現化しやすいと指摘されている（本多 2017）。

また、中小企業では地域に土着の経営者が多い点が一つの特徴として挙げられるが、この土着性の高さが地域に貢献したいという彼らの思いを育て、彼らのその思いが、中小企業と地域社会との「持ちつ持たれつ」の共生関係を生み出し、かつ支える要因となっているという。こうした地域社会との共

生性は、中小企業の本質だとも指摘されている（池田 2022）。

　中小企業と地域社会との関係性については、海外では 2000 年代はじめ頃からソーシャル・キャピタル[6]という概念を用いて議論されてきている。この議論では、経営資源に制約があり、その資源を立地する地域に依存する度合いの大きい中小企業にとって地域社会との関係性は存続を左右する生命線であり、こうした中小企業と地域社会との関係性そのものをソーシャル・キャピタルと捉える。そのうえで、中小企業による地域社会への貢献活動はソーシャル・キャピタル（8章）の蓄積（地域社会との関係性の構築・維持・強化）に向けた投資としての意味を持っていることが指摘されている（木下 2021 p.8）。

## 4　中小企業の社会的責任とその特徴

　第3節では、大企業と中小企業という企業規模の違いは組織特性の違いを生み出し、結果として、社会（ステイクホルダー）の範囲や関係性の違いをもたらすことを確認した。本節では、前節で明らかにした中小企業の特性が、どういった形で社会的責任の特徴として表れているのかを検討する。

### 1）社会的責任に対する意識

　大企業と比較して中小企業は社会的責任への取組が遅れている、または十分に取り組んでいないといった指摘がある。一方、すでに社会的責任に取り組んできた中小企業は少なくないことは実態調査から明らかとなっている。それでは、なぜ、こうしたギャップが生じているのか。その理由として、大きくは以下の2つを挙げることができる（木下 2018 pp.8-10）。

　一つは、中小企業では CSR レポートや CSR 報告書を発行する大企業のように、自社の社会的責任の取組を外部に積極的に情報発信・公開を行うケー

---

6　ソーシャル・キャピタルとは、端的には、人々の社会的ネットワーク（つながり、絆）を指す。また、そうしたネットワークに内在する信頼関係や互酬性（お互いさま）の規範、情報交換、協調行動が個人、あるいは組織にとって活用できる資源として役立つという概念である。

スが圧倒的に少ないことである。この背景の一つには、資源や時間の制約があると考えられるが、中小企業の社会的責任は見返りを意図したものではなく、純粋に慈善的、または利他的な動機に基づくため、自社の社会的責任の取組の公表を中小企業自身が好まないという特性もあるとされる。

　もう一つは、中小企業では、自分たちが取り組んでいる活動をCSRと関連づけて捉える視点が希薄なことである。中小企業では、実際にはCSRに相当する活動に取り組んでいてもその活動をCSRと表現しないことや、自分たちがCSRに取り組んでいるとは思ってもいないこと、経営者がそもそもとしてCSRという用語を知らないことなどがその理由として挙げられる。

　以上の実態を踏まえ、中小企業の社会的責任は「結果としてのCSR」「静かな（Silent）CSR」「埋没した（Sunken）CSR」「インフォーマルな（Informal）CSR」「暗黙的（Implicit）CSR」などと、その特徴が表現されている。

## ２）社会的責任に取り組むモチベーション

　大企業では自社のビジネスやその便益との関連を意図し、戦略的に社会的責任に取り組む傾向があることや、ステイクホルダーからのプレッシャーや要請が社会的責任に取り組む大きなモチベーションであることが指摘されている。これに対し、経営者依存的な組織特性を持つ中小企業では社会的責任の取組においても経営者の価値観が原動力であり、社会的責任に取り組むか否かを含め、彼らがそのあり様を左右する。それでは、中小企業経営者に社会的責任に取り組むことを促すモチベーションとは何か。そのモチベーションは多岐にわたるが、以下の３つに集約できる（木下 2018 p.14）。

　第1は、道徳的義務である。正しいことをすべきというモラルや良心、地域社会への愛着、地域社会への恩返しなど、いわゆる利他や善意に基づくケースである。第2は、ビジネス上の便益である。例えば企業イメージや、従業員のモチベーション向上などの便益の獲得を期待し取り組むケースである。第3は、個人的報酬への期待である。経営者が個人的関心に基づき、または個人的な充足感や満足感の獲得を期待し取り組むケースである。なお、これらのなかでも、二大モチベーションとされるのが道徳的義務とビジネス

上の便益であるが、後者は大企業を対象とした分析に基づき展開されてきた概念であるうえ、中小企業は経営者依存的な組織特性を持っている。そのため、中小企業の社会的責任はもっぱら道徳的義務によるものと捉えられてきた。

　しかし、中小企業の社会的責任に対するモチベーションは時間の経過や経営者の置かれた状況により変化しうることや、複数のモチベーションがあいまって形成されており、一つに特定できない場合が少なくないことも確認されている。

## 3）社会的責任の実践

　(1)　**社会的責任の実施体制**　　大企業では社会的責任を推進するための専門部署が設置され、専属の人員が割り当てられているのに対し、中小企業ではそうしたケースは稀である。経営者依存的な組織特性を持つ中小企業の場合、社会的責任の実施についても経営者の個人的な裁量に委ねられる傾向が強い。そのため、中小企業経営者がいかにリーダーシップを発揮できるかと同時に、経営者自身による関与が重要とされる（木下 2018 p.17）。

　また1）でも触れた、社会的責任に関する情報発信・公開のあり方は、ステイクホルダーの範囲や関係性も関係している。大企業は広範に分散する多様なステイクホルダーに対応する必要があるうえ、ステイクホルダーとは一定の距離のある、公式的な関係にある。そのため、株主などのステイクホルダーに対して CSR レポートのようなフォーマルなツールを通じ、自社の社会的責任に関する情報を発信・公開していく必要がある。これに対し中小企業は地理的にも限定され、かつ自身が選定したステイクホルダーとは距離の近い、信頼をベースとした個人的な関係を構築しており、こうした関係性がフォーマルなツールに代わる役割を果たしているとされる（木下 2018 p.18）。

　(2)　**社会的責任の実施形態**　　中小企業の場合、企業（組織）として、全社的に社会的責任を実施しているケースだけでなく、経営者が個人で社会的責任を実施しているケースが多く見受けられ、後者が多いともいわれている。さらに、経営者個人としての社会的責任には、経営者単独での実施と所属す

図表 12-2　中小企業の社会的責任の実施形態

出所：木下（2021 p.10）図表1を修正。

る経営者ネットワークを通じての実施とがあり、このうち、後者の方が多いとの指摘もある。つまり、経営者が自身の所属する経営者ネットワークが実施する活動に参画する形で、社会的責任に取り組んでいるケースが中小企業の社会的責任の実践的な実施形態である可能性が浮かび上がってくる。中小企業の社会的責任の実施形態は図表 12-2 のとおりに類型化できる。

　なお、CSR とは企業の社会的責任であり、CSR の C "Corporate" は「法人の・企業（組織）の」といった意味を持つ。このことは、企業の社会的責任に関する議論が、企業（組織）としての社会的責任をもっぱらの前提に展開されてきた一因であると考えられ、中小企業を対象とした社会的責任の議論にも当てはまる。しかし中小企業と大企業は単に規模が違うというだけでなく、規模の違いは様々な組織特性の違いをもたらしていることは第3節で確認したとおりである。こうした企業規模の違いがもたらす相違点を踏まえたうえで、中小企業の社会的責任の実施形態を考えていく必要がある。

## 4）中小企業の社会的責任＝中小企業の CSR ？

　3）からわかるように、CSR の C "Corporate" という表現は企業（組織）としての社会的責任というイメージを強く抱かせてしまう側面があり、経営者個人としての実施というあり方を含む、中小企業の社会的責任の実態をみえにくくしている一面がある。また1）でも述べたように、CSR という表現は、中小企業にとってはあまり馴染まないこともうかがえる。こうした点を踏まえ、中小企業の CSR と表現をするのではなく、その実態に立脚した表現

を用いようと、海外では用語に関する提案も行われてきた。

　例えば、中小企業による地域社会への貢献とビジネスの成功は相互に影響を与えるものだとして、"Business Community Interaction" という用語を提案する研究や、CSR の C "Corporate" は大企業を連想させるとして、"Business Social Responsibility（BSR）" を CSR の代わりに用いることを提案する研究、"Small Business Social Responsibility（SBSR）" という用語を用い、あえて "中小" 企業の社会的責任であることを強調する研究などがみられる（木下 2018 pp.19–20）。

　ただし、こうした用語に関する議論は日本ではほとんど行われておらず、中小企業の "CSR" という表現が散見される。中小企業の CSR と表現することは必ずしも誤りではない。しかし、中小企業の社会的責任の本質を理解するためには、使用する用語にも十分に注意する必要があるといえる。

## 5　中小企業と社会的責任

　本章では、中小企業の社会的責任について検討してきた。本章が中小企業の "CSR" ではなく、中小企業の "社会的責任" というタイトルをつけ、極力、その表現を用いているのは、企業の社会的責任でも、大企業と中小企業とではそのあり様は異なるという点を強調するためである。この点については、企業規模の違いが組織特性の違いをもたらし、結果として、社会的責任のあり様にも違いが生まれていることを確認した。すべての大企業、中小企業に当てはまるわけではない点に留意する必要はあるが、両者を比較した際に指摘できるそれぞれの社会的責任の特徴をまとめたものが図表 12–3 である。

　図表 12–3 に示した中小企業の社会的責任の特徴は、主として中小企業の経営者依存的な組織特性と地域社会との共生性に起因するものであるが、なかでも、中小企業の存立とも深く関わる本質的な要因として挙げられるのが後者である。本章でみたように、中小企業による地域社会への貢献は恩返しという純粋な善意や利他に基づくとの見方が根強い一方、自社の存続に必要

図表 12-3　大企業と中小企業における社会的責任の特徴

| 社会的責任の特徴 | 大企業 | 中小企業 |
|---|---|---|
| 位置づけ | ・経営戦略の一環<br>　➡見返りを意図 | ・慈善的、利他的<br>　➡見返りを求めない |
| ステイクホルダー<br>（関係・範囲） | ・距離のある関係≒公式的な関係<br>・地理的に広範に分散した、多様なステイクホルダー | ・信頼をベースとした個人的関係<br>・地域内の限定されたステイクホルダー（従業員、取引先など） |
| 動機・<br>モチベーション | ・多様なステイクホルダーからのプレッシャーや要請<br>・ビジネス上の便益 | ・経営者が持つ個人的な価値観<br>・道徳的義務？　ビジネス上の便益？　個人的報酬への期待？<br>　➡流動的かつ複合的 |
| 推進体制 | ・専門部署の設置 | ・経営者のリーダーシップ |
| 評価 | ・CSR レポート・報告書 | ・ステイクホルダーとの信頼関係 |

出所：筆者作成。

な地域社会との関係性の維持、強化という見返りを期待した投資としての側面も持っていた。この点を踏まえると、中小企業による地域社会への貢献はは存立基盤の維持、強化を見据えた投資行動ともみることができる。つまり、一見では相反する、道徳的義務とビジネス上の便益という中小企業の社会的責任の二大モチベーションは、むしろ表裏一体であることもわかる。

　またインタビュー調査をしていると、中小企業では資源制約から雇用や納税以外の取組ができていないというケースに数多く遭遇する。しかし本業以外の＋αの活動をしていなければ、社会的責任に取り組んでいないということになるのだろうか。大企業とは異なる中小企業の実情を踏まえれば、本業の遂行そのものも社会的責任の実践と捉えられるだろう。また図表 12-2 で示したとおり、中小企業の社会的責任は企業としての実施のほか、経営者単独での実施や経営者ネットワークを通じた実施という方向性も選択肢として存在する。中小企業が大企業の単なる縮小版ではない点を踏まえ、中小企業の実態と特徴に即した社会的責任のあり方を模索することが必要といえる。

## 練 習 問 題

1　地域の中小企業が取り組んでいる社会的責任の内容や、社会的責任に対する意識、実施体制・形態など、中小企業の社会的責任の実態について調べてみよう。

2　中小企業の社会的責任の特徴を踏まえ、「中小企業の社会的責任」「中小企業の CSR」に代わる用語を提案してみよう。

3　中小企業の組織特性やステイクホルダーの範囲・関係性等を整理し、中小企業の実態と特徴に即した社会的責任のあり方について議論してみよう。

## ●推 薦 文 献

田中敬幸・横田理宇（2017）「日本における中小企業の CSR 活動―高崎近隣の中小企業 10 社における事例研究―」『日本経営倫理学会誌』第 24 号、pp.111-124
緻密な先行研究レビューと 10 社の事例分析をもとに、中小企業の社会的責任の特徴（大企業との違い、地域社会との関係、課題）をまとめた研究である。

松下幸之助（2001）『実践経営哲学』PHP 研究所
松下幸之助が 60 年余りの事業体験で培った経営哲学をまとめたものであり、時代や規模を問わず、企業の社会的責任を考えるうえで示唆に富む著書である。

## ●引 用 文 献

池田潔（2022）『地域・社会と共生する中小企業』ミネルヴァ書房

太田一郎（1981）『人間の顔をもつ小企業―生業的経営のバイオロジー―』金融財政事情研究会

木下和紗（2018）「中小企業の CSR にかんする研究動向」『大阪市大論集』第 131 号、pp.1-33

木下和紗（2021）「地域社会に貢献する中小企業と企業家―株式会社香西鉄工所のケース―」『商工金融』第 71 巻第 5 号、pp.5-20

関満博（1995）『地域経済と中小企業』筑摩書房

田中信弘（2019）「CSR の理論とその展開」佐久間信夫・田中信弘編著『CSR 経営要論（改訂版）』創成社、pp.20-38

本多哲夫（2017）「中小企業の地域社会活動と自治体政策―自治体中小企業政策の新たな形―」『経営研究』第 68 巻第 2 号、pp.1-16

森本三男（1994）『企業社会責任の経営学的研究』白桃書房

Carroll, A.B.（1991）"The Pyramid of Corporate Social Responsibility: Toward the Moral Management of Organizational Stakeholders," *Business Horizons,*

34(4), pp.39-48

Porter, M. E. & Kramer, M. R. (2011) "Creating Shared Value: How to Reinvent Capitalism—And Unleash a Wave of Innovation and Growth," *Harvard Business Review*, 89(1/2), pp.64-77（編集部訳〔2011〕「共通価値の戦略—経済的価値と社会的価値を同時実現する—」『DIAMOND ハーバード・ビジネス・レビュー』第 36 巻第 6 号、pp.8-31

# 第 5 部

## 中小企業の資金調達と施策活用

# 13　章

## 中小企業の資金調達

海上　泰生

●キーワード
間接金融　資金繰り　政策金融　信用保証

　企業を経営するために必要な資源、すなわち「経営資源」として重要なものには、いわゆる「ヒト、モノ、カネ、情報」が挙げられる。このうちの「カネ」、すなわち資金は、それがあるだけで経営はできないが、それがないと確実に事業運営に支障が生じるものである。企業が生産や販売などの事業活動を行うには、資金が必要になる（「資金需要」が発生する）。例えば、原材料を仕入れるための資金、人件費や外注費を支払うための資金、工場や機械設備・車両を取得するための資金などが必要になる。そうした資金を入手できないと、原材料や設備を入手できないばかりか、ときには、即時に倒産を招くこともある。

　一般的に、中小企業は、大企業と比べると資金調達で不利な面があるとされており、それが事業運営に影響することも少なくない。中小企業特有の問題とは何か、それはどのように表れるのか、どのような政策が手当てされているのか。本章では、そうした観点から中小企業の金融を考えていく。

## 1　企業における資金調達の方法と必要性

　資金を調達するには、必要とする金額や期間、その資金の使い道（資金使途）、調達に際してのコスト、金融市場における自社の地位などを考慮して、適切な手段を選ぶ必要がある。

　資金調達の手段には、大きくわけて、外部資金によるものと内部資金によるものがある。内部資金とは、要するに蓄えたり備えたりしてきた資金（内

216　　第5部　中小企業の資金調達と施策活用

部留保）で、積立金や準備金、各種引当金のほか、既存設備の減価償却費がそれに当たる。自己資本や自己資金ともいう。一方、外部資金とは、金融市場や金融機関など社外から調達する資金である。①金融市場において投資家などから直接的に供給される「直接金融」と、②金融機関が仲介する「間接金融」のほか、③「企業間信用」と呼ばれる取引先との間における手形や買掛金などによる資金の融通や代金支払いの猶予、④親会社・子会社・グループ会社間における資金の融通[1]、などもこれに該当する。他人資本ともいう。

　ここで素朴な疑問が浮かぶ。なぜ、企業の多くが外部資金を調達しようとするのか。内部留保から必要額を引き出す内部資金なら、最も手間もコストもかからない。そのとおりであり、実際、将来に備えて内部留保を厚くする企業が増えている。ただし、内部留保を積み上げるには、相当の時間がかかる。すでに事業が軌道に乗っている企業は、安定して利益を蓄積できるが、多くの企業（特に創業間もない企業を含む中小企業）は、その段階にいくまでが一苦労である。十分な資金が貯まるまでの間に、せっかく到来した絶好のビジネスチャンスや投資機会を逃してしまうこともある。そのため、的確なタイミングで行う外部資金の調達が効果的であり、その資金を活かして事業を軌道に乗せ、そこから得られるキャッシュフロー[2]を返済原資とし、調達コストを上回る利益を生み出すことを狙うのである。

　さらに、マクロ経済の視点でみると、企業にとっての外部資金の大きな源泉は、家計に眠る余剰資金[3]になる。それを掘り出して新たな生産活動の元手として活かすことは、国民経済にとってもきわめて重要な意味を持つ。

　このように、資金調達には複数の経路がある。このうち、本章では、家計や投資家などが保有する余剰資金を、その資金を必要とする企業・国・自治体・各種団体などに融通すること、すなわち「金融」について詳述する。

---

1　例えば、親会社から子会社に資金を貸し付ける「親子ローン」などがある。
2　キャッシュフローとは、事業運営に伴って企業に出入りするお金の流れのこと。
3　"余剰資金"といっても余った資金という意味ではなく、現時点で特定の使い道が定まっていない資金のこと。多くは、預金の形で保持されている。

## 2　直接金融と間接金融

　前節で述べたように、金融による資金調達には、直接金融によるものと、間接金融によるものがある（図表13-1）。直接金融において、企業は、株式・社債・CP[4] の形で、投資家から直接的に資金の供給を受ける。したがって、企業は、投資家に選ばれるための十分な知名度と信頼性を備えていなければならない[5]。ゆえに、中小企業にとって直接金融は簡単ではない。投資家の立場からみても、中小企業は、大企業に比べて入手できる情報量が少なく、投資対象として適しているか否か判断しにくいからだ。

　一方、間接金融では、資金の供給者と需要者との間に、企業の信用力（借入金を返済する能力）を把握する専門能力を持つ金融機関が、仲介役として入る。この場合、資金の供給元は一般の家計を含む預金者であり、個々の資金供給先の企業を見極める専門能力も意識もないが、そこに金融機関が入ることで、無理なく資金が融通される。したがって、直接金融による資金調達が難しい

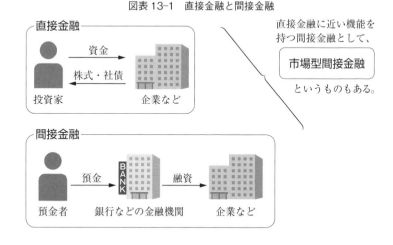

図表 13-1　直接金融と間接金融

―――――――――――――――――――

4　CP（コマーシャルペーパー）とは、短期運転資金などを調達するために、公開市場で発行する無担保の約束手形。短期社債ともいわれる。
5　非上場の株式や私募債の発行で、投資家を広く募集しないケースを除く。

中小企業にとっても、間接金融ならば円滑な資金調達が可能になる。中小企業は、金融機関だけに向けて自らの信用力に関する情報を提供すれば済むうえ、株式や社債の発行などに比べて、簡易な手続きで迅速に、ときには小口の資金をも調達することができる。

　なお、近年では、投資家の資金を金融機関を通して中小企業などに供給する「市場型間接金融」という概念も存在する。金融工学の手法を用いて金融機関の貸出債権を証券化[6] し、投資家の資金を募る仕組みである。金融市場と中小企業を結びつけるための政策ツールとしても利用されている。


## 3　中小企業の資金調達の特徴と問題点

　大企業に比べて公開情報量が少なく、知名度の低い中小企業にとって、間接金融が適していることは前節で述べたが、これにより、中小企業の資金調達構造は、大企業とは異なるものになっている。両者の資金調達構造を比べると、中小企業で大きな割合を占めるのは借入金であり、間接金融に依存していることがわかる（図表13-2）。上述したように、多くの中小企業にとって、株式発行により市場から資金を調達し、自己資本を拡充することは簡単ではない。特に建物や設備の取得など固定的な資金需要では、長期借入金に頼らざるを得ない。当然のことながら、株式と異なりいずれ返済する義務がある。しかも、長期継続的に金利を支払わなければならない。同じく返済義務のある社債と比べても、長期借入金の金利は総じて高い。

　また、借入金による資金調達には、安定性に欠ける面もある。中小企業の資金繰りや借入難易感の状況をみると、景気の拡大と後退に合わせて好転と悪化を繰り返していることがわかる（図表13-3）。その背景として、例えば景気後退期には収益が減少して手持ち資金が不足するという理由もあるが、そ

---

6　証券化とは、お金の流れ（キャッシュフロー）を生む特定の資産を裏づけにして、有価証券を発行し、それを投資家に売って資金を集めること。特定の資産としては、貸出債権（企業向け融資、住宅ローンなど）だけでなく、クレジットカードの債権、不動産、航空機・船舶など様々なものがある。

図表 13-2　大企業と中小企業の資金調達構造の比較

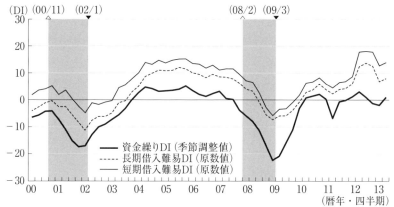

受取手形割引残高 0.8

| | 短期借入金 9.4 | 長期借入金 13.4 | 社債 8.0 | 企業間信用 8.4 | その他の負債 17.1 | 資本（利益剰余金）25.4 | 資本（資本金その他）17.5 |

大企業

社債 0.8　受取手形割引残高 0.3

| | 短期借入金 9.7 | 長期借入金 31.3 | 企業間信用 8.2 | その他の負債 13.8 | 資本（利益剰余金）25.9 | 資本（資本金その他）9.9 |

中小企業

0　10　20　30　40　50　60　70　80　90　100(%)

注：グラフ元データの制約から、ここでは、中小企業を資本金1億円未満の企業。大企業を資本金1億円以上の企業とした。各数値は、「負債＋資本＋受取手形割引残高」を分母とした場合の割合。企業間信用は、支払手形＋買掛金。
資料：財務省「法人企業統計年報2021」。

図表 13-3　借入難易度の変動と景気の山谷（いざなみ景気とリーマンショック時）

(DI) (00/11) (02/1)　　　　　　　　(08/2) (09/3)

凡例：
資金繰りDI（季節調整値）
長期借入難易DI（原数値）
短期借入難易DI（原数値）

00　01　02　03　04　05　06　07　08　09　10　11　12　13
（暦年・四半期）

注：1　「資金繰りDI」＝「好転企業割合」－「悪化企業割合」（前年同期比、季節調整値）
　　2　「長期・短期借入難易DI」＝「容易企業割合」－「困難企業割合」（原数値）
　　3　グラフ内の網掛け部分は、景気の山を記録した景気基準日付から景気の谷を記録した同日付までをつないだもので、景気後退期を示す。
資料：日本政策金融公庫「全国中小企業動向調査」。

れ以外に、景気変動に合わせて金融機関側が貸出姿勢を変えるという理由もある。金融機関は、預金者から原資となるお金を預かり、それを貸し出す先を選ぶという重大な役割を担っていることから、過大なリスクを負わないよ

う、慎重な行動を選ぶ傾向がある[7]。その意味では、企業の経営状態に応じて貸出条件が変わるのは当然のことなのだが、企業側からみると、前回と同じ金額の借入申込であるにもかかわらず、そのタイミングによって、借入難易度が高く厳しい局面に変わってしまう不本意なケースも少なくない。

　企業金融の実務においては、既存の長期借入金の満期が到来し、それを完済するのと同時に、ほぼ同じ金額の借入を再び開始して、事実上、既存の借入金を継続するという、いわゆる「同額借換」が頻繁に行われている。金融機関との信頼関係のもと、企業の財務基盤を厚く保つために有効な慣行だが、景気後退を背景に借入難易度が極端に高まると、この同額借換を打ち切るケースもある。当てが外れた企業側は、予定外の完済を求められ、途端に資金繰りに苦しむことになる。ときには、倒産につながることさえありうる。

　このように、中小企業の資金調達は、間接金融を主流とすることから、直接金融に比べて、簡易・迅速に個別事情に沿った条件で実行できる半面、調達コストが高く安定性に欠けるという、大きな問題点を抱えているのだ。

　こうした間接金融依存を是正するため、私募債の発行などにより直接金融に寄せる試みも行われてはいるが、まだわずかなケースにとどまっている。


## 4　中小企業向け融資を担う各種金融機関

　間接金融を主流とする中小企業にとって、金融機関と良好な取引関係を構築することは、とても重要だ。中小企業が実際に取引している金融機関の種類をみると、都市銀行、地方銀行、第二地方銀行、信託銀行、信用金庫、信用組合、政府系金融機関、農林系金融機関など、様々な名称の金融機関が登場する。まずは、これらの金融機関の概要を理解してから、中小企業との関わりをみていこう。

---

[7]　金融機関が過大なリスクを負わないよう、政府や国際合意（バーゼル合意など）によって、様々な監督や規制が実施されている。ここでいう慎重な行動や姿勢には、金融機関の使命に照らして当然とされるものもあり、必ずしも金融機関側の一方的な都合による、いわゆる「貸し渋り」や「貸し剝し」を指すものではない。

## 1）金融機関の種類

　金融を業とする経済主体として、最初に思い浮かぶのは銀行だが、広い意味では、証券会社や保険会社、ファイナンス会社（いわゆるノンバンク）、リース会社などを挙げることもできる。ただし、前述した間接金融において、預金者と企業の仲介を行う金融機関という存在は、もっと狭義になる。そうした金融機関を一括りする際に、適当な枠組みとして預金保険制度がある。預金保険制度とは、金融機関が万が一破綻した際に、一定額まで預金等を保護する制度であり、その対象金融機関は、日本国内に本店がある銀行などの金融機関に限られる[8]。同制度は、預金保険法に基づく国の施策であることから、預金保険対象金融機関とは、いわば公に認められた日本の金融機関と考えてもよい。2023年11月現在、預金保険対象金融機関の数は、合計548機関。そこに掲げられている金融機関の種類は、以下のとおりである。ここで、それぞれの概要を説明しよう。

　(1)　**都市銀行**（5行[9]）　　東京・大阪等の大都市に本店を置くとともに、全国に支店網を持つ大手の銀行。資金量が多く、大企業のほとんどを取引先に持つことで日本経済の要となっている。海外にも積極的に展開している。

　(2)　**地方銀行**（62行）　　地方都市に本店を置き、その周辺に支店の多い銀行。営業基盤は主として一つの都道府県であるが、最近は他府県への進出もみられる。地域経済を後押しする重要な役割を果たしている。

　(3)　**第二地方銀行**（37行）　　1989年以降、相互銀行（かつての「無尽会社」が銀行になったもの）が普通銀行に転換したもの[10]。中小企業向け金融を中心とし、地方に営業基盤を持つ。地方銀行より規模の小さい銀行が多い。

　(4)　**信託銀行**（13行）　　信託業法に基づく信託業務（信託者の財産を預かり、

---

8　政府系金融機関、外国銀行の在日支店は預金保険制度の対象外。農林中央金庫、農業協同組合、漁業協同組合等も同制度の対象外だが、「農水産業協同組合貯金保険制度」により、別途、保護されている。さらに、証券会社は「投資者保護基金」、生命保険会社・損害保険会社はそれぞれの「保険契約者保護機構」により、別途、保護されている。
9　埼玉りそな銀行を含む。
10　東京スター銀行を除く。同行は、経営破綻した第二地方銀行（東京相和銀行）から営業を譲り受けるため、新たに免許を受けた第二地方銀行。

受益者のために運用・管理を行う業務。遺言信託、年金信託、金銭信託、貸付信託などがある）を中心に行う銀行[11]。普通の銀行業務や併営業務[12] も行っている。

(5) **その他の銀行** (15行[13])　　金融庁がいう「新たな形態の銀行業」。金融の自由化以降、難度が高く人手やコストのかかる企業向け融資業務などを避け、決済・預金・住宅ローン・カードローンなどシステム化しやすい機能に特化して設立した銀行。ネット系銀行や流通系銀行などにわけられる。ほとんど実店舗を持たずに、インターネット・バンキングやATMを活用する。ごく少数だが、小口の企業向け融資を扱っているものもある。

(6) **信用金庫** (254金庫)　　上記(1)～(5)の「銀行法」に基づく機関とは異なり、「信用金庫法」を設立根拠法とする金融機関。営業対象区域を限定し、地域内の中小企業や生活者からなる会員の出資による協同組織。銀行が営利目的の株式会社であるのに対し、信用金庫は、法的には非営利で会員の相互扶助が目的。信用組合よりは、会員資格・預金・融資に対する制約が緩い[14]。

(7) **信用組合** (143組合)　　「中小企業等協同組合法」と「協同組合による金融事業に関する法律」を設立根拠法として、組合員である中小企業や生活者（自治体・警察・消防署の職員など）の相互扶助を目的とする組合組織の金融機関。営業対象区域を限定し、主に組合員向けに限定した預金業務・融資業務を行う。一般的に、信用金庫に比べて規模が小さい。

(8) **労働金庫** (13金庫)　　「労働金庫法」に基づいて、労働組合や生活協同組合などの組合員の相互扶助のために設立された金融機関。勤労者を対象に、預金の受け入れ、資金の移動や融資などを行う。融資の8割以上が住宅

---

11　詳しくいうと、「銀行法」により設立された銀行で、「金融機関の信託業務の兼営等に関する法律（兼営法）」により信託業務を兼営する認可を得たものを「信託兼営金融機関」といい、そのうち、「～信託銀行」と名乗って信託業務を中心に行う銀行のことを信託銀行という。都市銀行なども信託兼営金融機関に含まれる。

12　信託銀行の併営業務とは、遺言の保管や遺言執行業務などの相続関連業務、企業の株主の名簿を管理する業務などの証券代行業務、不動産の売買の仲介業務などをいう。

13　公的な組織である整理回収機構とゆうちょ銀行を除く。

14　例えば、信用金庫の会員の資本金は9億円以下まで可。対して、信用組合の会員の資本金は3億円以下まで。また、信用金庫は会員以外からの預金も可。対して、信用組合は会員以外の預金は総預金の20％まで。さらに、信用金庫は、会員脱退後も一定年数なら融資可。対して、信用組合は脱退後の融資不可。

資金、1割が生活資金。NPO法人への融資も行っている。非営利目的。

　以上が預金保険対象金融機関の概要である。同じ金融機関といっても、その組織や機能、役割は様々であり、大別すると、(1)～(5)は「銀行」、(6)～(8)は「協同組合金融機関」と分類できる。上述したように、預金保険対象金融機関は、我が国の金融の主要なプレーヤーではあるが、実は、これら以外にも、金融機関としての機能を持つ組織がある。それが農林漁業系金融機関と政府系金融機関である。このうち、農林漁業系金融機関については、一般的な中小企業向け融資が少ないため詳述はしないが、農林中央金庫（1金庫）、JAバンク会員（538農協等）、JFマリンバンク会員（85漁協等）で構成され、農業者に向けて22.9兆円、漁業者に向けて5200億円にのぼる融資を行う大きな存在だということだけ述べておく[15]。政府系金融機関については、次節で詳述する。

## ２）中小企業の取引金融機関の構成

　さて、上述した各種金融機関（企業向け融資を行っていない(5)の一部と(8)を除く）は、どのように中小企業融資に取り組んでいるのであろうか。中小企業が取引している金融機関の顔触れをみると、企業規模により、取引している金融機関の構成が異なることがわかる（図表13-4）。企業規模が大きいほど都市銀行・信託銀行の割合が大きく、また、地方銀行・第二地方銀行の割合も大きい。もっとも、地方銀行・第二地方銀行が個人企業においても3割弱を占めているのに比べて、都市銀行・信託銀行は、1割強しかなく、企業規模に応じて貸出姿勢を明確に変えていることがわかる。都市銀行は、低金利になりがちな大企業向け融資では十分な収益を稼げない事情から、中小企業の上位層に重点を置いて積極的な貸出姿勢をみせているのである。

　一方、企業規模が小さいほど信用金庫や信用組合の割合が大きい。同金庫等は、中小企業を主な会員とする協同組合金融機関として、本来の役割を果

---

15　数値は、いずれも農林中央金庫（2023）。

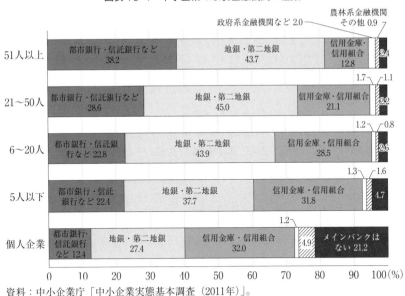

図表13-4　中小企業の取引金融機関の種類

| | 都市銀行・信託銀行など | 地銀・第二地銀 | 信用金庫・信用組合 | 政府系金融機関など 2.0 | 農林系金融機関 その他 0.9 |
|---|---|---|---|---|---|
| 51人以上 | 38.2 | 43.7 | 12.8 | | 2.4 |
| 21〜50人 | 28.6 | 45.0 | 21.1 | 1.7 / 1.1 | 2.2 |
| 6〜20人 | 22.8 | 43.9 | 28.5 | 1.2 / 0.8 | 2.6 |
| 5人以下 | 22.4 | 37.7 | 31.8 | 1.3 / 1.6 | 4.7 |
| 個人企業 | 都市銀行・信託銀行など 12.4 | 地銀・第二地銀 27.4 | 信用金庫・信用組合 32.0 | 4.9 / 1.2 | メインバンクはない 21.2 |

0　10　20　30　40　50　60　70　80　90　100(%)

資料：中小企業庁「中小企業実態基本調査（2011年）」。

たしていると思われる。また、個人企業では、その3割が信用金庫や信用組合に頼っている半面、メインバンク（主力取引先金融機関）を持たない企業も2割程度ある。メインバンクがないと、ときには資金繰りに支障が出ることもあり、個人企業の調達環境が良好ではないことを示している。

## 5　中小企業向け政策金融

　前節で述べたように、多様な金融機関が中小企業の資金調達を担っている。ただ、民間金融機関は、大事な預金を預かって貸出原資としているため、リスクテイクに慎重になり、ときには、企業が求める資金を十分に供給できないこともある。こうした民間金融機関の働きを補完するのが政策金融であり、特に景気後退により資金供給が不足しがちな時期こそ、政策金融機関が積極的に資金を供給することで、中小企業の資金需要を支える役割を果たす。

## １）政策金融機関による直接的な資金供給

　実際に、リーマンショックに端を発した世界的金融危機とコロナ危機の時期において、民間金融機関と政策金融機関がどのように動いたかをみてみると、前者が融資を減らしたときは後者が増やし、前者が貸出を伸ばしているときは後者が抑えていることがわかる（図表13-5）。具体的には、世界的金融危機時に、民間金融機関が軒並み新規融資を減らす消極的姿勢に傾く一方、政策金融機関はセーフティネット貸付[16] をむしろ拡充した。それを受けて、中小企業の借入申込が殺到し、政策金融の利用が急増したのである。

　現在、政策金融機関としては、日本政策金融公庫、国際協力銀行、沖縄振興開発金融公庫、日本政策投資銀行、商工組合中央金庫の５機関がある。そのうち、中小企業向け融資を業務に組み入れているのは、日本政策金融公庫、沖縄振興開発金融公庫、商工組合中央金庫であり、３機関合計で、融資残高は約40兆円にのぼる。

## ２）民間金融機関の資金供給を促す信用保証制度

　政策金融機関が直接的に資金を供給して、民間金融機関の働きを補うのもよいが、本来なら、民間金融機関が自発的・積極的に中小企業向け融資に取り組むことが望ましい。民間金融機関が持つリソースを有効に活用することは、政策コストの低減にもつながるからだ。そのために構築されている制度として、信用保証制度がある。信用保証制度とは、各都道府県に少なくとも一つ以上存在する信用保証協会という公的な法人が、民間金融機関のリスクを減じる保証人の役割を引き受ける制度である。中小企業が民間金融機関から融資を受けたいと思っても、信用力が弱いと評価され、実現できないことも多い。そんなとき、公的な法人が借入債務の保証をすることで、民間金融機関が負うリスクを大幅に軽減し、中小企業向け融資に取り組みやすくするのである。

　もちろん無料というわけにはいかないため、おおむね融資額の１％前後の

---

16　急激な経済変動によりダメージを受けた企業を対象に、低い金利を適用するなど救済措置的な機能を果たす貸付。

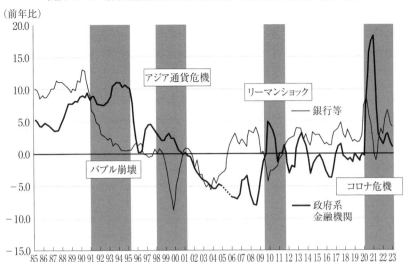

図表 13-5　政策金融機関と民間金融機関の貸出動向の比較（前年比）

（前年比）

注：2005年は、統計改定に伴い、旧公営企業金融公庫が除かれること等による統計の断絶
　　が生じているため点線で表示。
出所：財務省ホームページ（https://www.mof.go.jp/policy/financial_system/fiscal_finance
　　/financial_institution/nobiritsu.pdf）。
資料：日本銀行「資金循環統計」。

保証料を徴求することで、信用保証協会は、自らが背負うリスクの対価とする。ただし、あいにく中小企業が経営不振になり債務を返済できない状況（債務不履行）に陥った場合、信用保証協会は、中小企業に代わって民間金融機関に返済（代位弁済）しなくてはならず、リスクが現実化する。大きな弁済の負担は、信用保証協会の運営にも影響しかねない。このときのために、上述した政策金融機関の一つである日本政策金融公庫があらかじめ保険を引き受けておき、弁済額のおおむね 70 ％または 80 ％に相当する保険金を、信用保証協会に支払い、バックアップする仕組みになっている。

　政策金融機関としては、債務不履行発生時の保険金支払いに備える予算と体制を備えておけば、自ら直接的に資金を供給するためのリソース（資金や人員、店舗網など）を使うことなく、効率的に中小企業向け金融を実現できるという利点がある。こうして実現した資金供給額は、約 40 兆円（保証債務残

図表13-6　信用保証制度の仕組みと保証利用企業の割合

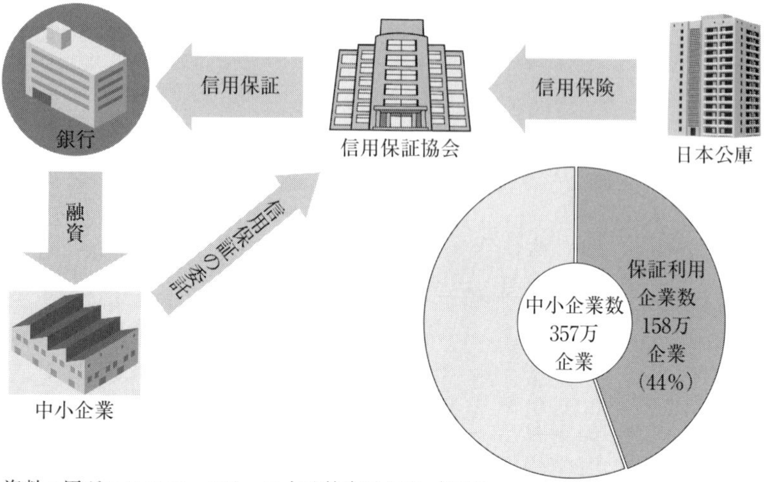

資料：円グラフのデータは、日本政策金融公庫（2023）。

高）。全中小企業数の 44 ％が利用する制度となっている（図表13-6）。

## ３）様々な政策金融のメニュー

　上述したように、政策金融は、資金供給が不足しがちな景気後退期に、民間金融機関を補ったり促したりするが、それだけではない。経済社会のために望ましい企業の活動を促進するという政策目的に沿って、様々なテーマを帯びたメニューが用意されている。例えば、信用保証のメニューでいうと、創業関連保証、経営承継関連保証、事業再生計画実施関連保証、商店街活性化事業関連保証、伝統的工芸品支援関連保証、小規模事業者支援関連保証、東日本大震災復興緊急保証などがあり、それぞれのテーマに沿って企業が経営課題に取り組む際、一般より優遇された条件で保証を受けられる。公庫等から直接的な資金供給を受ける場合にも、同様のメニューが準備されているので、利用者はそれを選ぶことができる。ただし、利用するための各種の要件が個々に定められており、利用者はそれを充足する必要がある。

### 4）直接金融による中小企業支援

　政策金融機関は、基本的に間接金融を通して、中小企業向け資金を供給しているが、これとは別に、直接金融を通して政策的役割を果たしているものもある。それが、中小企業投資育成会社という機関である。地方自治体や金融機関などの出資により、法に基づいて設立された会社であり、東京、大阪、名古屋に3社だけ存在し、そこから全国をカバーしている。同社は、融資ではなく、出資という手段を通して、中小企業の自己資本の充実を図り、自らが長期安定株主になることで、各種の経営課題の解決を手助けする。例えば、株式が分散して経営権が不安定になるのを防いだり、経営が支障なく承継できるように後継者の負担を軽減したり、経営力の強化を後押ししたりするのだ。主要株主になったあとも、中小企業側の経営の自主性を尊重し、株式上場を要求しない点が、ベンチャーキャピタルとは異なる。投資先企業の累計（2023年まで）は、3社合計で5886社を数える（中小企業投資育成 2023）。


## 6　中小企業金融の今後に向けて

　以上、中小企業の資金調達の特徴と問題点、中小企業に資金を供給する各種金融機関の姿、それらを踏まえて、中小企業向け金融を補完する政策金融機関の働きを追ってきた。そこでみたように、我が国では、都市銀行を含む様々な金融機関が中小企業融資に取り組んでいて、足りない部分を埋める政策金融も手厚い。例えば、アメリカでは、大銀行による中小企業向け融資はかなり限定的で、中小企業は基本的に一つの金融機関としか取引せず、政策金融も日本ほどのメニューはない。それと比べると、日本の中小企業金融は、選択肢がとても多彩だといえる。そして、その多彩さは、情報処理技術の進展に伴い、今後さらに拡大するのだろう。

　いわゆるFinTech[17]によって、すでに新たな決済手段（キャッシュレス決済など）や送金サービス、仮想通貨、会計・財務サービス、PFM（Personal Financial Management：個人財務管理）、ロボアドバイザー（資産運用のサポート）、クラウドファンディング（コラム参照）など、かつてない金融サービスが現れてきた。

## クラウドファンディングの現状

　近年、注目されているクラウドファンディングは、主に企業が不特定多数の投資家から資金を集める仕組みである。これは、金融取引の一類型である投資系（融資型、ファンド型、株式投資型、不動産特定共同事業法型）と、金融取引というより新製品の先行販売予約（購入型）や見返りなしの寄付（寄付型）とみなすべき非投資系に大別できる[18]。

　非投資系のうち購入型は、新製品の開発やマーケティングに先立ち、投資家というより支援者から開発資金等を調達して、見返りとして出来立ての新製品やサービスなどを送る仕組みだ。見返りを求めない寄付型とともに、支援者の心情に響くストーリーや共感が鍵になる。

　一方、投資系のうち、ファンド型は、特定のプロジェクト（例えば、太陽光発電など）への出資を募るものであり、また、不動産特定共同事業法型は、賃貸用不動産などへの投資を募るものである。いずれもそのプロジェクトや不動産が生み出す収益が投資家に分配される。

　株式投資型は、IPO（株式の公開）を目指すベンチャー企業や事業売却を予定する企業への投資を募るもので、その企業が発行する株式や新株予約権の価値が上がれば、投資家へのリターンが高まるものである。

　最後に、融資型は、投資家と融資先（投資対象の企業やプロジェクト主体者など）との間に、ファンド事業者（融資実行者）が入り[19]、同事業者が投資家から集めたお金を投資対象の企業などに融資するものである。あくまで融資なので、配当と異なり、安定した利息を受け取ることができる。ただし、金融機関が仲介する一般的な間接金融の場合は、金融機関が貸し倒れリスクを負うが、クラウドファンディングの場合は、投資家が同リスクを負う。金融機関経由より利率は確かに高いが、元本が戻らないケースもありえることに留意が必要だ。この融資型の市場規模は年間 1125 億円[20] であり、クラウドファンディング市場全体の 60 ％以上になる。もっとも、中小企業向け融資全体の約 400 兆円と比べると、0.03％にも満たない。話題性のあるクラウドファンディングだが、従来型の金融手法の普及度には、いまだ遠く及ばないのが現状である。

---

17　金融（Finance）と技術（Technology）を合わせた造語。情報技術の進展で実現する様々な革新的金融サービス。

18　日本クラウドファンディング協会の分類を参考に、筆者の解釈を加えた。

19　貸金業法上、貸金業登録のない投資家が融資先と直接接触すると、同法に抵触することになる。そのためもあって、貸金業登録を持つファンド事業者が仲介役に入る。

20　2020 年時点の数値（日本クラウドファンディング協会 2021）。

現時点では、いずれも既存の金融手法に取って代わるほどの規模にはなっていないが、やがて金融の現場も大きく変化していくに違いない。そして、企業にとっての選択肢もますます広がる。こうした動きが中小企業の効果的な資金調達のための新たな推進力になることを期待したい。

---

### 練 習 問 題

1　中小企業が間接金融から直接金融にシフトするには、何をすればよいか。また、シフトしたあとには、どのようなメリットがあるのか。その仕組みとリスク負担なども含めて考えてみよう。
2　金融機関の貸出態度の変化は、なぜ起こるのか。本来、あってはならないものなのか。理由を含めて考えてみよう。
3　政策金融機関と民間金融機関は、どのような関係が望ましいか。融資を受ける企業の目線も踏まえて考えてみよう。

---

### ●推 薦 文 献

田邉昌徳（2019）『令和金融論講座―ビットコインからマイナス金利まで―』武蔵野大学出版会
　理論・歴史・制度・政策の観点を重視して金融を幅広くかつ詳しく記述した書。
日本政策金融公庫（2014）『米国銀行における中小企業金融の実態―米国銀行の経営戦略・顧客獲得・リレーションシップ・融資審査と担保・人材育成・金融危機の影響について―（日本公庫総研レポート（No.2013-8))』日本政策金融公庫
　詳細な調査により、これまで知られていなかったアメリカの融資現場の実態を、日本の金融機関と比較しつつ明らかにした書（無償ダウンロード可能）。

### ●引 用 文 献

中小企業投資育成（2023）『わかりやすい投資育成会社のご案内』中小企業投資育成
日本政策金融公庫（2023）『ディスクロージャー誌 2023』日本政策金融公庫
日本クラウドファンディング協会（2021）『クラウドファンディング市場調査報告書』
農林中央金庫（2023）『2023 年度版　ディスクロージャー誌』農林中央金庫

**┃ 14 章 ┃**

# 中小企業の支援施策の活用

大貝　健二

●キーワード
中小企業庁　中小企業基本法　中小企業憲章　中小企業振興基本条例

## 1　中小企業政策とは何か

　中小企業政策とはどのような政策だろうか。なぜ、中小企業を対象にした
政策が必要なのか。歴史的に振り返ってみても、中小企業政策は多岐に及ぶ。
本章では、中小企業政策の変遷を捉えながら、対象と目的、その政策主体に
ついて考えてみよう。最初に、中小企業政策の必要性を考えるうえで、2つ
の理由を取り上げる。

　第1に、中小企業であるがゆえに、生産性や賃金面、金融面において大企
業との格差があることや、取引条件において不利性を有していることなど

図表14-1　中小企業認識の変化

| 戦後（1940年代） | 健全な独立の中小企業<br>　　　　　　　　　　経済民主化／自由競争 |
|---|---|
| 1950年代 | 経済の二重構造 |
| 1960年代 | 　　　　　　　　　格差是正／近代化・高度化 |
| 1970年代 | 中小企業の多様性<br>　　知識集約化／「ベンチャー企業」／「中堅企業」（1964） |
| 1980年代 | 　　　　　　活力ある多数としての中小企業 |
| 1990年代 | 　　　　　　創造の母体としての中小企業 |
| 2000年代 | 市場競争の苗床／イノベーションの担い手／就業機会を創出する<br>担い手／地域経済社会を発展させる担い手 |
| 2010年代 | 経済を牽引する力であり、社会の主役<br>　　　厳しい内外環境を勝ち抜く自立的な中小企業 |

出所：中小企業庁編『中小企業白書』、各年代中小企業ビジョン等より筆者作成。

様々な問題を抱えていることである。中小企業の事業活動は、大企業と同様に自由競争を前提とした市場経済で行われているが、これらの問題が市場経済のなかで解消されない場合には、経済発展や福祉の向上にも支障が生じる。そのため、政策的な介入が必要になるのである。

第2に、中小企業の発展可能性を広げるために、政策的な支援が行われる点である。中小企業は層として存在し、新たな市場創造や新規創業等を通じて、日本経済の発展に寄与してきたが、そうした活力を十分に発揮できるようにするためのものである。

以上の問題性と発展可能性は、ともに中小企業が併せ持つ2側面である（黒瀬 2012）。図表14-1は、中小企業ビジョン等で示された、中小企業に対する認識を抜き出したものである。問題性に重きを置いた認識であるのか、発展可能性に重きを置いているのかによって、日本の中小企業政策は政策枠組みを変化させてきている。

最後に、中小企業政策の政策主体についても触れておこう。政策を行う主体は、政府（中央・地方）であるが、中小企業庁がその中心である。他方で、地方政府も、政策主体としての役割を担うようになってきている。従来、政策立案は国が行い、地方政府は実施する位置づけにすぎなかった。しかし、近年では、中小企業に対する支援策の立案から実施までを県や市区町村などの地方自治体が、国との役割分担を踏まえて行うようになってきているのである。


## 2　中小企業政策の歴史

### 1）中小企業庁の設置と経済民主化政策の頓挫

中小企業政策は、第二次世界大戦後に体系的に整備される。以下では、中小企業政策の理念・目的に焦点を当て、中小企業政策の変遷を確認する。

戦後に政策として展開されたのが、中小企業庁設置法（1948年）に基づく中小企業庁[1]の設置である。当時、日本を統治していたGHQ（連合国軍総司令部）により、財閥解体などの独占禁止法（1947年）とともに、経済民主化政策

の一環として同法が制定された。

　とはいえ、中小企業庁の設置は GHQ だけが要求していたわけではない。大企業を中心に重要産業復興策（傾斜生産方式）がとられており、原材料を中心とした物資や資金が、優先的に大企業へ配分されていた。そのため、戦後復興の過程において、中小企業問題が生じたのである。

　このような事態に際して、全日本中小工業協議会（全中協）[2] などの中小企業による団体が多く組織され、中小企業への資材や資金の配分などを要求する運動が展開された。その成果もあり、1947 年に中小企業振興対策要綱が策定された。そのなかで「中小企業総局」として中小企業に対する専管機関の設置が提起され、中小企業庁設置法の制定へ向かうことになった。

　中小企業庁設置法では、大企業とも対等な取引関係を結べる力を持つ、健全で独立した中小企業の育成発展、さらにそうした中小企業の経営を向上させるための諸条件を確立させることを目的としていた。そうした中小企業が経済力の集中を防ぎ、自由に市場に参入できる条件をつくるとみていたのである。このことから、戦後初期の中小企業政策は、経済民主化政策として捉えられている。

　しかし、ドッジ・ラインによる深刻なデフレ不況により、中小企業は大きな打撃を受けた。また 1950 年から始まった朝鮮戦争では、戦争による特需が生じ、また輸出が急増する事態になった。財閥解体は 1952 年に完了するものの、この動乱期において、企業集団として大企業体制が復活した。また工業部門の中小企業では、大企業の下請に転じるものも少なくなかった。経済民主化を目的とした中小企業政策は、大きく後退することになる。

## ２）日本経済の二重構造と中小企業の近代化

　高度経済成長期の日本経済では、近代的大企業部門と前近代的中小企業部

---

1　中小企業庁は、経済産業省の外局にある。そのため、中小企業政策は経済産業省による産業政策の影響を受ける。初代長官は、蜷川虎三である。
2　現在の中小企業家同友会の前身である。中小企業家同友会とは、「中小企業の経営を良くしたい」という目的のもと、1947 年 5 月に東京で設立された。現在では 47 都道府県、4 万 7000 社を上回る会員がいる。

門間で、生産性や賃金に著しい格差があるとする、経済の二重構造[3]が成長の隘路として論じられるようになる。そのため、大企業と中小企業の二重構造を、中小企業の近代化と成長によって解消させることが課題となった。

二重構造論的な捉え方に問題がなかったわけではない。というのも、中小企業の多様性や重層性を視野に入れることなく、一面的に遅れている部門として問題視しているからである。戦後復興期にはあった経済民主化の理念が見失われ、近代化と成長によってこそ、中小企業の後進性も、先進部門との断絶も解消されると考えられたのである。

こうしたなかで、本格的な近代化政策が展開されることになる。「機械工業振興臨時措置法（機振法）」(1956年)、「電子工業振興臨時措置法（電振法）」(1957年)、「繊維工業設備臨時措置法（繊工法）」(1956年)といった法律が相次いで制定された。これらは、すでに大企業分野によって合理化策が実施されており、同様の合理化策が中小企業分野においても開始されたものと位置づけられる。とはいえ、機振法や電振法は、中小企業のみを対象にしているわけではなく、中小企業の比重が大きい業種を対象にしていた。特に機振法では、その合理化計画の内容が相当に高度であったため、対象になるのは中小企業層のなかでも上位層に限定されていた。また、繊工法では、構造的な不況に陥っていた繊維工業で、スクラップ・アンド・ビルドを行いながら、合繊など新分野への展開を推進し、体質改善を進めようとした。

これらの政策の対象にならなかった中小企業層に対しては、「中小企業振興資金助成法」(1956年)により、中小企業組合や個別中小企業を対象にした設備近代化政策が進められた。業種別近代化と中小企業組合を受け皿にした近代化政策は、1960年代に体系化されることになる。

1963年に、中小企業政策を体系化した中小企業基本法が制定された。基本法の目的は、中小企業と大企業との間に存在する生産性、企業所得、賃金等の格差を是正し、中小企業経営の安定とその従事者の生活水準の向上につなげることであった。基本法体系では具体的な施策として、中小企業の設備の

---

3　経済の二重構造を、戦後日本経済の基本的特徴と位置づけたのは有沢広巳である。有沢は吉田茂の私的な政策ブレーンとしても活躍した。

近代化を図ること、中小企業構造の高度化（企業規模の適正化、事業の共同化、工場、店舗等の集団化、事業転換、小売商業の経営形態の近代化）、中小企業の取引条件の不利是正や下請取引の適正化などが挙げられた。

　中小企業基本法の実施法として、「中小企業近代化促進法（近促法）[4]」（1963年）が制定された。近促法では、近代化が必要とされる業種を指定し、業種別に個別企業を対象に近代化計画が策定され、税制面や金融面での優遇措置が施された。しかし、スケールメリットの追求に傾倒したことから、中小企業層のうち有力な中小企業の規模適正化は進んだものの、中小企業層内部での企業間格差を拡大させることになった。そのため、1969年には近促法が改正され、業種別組合による構造改善事業が実施された。

## ３）変容する中小企業認識と政策プランの多様化（1970〜1980年代）

　1970年代に入ると、中小企業に対する認識の変化が生じた。高度経済成長は、多数の中小企業を生み出し、また近代化や規模拡大を遂げ、中小企業の範疇にとどまらない企業層が現れた。60年代にはすでに「中堅企業」と呼ばれる層が現れていたが、70年代には「ベンチャー企業」と呼ばれる企業群も出てきており、すでにこの時期には、二重構造論的な認識からの転換が進んでいたとみてよいだろう。

　1970年代の中小企業政策の特徴としては、次の3点がある。第1に、1972年に中小企業審議会から「70年代の中小企業のあり方と中小企業政策の方向について（70年代中小企業政策ビジョン）」が提出された。それにより、中小企業政策が、同ビジョンをもとに展開されるようになった。

　第2に、近代化政策は、「知識集約化」をキーワードにした政策を展開するようになったことである。ドルショック（1971年）、石油ショック（1973年）といった外的環境が大きく変化するなかで、中小企業の発展について、スケー

---

4　中小企業基本法よりも半年前に制定された法律。中小企業の近代化を目指した基本法体系の実施法として位置づけられる。中小企業の生産性が向上することにより、日本の競争力が強化されると認められる業種集団を国が指定し、近代化計画を策定し実施することが特徴である。また、同法は1999年に廃止された。

ルメリットを追求することからの質的な転換を進めようとしたのである。知識集約化の中身については、新製品の開発、デザインの開発、人材育成等が念頭に置かれている。

　第3に、「70年代中小企業政策ビジョン」に依拠しながらも、その時々に直面した外的環境の変化への対応策が展開された。「中小企業事業転換対策臨時措置法（事業転換法）」(1976年)、「円相場高騰関連中小企業対策臨時措置法（円高法）」(1978年)、「特定不況地域中小企業対策臨時措置法（旧城下町法）」(1978年)、「産地中小企業対策臨時措置法（産地法）」(1979年)などが政策プランとして展開された。

　他方で、1970年代には、小売業に対しても注目すべき政策が展開された。当時としては新しい業態の小売店としてスーパーマーケットが出店攻勢を極めていた。そのなかで、「中小小売商業振興法」(1973年)や「大規模小売店舗における小売業の事業活動の調整に関する法律（大店法）」(1973年)が制定された。中小小売商業振興法では、商店街のアーケード整備などハード面での近代化が進められた。他方で、大店法は、スーパーマーケットに対して出店調整を行うものであった。大型店の出店調整を行う百貨店法がすでに存在していたが、スーパーマーケットは規制の対象にはなっておらず、同法によって規制の対象にしたのである。

　1980年代に入ると、「80年代の中小企業のあり方と中小企業政策の方向について（80年代中小企業政策ビジョン）」が出された。ここでは、第1に、中小企業が活力ある多数として積極的な存在であると再認識していること、第2に、70年代の知識集約化からさらに踏み込んで、情報・技術・人材などソフトな経営資源充実のための施策展開が必要であること、第3に、定住圏構想などの影響も受けて、地域重視の視点が前面に押し出されていることが特徴である。

　また、1980年代には、ソフトな経営資源充実のための施策のほか、プラザ合意に伴う円高不況への対応などにも迫られた。具体的には、「中小企業技術開発促進臨時措置法（技術法）」(1985年)、「異分野中小企業者の知識の融合による新分野の開拓の促進に関する臨時措置法（融合化法）」(1988年)がソフ

トな経営資源充実のための施策として展開された。また、円高不況対策としては、「特定中小企業者事業転換対策等臨時措置法（新事業転換法）」（1986 年）、「特定地域中小企業対策臨時措置法（特定地域法）」（1986 年）などによって事業転換が進められた。


## 3　競争政策的側面の登場（1990 年代以降）

### １）グローバル化への対応と中小企業基本法の改正（99 年基本法）

　1989 年に東西冷戦が終結し、世界はグローバル経済化へ向けてそのスピードを増していった。他方で、日本経済はバブルの崩壊とともに、「失われた20 年」の長期不況へ突入することになった。

　中小企業政策のスタンスを示すものとして、1970～80 年代と同様に、「90年代の中小企業ビジョン」が提起されている。90 年代の政策思想は、「グローバリゼーションと情報化の大波に対して中小企業の積極的な対応を促し、政策的には経済合理性追求の姿勢を重視しながらソフトな経営資源の充実支援と創業支援基盤の強化、積極的転換の支援、中小企業の国際化の促進などを実施」しようとするものであった。また、中小企業を「競争の担い手」として捉えるなど、80 年代以上に競争政策的な性格を帯びるようになった。

　1990 年代の政策プランでは、「特定中小企業集積の活性化に関する臨時措置法（特定中小企業集積活性化法）」（1992 年）や、「特定中小企業者の新分野進出等による経済の構造的変化への適応の円滑化に関する臨時措置法（新分野進出円滑化法）」（1993 年）などがある。これらの法律は、産業構造の急激な変化に対応するために、基盤を強化することに加え、新分野への進出を促すことを目的としていた。そのほか、創業や研究開発・事業化を通じて、新製品・新サービス等を生み出すことを促進する「中小企業の創造的事業活動の促進に関する臨時措置法（中小企業創造活動促進法）」（1995 年）、「新事業創出促進法」（1998 年）のほか、新たな事業に挑戦することを支援する「中小企業経営革新支援法」（新分野進出円滑化法を発展させたもの）（1999 年）などが展開された。

　1999 年には、中小企業基本法が抜本的に改正された。この基本法改正によ

り、中小企業の捉え方が大きく変化した。第1に、基本法の理念として、中小企業を①新たな産業を創出し、②就業の機会を増大させ、③市場における競争を促進し、④地域における経済の活性化を促進するなどの重要な使命があるものとして認識している。旧基本法のように、大企業との格差を背景とした中小企業認識とは、全く異なったものになっている。第2に、中心的な施策に関して、中小企業の近代化・高度化から、経営の革新や創業、創造的事業の促進が政策課題の中心に位置づけられた。また第3に、地方公共団体の位置づけが大きく変化することになった。旧基本法では、第4条地方公共団体の施策として、「地方公共団体は、国の施策に準じて施策を講ずるように努めなければならない」とされていたが、99年基本法では、第6条地方公共団体の責務として、「国との適切な役割分担を踏まえ」て、施策を策定し、実施する責務があると明記されたのである。これにより、第5節で取り上げるように、中小企業運動もあいまって、地方自治体において中小企業振興基本条例の制定が相次ぐようになる（大貝 2016）。

　また、99年基本法体系のなかで注目されるのは、業種の枠を超えた政策が登場していることである。その代表的なものとして、「中小企業の新たな事業活動の促進に関する法律（中小企業新事業活動促進法）」（2005年）がある。これは、90年代に制定された「中小企業創造活動促進法」「新事業創出促進法」「中小企業経営革新支援法」を統合してできた法律である。同法で推進したのは「異分野連携新事業分野開拓（新連携）」である。ここでは業種の枠を超えて、異なった経営資源を有する複数の中小企業者が、緩やかなネットワークを形成し、新しい価値をつくり出すことを目的としている。そのほかに、「地域ブランド」や「ふるさと名物」の創出を目的とした「中小企業による地域産業資源を活用した事業活動の促進に関する法律（地域資源法）」（2007年制定、2015年改正）や、「中小企業者と農林漁業者との連携による事業活動の促進に関する法律（農商工連携法）」（2008年）のように、業種の壁を越えた、第1次産業との連携による新商品開発を進める政策も登場している。

## ２）99 年基本法の反省と小規模企業

　さらに、2013 年には「小規模企業の事業活動の活性化のための中小企業基本法等の一部を改正する等の法律（小規模企業活性化法）[5]」が制定されたほか、2014 年には「小規模企業振興基本法」の制定と、「商工会及び商工会議所による小規模事業者の支援に関する法律の一部を改正する法律（小規模企業支援法）」によって、小規模企業政策の体系化が行われた。

　なぜ、小規模企業に目を向けた政策体系が整理されたのだろうか。既存の中小企業政策体系に基づく支援施策では不十分だったのだろうか。これらの疑問に対しては、2012 年 6 月に出された"ちいさな企業"未来会議[6] によるとりまとめに示されている、これまでの中小企業政策の反省・改善すべき点と、今後の中小・小規模企業政策のあるべき方向性が回答となるだろう（中小企業庁 2012）。

　第 1 に、中小企業基本法が改正された 1999 年から 2009 年までの 10 年間で、中小企業は 484 万社から 419 万社へ 65 万社の減少を示した。なかでも小規模企業が 57 万社の減少を示しており、中小企業・小規模企業は厳しい現状に置かれていることがある。小規模企業は、地域経済社会にとって重要な役割を果たしているものの、この 10 年間での急減を問題視している。第 2 に、これまでの中小企業政策の評価・反省として、とりわけ 99 年の基本法改正以降、中小企業のなかでも比較的企業規模が大きい企業層が政策対象になりがちであり、小規模企業層に焦点を当てた政策体系にはなっていないこと、既存の支援施策に関しても小規模企業が活用しやすい制度・運用にはなっていない場合があることなどが指摘されている。第 3 に、融資や経営支援についても同様で、小規模企業に対してきめ細かい対応ができていないことが挙げられている。以上の反省や課題をもとに、小規模企業に焦点を当てた体系へと再

---

5　これにより、従来の中小企業の定義に加えて、小規模企業者が従業員数によって定義された。製造業その他は従業員 20 人以下、商業・サービス業では、従業員 5 人以下を小規模企業としている。

6　2012 年 3 月に設置された、中小・小規模企業の経営力・活力の向上に向けた課題と今後の施策のあり方を討議する場。正式名称は「"日本の未来"応援会議～小さな企業が日本を変える～」である。

構築し、①経営支援体制、②人材、③販路開拓、④技術、⑤資金調達の観点から、きめ細かい支援策を展開することが提起されたのである。

　これらの小規模企業関連法の整理によって、第1に、中小企業基本法の基本理念に、小規模企業の意義として、「地域経済社会の安定と経済社会の発展に寄与」することが盛り込まれた。また、施策の方針に対しても、小規模企業の活性化が明記された。第2に、小規模企業振興基本法では、小規模企業について、中小企業基本法の基本理念である「成長発展」だけではなく、「事業の持続的発展」を位置づけるとともに、小規模企業施策について、基本計画を定め、政策の継続性、一貫性を担保する仕組みをつくることが明記された。第3に、小規模企業支援法では、①伴走型の事業計画策定・実施支援のための体制整備、②商工会や商工会議所を中核とした連携の促進、③中小企業基盤整備機構の業務追加が明記された。


## 4　中小企業支援の実施主体

### 1）重層的な施策実施体系

　中小企業政策に基づく施策プランを利用するのは、当然のことながら中小企業である。中小企業の数は、2016年の経済センサスでは357万社であり、業種や業態は非常に多様である。それに対応するように、施策プランも非常に多岐に及び、実施主体や展開ルートも重層的である（『中小企業白書　2023年版』、関 2020）。

　中小企業政策が実施されるときの大まかな展開方法を示したものが、図表14-2である。中小企業庁で策定された政策は、中小企業庁から地方経済産業局、中小企業基盤整備機構、経営革新等支援機関などを通じて施策展開されている。例えば、経営相談や講習会の開催、専門家の派遣等は、①中小企業庁から地方経済産業局、中小企業支援センターや商工会、商工会議所を経由して行われるルート、②中小企業庁から中小企業基盤整備機構を通じて行われるルートがある。そのほか、中小企業の海外事業展開に対する相談・支援施策に関しては日本貿易振興機構が担い手として位置づけられている。

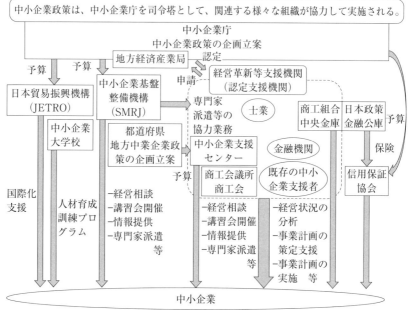

図表 14-2　中小企業の支援体制

中小企業政策は、中小企業庁を司令塔として、関連する様々な組織が協力して実施される。

中小企業庁
中小企業政策の企画立案

地方経済産業局　認定

経営革新等支援機関
（認定支援機関）

予算　　予算　　　　　申請

日本貿易振興機構
（JETRO）

中小企業基盤
整備機構
（SMRJ）

専門家
派遣等の
協力業務

士業

商工組合
中央金庫

日本政策
金融公庫

予算

中小企業
大学校

都道府県
地方中業企業政
策の企画立案

中小企業支援
センター

金融機関

保険

国際化
支援

人材育成
訓練プロ
グラム

予算

商工会議所
商工会

既存の中小
企業支援者

信用保証
協会

-経営相談
-講習会開催
-情報提供
-専門家派遣
　　　　等

-経営相談
-講習会開催
-情報提供
-専門家派遣
　　　　等

-経営状況の
　分析
-事業計画の
　策定支援
-事業計画の
　実施　等

中小企業

出所：中小企業庁「日本の中小企業・小規模事業者政策」2013年をもとに作成。

　また、中小企業協同組合や中小企業団体の金融円滑化を図る役割を持つ商工組合中央金庫や、中小企業とりわけ小規模事業者の資金調達や信用保証業務を展開する日本政策金融公庫や信用保証協会なども重要な役割を果たしている。政策の実施主体としては、都道府県や市区町村などの地方自治体が独自に政策を立案、検討、実施する取組が増えてきている。

## ２）中小企業の実情に見合った施策の展開

　中小企業政策は、中小企業や地域の実情に応じて、その時々の課題に見合ったものが検討され、具体的施策として実施されている。以下では、2010年以降に展開されている支援施策について紹介しておこう。第１に、経営革新等支援機関の設置である。これは、2012年に制定・施行された中小企業経営力強化支援法に基づく支援機関である。支援機関は、商工会や商工会議所

といった地域の経済団体のほか、地域金融機関、税理士や公認会計士、中小企業診断士などの専門家や法人で構成されており、3万9259機関が認定されている（2023年12月現在）。経営革新等支援機関を設置することで、中小企業・小規模事業者の多様化・複雑化する経営課題に対して、経営革新支援やその後のモニタリング支援などをきめ細かく行える体制をつくり出そうとしている。

　第2に、2014年に設置された「よろず支援拠点」である。これは、経営革新や経営改善支援を行うだけでなく、中小企業・小規模事業のワンストップ相談窓口として広く相談に応じ、内容に応じて適切な支援機関や専門家につなぐだけでなく、国や自治体の支援策の活用を促すとともに、支援施策の担当者ともつなぎ、トータルでフォローアップを実施していくものである。

　第3に、地域での創業支援体制である。これは、2014年に制定された産業競争力強化法が根拠になっているが、地方自治体（市区町村）が、地域金融機関、NPO法人、商工会や商工会議所などの民間創業支援事業者と連携し、ワンストップ相談窓口の設置や、創業セミナーの開催、コワーキング事業等の創業支援を実施する「創業支援事業計画（最長5年間）」を策定し、それを国が認定していくものである。第1～13回の認定で、1379市区町村が認定されている。この制度によって、地域経済社会の実情を十分に把握している自治体と専門家が連携して、地域での創業支援を通じて、地域経済の活性化に向けて、地域一丸となって取り組んでいこうとするところに狙いがある。開業率が低迷し、事業所数が減少するなかで、制度的に創業支援体制を整えていくものである。

　また、小規模企業支援の具体的な担い手として、商工会や商工会議所がある。商工会や商工会議所は、小規模企業に寄り添った「伴走型支援」として、経営発達支援計画[7]を作成し国へ申請することが求められる。次に、計画認定を受けた団体は、市区町村や地域金融機関、他の公的機関、大学等と連携

---

7　商工会や商工会議所が作成し、経済産業大臣の認定を受ける支援計画。小規模事業者の技術の向上、新たな事業分野の開拓、小規模事業者の経営の発達を通じて地域経済の活性化を目指す。

し小規模企業の具体的支援に着手する。例えば、小規模企業の需要開拓や事業承継に対して、小規模事業者による事業計画策定の支援やフォローアップのほか、地域企業による生産品の展示会の開催や、アンテナショップの運営などである。このような支援を通じて、小規模企業は記帳や税務面での経営改善のほか、潜在的な顧客層に向けた商品の販売方法の変更やビジネスモデルの再構築によって小規模企業の成長を促し、地域経済の活性化を実現させる方法である。

## 5　中小企業憲章と中小企業振興基本条例

2010 年に、政府は中小企業憲章を閣議決定した。日本の中小企業憲章は、欧州小企業憲章[8] を参考にしたものであり、「中小企業は経済を牽引する力であり、社会の主役である」と明確に位置づけたものである。政府が中核となり、国の総力を挙げて、中小企業の個性や可能性を存分に伸ばす一方で、中小企業が抱える問題は、中小企業の立場で考えていくことを宣言している。1990 年代以降、経済のグローバル化が進み、地域経済の疲弊・衰退が顕著になるなかで、「中小企業政策を、産業政策の補完的役割から脱皮させ、中小企業重視へ抜本的に転換する」ことを目的とした中小企業団体による運動の成果である。特に、主導的な役割を果たしている中小企業家同友会全国協議会（中同協）では、上記の宣言を「2004 年度国の政策に対する中小企業家の要望、提言」において宣言するとともに、国には中小企業憲章を、地方自治体には、中小企業振興基本条例の制定によって、地域経済を再生・活性化させていく運動を展開している。その成果もあって、中小企業振興基本条例は2000 年代に入ってから各自治体で制定されるようになっている。中小企業の重要性や、自治体首長の責務、中小企業者の努力等を明文化し、中小企業振

---

8　2000 年 6 月ポルトガルで開催されたヨーロッパ連合理事会で採択された。「小企業はヨーロッパ経済の背骨である」という最初の文言にあるように、小企業（10〜49 人）の役割を積極的に評価し、それを支援することによって中小企業総体の役割が大きくなることを目指している。

興を自治体行政の重要課題として位置づける「理念条例」である。

　振興条例の制定と、制定後の中小企業振興のあり方は、東京都墨田区が一つのモデルになっている (植田 2007)。墨田区では、1970 年代にすでに域内事業所の減少に直面した。雇用や法人市民税の減少に直結する問題として、事態を重くみた墨田区では、区内の産業や中小企業を対象に実態調査を行った。そして、調査結果をもとに、墨田区が責任を持って中小企業振興を積極的に行うことを明記した中小企業振興基本条例を制定した。さらに、具体的な中小企業振興施策を検討する場として、自治体職員、中小企業者、学識経験者等で構成する産業振興会議を設置し、地域の中小企業の実態から課題を析出し、望ましい中小企業や地域産業を実現するための方策を検討する場を設けている。ここにみられる、①実態調査、②中小企業振興基本条例、③産業振興会議の設置という 3 つの柱による中小企業振興が各地で模索・実践され始めている。

　また、全国の地方自治体での条例制定状況をみておこう。中小企業振興基本条例は、現在、47 都道府県と 694 市区町村 (2023 年 7 月時点) で制定されている。とりわけ 2015 年以降に多く制定されている。条例を制定するには、自治体議会で承認される必要がある。また、議会で俎上に上がるまでにも、問題意識の共有等、多くの時間や労力を要することになるが、そうした壁を乗り越えて条例を制定しているのである。

　では、中小企業振興基本条例を制定し、それに基づいた中小企業振興はどのように行われているのだろうか。例えば、北海道恵庭市では、2013 年に中小企業振興基本条例を制定するとともに、具体的な中小企業施策を審議する中小企業審議会を組織した。その後、足元からの独自施策を検討する場として中小企業振興協議会 (現：中小企業振興審議会、基本計画推進管理専門部会) を設置した。

　恵庭市での具体的な取組は、2014 年に入ってから、中小企業振興に関する基本計画の検討・策定を行うことから始まった。協議会では、基本計画を考えるに当たり、恵庭経済の実態を把握するために、地域経済実態調査を実施した。そして、実態調査の結果をもとに、恵庭経済の特徴や課題を共有し、

半年かけて6つの基本戦略（①持続的な生産・経営基盤の確立支援、②恵庭の魅力向上の取り組み、③雇用の確保と人材育成の支援、④地域循環型経済の確立と産業間連携の強化、⑤起業・第二創業・円滑な事業承継等による地域経済の活性化、⑥恵庭市内中小企業の継続的な経済環境の調査研究の推進）を掲げた基本計画を検討した。同計画の完成後は、協議会内に2つのワーキンググループを組織し、計画実現に向けた具体的施策の検討に向けて動き出している。

　同じく北海道の東端に位置する別海町では、2009年に同条例を制定している。2011年に地域経済の実態把握調査を実施し、地域内の基幹産業である農業（酪農）と水産・水産加工業をいかに連関させ、地域内経済循環を創出するかを模索している。また、別海町の地域問題として、医師が定着しないことがある。特に産科医と小児科医が不在になると出産ができなくなるため、車で1.5時間かけて釧路市の病院まで行く必要が生じる。必要なときに医療にかかれない不安を取り除くため、地域の中小企業者を中心に、医師と積極的なコミュニケーションをとることから取組を開始し、今では「医良同友」というネットワークをつくり出し、医療従事者、地域住民と一体となって定期的な勉強会や交流を行っている。このように地域の課題は経済的なものだけでない。安心して生活できる地域を維持するためにも、条例に基づいた取組は効果的であることを示している。

　他方で、地方自治体レベルでの、条例制定による中小企業や地域経済振興は、容易なものではない（岡田ほか 2013）。第1に、理念条例であることの難しさである。中小企業振興が必要であることは間違いないが、具体的施策を検討するときに、当事者間で問題意識などの認識を共有することは簡単ではない。中小企業施策を展開することでどのような成果を求めるのか。例えば、中小企業や地域経済の活性化をゴールに設定したとしても、活性化に対する共通理解がなければ、「何のために取り組んでいるのか」といった疑問が出てきかねない。

　第2に、2013、2014年に小規模企業関連三法が制定されたことによる小規模企業支援との兼ね合いである。2015年以降に急増している条例は、「中小企業・小規模企業振興基本条例」「小規模企業振興基本条例」としているもの

## コロナ禍における中小企業支援

　2019年末から3年間、新型コロナウイルス感染症がグローバルなパンデミックを引き起こした。感染急拡大に伴って、各国ではロックダウン（都市封鎖）を行うなどの対応に迫られた。同様に、日本でも数度に及ぶ緊急事態宣言が発出されたほか、まん延防止等重点措置期間が設定されるなど、感染拡大を食い止めるために、経済活動を抑制せざるを得ない状況であった。

　コロナパンデミックでは、飲食店や観光・宿泊業を中心に、営業時間の制限や自粛要請、人の移動がなくなったために、急速に厳しくなった資金繰りが問題になった。政府系金融機関は実質無利子・無担保で融資する「ゼロゼロ融資」を2020年3月から開始していたが、民間金融機関も5月から地方自治体による無利子融資などの制度的支援を通じて、緊急融資を展開した。これにより、コロナ禍を乗り越えることができた企業が多かった一方で、返済開始に伴い、コロナ関連倒産が増加してきている。ロシアによるウクライナ侵攻や円安基調による物価上昇もあいまって、返済開始時期までに事業収益が回復せず、企業経営が立ち行かなくなったのである。

　他方で、東京都墨田区では、コロナへの緊急対策に加えて地域産業の活性化を目指した独自施策展開を行った。墨田区では、コロナの影響が出始めた2020年3月時点で「新型コロナウイルス感染症緊急対策資金」を設置し、個別企業向けの緊急支援を開始した。同時に、地域中小企業がどのような影響を受けているのか、また自治体施策として何を求めているのかを把握するために「区内中小企業者に対する影響調査」を実施した。この調査では、中小企業者が、「資金繰り」に次いで「新たな販路・ターゲット」を求めていることが明らかになったことに加え、区内産業を発展させるために必要な施策として、「域内産業のPR」を要望する声が多かった。そのため、コロナ禍によって延期していた「サブス区」（人情サブスクリプション）を急遽同年9月に開始した。

　この「サブス区」とは、墨田区のスタートアップ支援策である。墨田区は地場産業の集積地でもあるが、操業環境が大きく変化するなかで、区内にスタートアップ企業の集積を形成するとともに区内の産業との融合・連携をつくり出すことを企図している。

　墨田区は、中小企業振興基本条例を全国で最初に制定した自治体である。定期的に地域企業の実態を捕捉しデータとして蓄積している。現場の声を拾い、併せて地域資源の発掘、再確認をしながら足元からの産業振興を展開し続けているのである。

が多い。これらの条例のうち、特に町で制定されているものは、商工会の役割と直接的に表記されているものが目立つ。これが何を意味するか。考えられるのは、小規模企業支援（経営発達支援計画の策定、伴走型支援の展開）を商工会が行うための根拠として条例が位置づけられるようになってきているのではないか、ということである。しかし、中小企業・小規模企業への具体的支援を通じて、どのような地域経済社会を目指すのか、そのゴールを明確に描く必要があるのではないか。

　第3に、自治体での具体的施策による成果を、どのような「モノサシ」で測るのか、という課題である。「5年以内に新規創業を何件増やす」「ビジネスマッチングを何回行う」といった量的な指標は、数値化が容易で評価しやすいが、それらが本当に中小企業振興の成果を評価するものとなりえるかは、よく考えなければならない。さらに、数値目標では簡単に表せない質的な側面が重要である場合が多い。それらをどのように評価するのかは、当事者間で悩みながら検討する必要がある。

　いずれにせよ、振興条例に基づいて具体的な施策を立案し、実行していくことは簡単ではない。しかし、これらの方法をとる自治体がなぜ増えているのか、考えてもらいたい。

　本章では、中小企業政策の変遷に触れつつ、近年では中小企業基本法の改正とともに小規模企業をも包含した中小企業支援体制がとられていることを示した。よろず支援拠点のように中小企業者がワンストップで相談から支援までを受ける体制もできてきている。他方で、地方自治体レベルでも中小企業振興基本条例を制定し、地域中小企業の支援を独自に展開するケースも増えているのである。こうした支援策を活用しながら、個別企業の支援を通じて地域経済や産業の活性化につなげていくことが必要であろう。

## 練習問題

1　中小企業政策の歴史的変遷をたどると、1980年代以降から地域に焦点を当てた政策が登場するようになるが、それはなぜなのか。考えてみよう。

2　「よろず支援拠点」が行っている支援事例を調べ、中小企業が抱える経営課題の傾向をまとめてみよう。

3　中小企業を振興する条例は、1970～1980年代に多くの自治体で制定されているが、本章で取り上げているものとは異なる。何が異なるのか、1980年代以前の条例と2000年以降の条例を比べて考えてみよう。

### ●推 薦 文 献

黒瀬直宏（2006）『中小企業政策』日本経済評論社

　「複眼的中小企業理論」をもとに、中小企業政策がなぜ必要なのかを明快に示している。

中小企業庁編『中小企業白書』および『小規模企業白書』各年版

　白書であるが、統計資料等の捕捉に加えて、各年のサブタイトルを整理して中小企業に対する見方を考えることもできる。

### ●引 用 文 献

植田浩史（2007）『自治体の地域産業政策と中小企業振興基本条例』自治体研究社

大貝健二（2016）「中小企業政策を考える」岡田知弘・岩佐和幸編『入門　現代日本の経済政策』法律文化社、pp.63-78

岡田知弘・高野祐次・渡辺純夫・秋元和夫・西尾栄一・川西洋史（2013）『中小企業振興条例で地域をつくる（増補版）』自治体研究社

黒瀬直宏（2012）『複眼的中小企業論』同友館

関智宏編著（2020）『よくわかる中小企業』ミネルヴァ書房

中小企業庁（2012）「"ちいさな企業" 未来会議　取りまとめ（詳細版）」（https://www.chusho.meti.go.jp/miraikaigi/）

# 索　引

## 編著者略歴

### 許　伸江（きょ　のぶえ）

跡見学園女子大学マネジメント学部教授
慶應義塾大学大学院商学研究科博士課程修了、博士（商学）
**主要著作**
『産業クラスターの進化とネットワーク―ファッション産
　業クラスター「東大門市場」と「原宿」の比較制度分
　析―』税務経理協会、2018 年
「社会的課題解決に取り組む企業の連携に関する一考察―
　日本と韓国のソーシャル・ベンチャーの事例を中心
　に―」『跡見学園女子大学マネジメント学部紀要』第 36
　号、2023 年
『地域とつながる中小企業論』（共著）有斐閣、2024 年

## 中小企業の経営

2024 年 4 月 15 日　第 1 版 1 刷発行

編著者―許　伸江
発行者―森口恵美子
印刷所―美研プリンティング（株）
製本所―（株）グリーン
発行所―八千代出版株式会社

〒101
　-0061　東京都千代田区神田三崎町 2-2-13

TEL　03-3262-0420
FAX　03-3237-0723

＊定価はカバーに表示してあります。
＊落丁・乱丁本はお取替えいたします。

ISBN978-4-8429-1862-4